2022

上海社会科学院政治与公共管理研究所

中国政治发展进程
CHINA 2022 年

时事出版社
北京

主　　　编：张树平
编写组成员：张树平：第一章
　　　　　　齐凌云：第二章
　　　　　　郭中军：第三章
　　　　　　李佳佳：第四章
　　　　　　王龙飞：第五章
　　　　　　李锦峰：第六章
　　　　　　骆明婷：第七章
　　　　　　朱雯霞：第八章

目　　录

第一章　政党与国家的相互塑造：中国发展与治理的政治学 …… (1)
　一、2021 年度中国政治发展环境评估 …………………… (2)
　二、国家发展与治理中的政党因素 ………………………… (5)
　三、2021 年中国政治发展诸面向 …………………………… (7)
　四、相互塑造：中国国家建设与国家发展中的
　　　政党与国家 ………………………………………………… (55)

第二章　全面从严治党护航百年政党新征程 ……………… (80)
　一、《决议》凝集全党新共识 ………………………………… (81)
　二、加强党风廉政建设，实现权力全过程监督 …………… (88)
　三、贯彻新时代党的组织路线，全面加强党的组织建设 …… (92)

第三章　全过程人民民主统领国家制度建设 ……………… (109)
　一、国家制度建设：顶层设计与总体态势 ………………… (109)
　二、人民代表大会制度：生动实践全过程人民民主 ……… (125)
　三、社会主义政治协商制度：贯彻全过程协商民主 ……… (136)

第四章　国家行政体系持续完善 …………………………… (143)
　一、系统性提升国家行政效能 ……………………………… (143)
　二、简政放权与政府职能优化 ……………………………… (146)

三、"法治"助力"放管服"改革 …………………………（153）
　　四、技术赋能地方治理创新实践 …………………………（159）
　　五、加强法治政府建设，提高依法行政能力 ……………（162）

第五章　全面依法治国一体推进 …………………………（168）
　　一、从严治党 ………………………………………………（168）
　　二、民主立法 ………………………………………………（172）
　　三、法治政府 ………………………………………………（177）
　　四、公正司法 ………………………………………………（183）
　　五、法治社会 ………………………………………………（194）

第六章　城乡基层治理继往开来 …………………………（197）
　　一、顶层设计筑新篇 ………………………………………（198）
　　二、基层治理中的全过程人民民主 ………………………（199）
　　三、乡村振兴中的"新乡贤" ………………………………（204）
　　四、社区服务能力建设 ……………………………………（214）
　　五、基层治理规范化、法治化进入新高度 ………………（218）

第七章　现代社会治理创新发展 …………………………（228）
　　一、不断完善公共服务体系 ………………………………（229）
　　二、加强城乡突发公共卫生事件应急管理体系建设 ……（245）
　　三、新时代"枫桥经验"助力社会治理共同体建设 ………（252）
　　四、"五社联动"助推基层治理体系与能力现代化 ………（259）

第八章　中国政治发展的国际反响 ………………………（268）
　　一、中国国际影响力持续提升 ……………………………（270）
　　二、全球瞩目的中国共产党建党百年 ……………………（274）
　　三、中国国家治理面面观 …………………………………（278）

第一章　政党与国家的相互塑造：中国发展与治理的政治学

　　2021年中国处于"两个一百年"交汇的历史时刻，中国发展的外部环境面临复杂而深刻的变化。中国经济进入一个以高质量发展为要求和特征的新阶段，中国经济社会建设取得来之不易的成就，但同时仍面临经济社会发展不充分不均衡的现实。当前中国面临来自国际国内的多重风险与挑战，统筹发展与安全成为中国政治建设和政治发展的重要出发点。深刻变革中的政治发展环境内在地要求作为"引领和推动现代化进程的重要力量"的政党——在当代中国也就是作为最高政治领导力量和执政党的中国共产党——把自身建设和国家现代化建设紧密结合起来，兼顾党的建设与国家建设、平衡国家治理与国家发展，为不断推进现代化进程引领方向、凝聚力量。

　　2021年中国政治建设在多方面积极推进，中国共产党全面领导下的中国政治发展取得积极成效：围绕以高水平政治促进高质量发展，中国政治经济实践中谱写出中国特色社会主义政治经济学；中国社会建设进入一个更加注重公平、更加强调保障、更加重视共同富裕的新时代，社会发展与经济、政治、文化、生态发展的互联互通更为紧密，政治发展的社会基础更为巩固；行政改革深入推进，以政府体系的自我革命、行政权力的约束体系、政府能力建构为重点，以更加专业化、法治化、民主化，更具主动性、回应性和整体性的服务型政府形态建构为基本方向；党的建设系统工程全面推进，党作为最高政治领导力量的地位更加巩固、功能更加突出、制度机制更加完善；法治中国建设一体推进，法治进程参与改革进程和保障国家发展进程的作用更加明显；国家制度进一步成熟定型，制度功能在更加有效的制度运行中进一步拓展。

中华人民共和国，作为社会主义性质的现代国家，孕育和创立于中国共产党领导的新民主主义革命和社会主义革命，成长发展于中国共产党领导的社会主义建设、改革开放、新时代社会主义建设等社会历史运动之中。中国共产党，亦是为近代以来中国国家建设、民族解放、民族复兴而生；中国共产党的不断成熟与壮大，也正是在中国现代国家建设与国家发展、民族解放与民族复兴的伟大历史进程中持续实现的。政党为国家而生，国家因政党而兴，这就是在中国现代国家建设、发展与治理的历史运动中国家与政党的相互塑造、相互改变、相互给予和相互成就。

一、2021年度中国政治发展环境评估

（一）历史方位

对于中国共产党来说，2021年是其建党100周年；对于中华人民共和国来说，2021年是其成立72周年。回望历史，2021年还是辛亥革命110周年；聚焦当下，2021年也是"十四五"规划的开局之年。这一年，中国宣布全面建成小康社会；这一年，中国开始迈向社会主义现代化强国建设的新步伐，开启了全面建设社会主义现代化国家的新征程。当前，中国正处于"两个一百年"交汇的历史时刻，经过中国共产党带领全国各族人民百年艰苦奋斗，中华民族伟大复兴进入了不可逆转的历史进程。

（二）外部空间

一方面，中国经济同世界各国深度联结；另一方面，全球化的挫折和国家关系格局的复杂变化使得"安全"问题在包括中国在内的各国发展中的重要性陡然上升。"发展是安全的基础，安全是发展的条件"，"以新安全格局保障新发展格局"，统筹"发展与安全"成为当前复杂国际形势下中国政治经济发展的现实选择。一方面，中国高举构建人类命运共同体的伟大旗帜，积极主动推动国际政治经济治理格局和国际关系格局向合作、协调与多元的方向发展；另一方面，人类全球化进程中现实存在的"逆全球化"现象和日益复杂严峻的大国关系和地缘政治形势，也对中国经济社会发展和政治发展产生深刻影响。

（三）经济基础

政治是经济的集中表现，当前中国经济进入一个以高质量发展为要求和特征的新阶段，高质量发展并非仅仅具有经济意义和规定性，完善的市场经济体制、有效的国家治理和良性健康的政治经济互动是高质量发展的条件和内容，是高质量发展当然的题中之义。在"创新、协调、绿色、开放、共享"的新发展理念指导下，中国经济发展从较为注重数量和速度的增长，向较为注重质量和可持续性，注重创新的内生动力，注重开放条件下的自主和自主基础上的高水平开放，注重社会和人民共享，注重绿色生态的方向转变，就不能不更加依赖于政府的政策能力，国家的战略能力和规划能力，执政党举旗定向的能力，贯彻经济伦理的能力和领导全面深化改革的能力。总之，高质量发展内在地要求高水平政治，要求包括政党、政府在内的政治体系以合理、有效、积极、有为的方式高水平地介入经济发展，在实现经济高质量发展的过程中实现政治体系本身的发展与进步。

（四）社会基础

一方面，中国经济社会发展不充分不均衡；另一方面，促进社会团结、一体化和匀质化，实现教育、医疗等基本公共服务均等化、实现中国社会共同富裕又是中国社会建设和社会发展政策基于社会主义本质规定性的基本取向。这就要求在经济发展和社会公正之间建立有效的连接，在经济的持续发展中拓展和壮大社会发展的经济基础，既防止经济发展偏离社会公正的轨道，又防止因为社会建设、社会发展与社会保障脱离经济发展的实际水平，从而在事实上损害经济发展的内生动力。协调经济发展与社会发展，在实现以人为本的中国式现代化进程中建设社会本位的现代国家，是当代中国政治建设和政治发展的基本任务。在快速发展的经济与社会中努力建设一个兼有活力和秩序，兼顾自由、多元和有机团结的社会共同体，夯实政治的社会基础，建构社会之于国家的政治认同，是当代中国政治建设和政治发展的基本前提。

（五）风险挑战

党的二十大报告指出，"我国发展进入战略机遇和风险挑战并存、不确定难预料因素增多的时期，各种'黑天鹅''灰犀牛'事件随时可能发生。我们必须增强忧患意识，坚持底线思维，做到居安思危、未雨绸缪，准备经受风高浪急甚至惊涛骇浪的重大考验"。"当今世界，多重挑战和危机交织叠加，世界经济复苏艰难，发展鸿沟不断拉大，生态环境持续恶化，冷战思维阴魂不散，人类社会现代化进程又一次来到历史的十字路口。"[①] 当前中国面临来自国内国际的多重风险与挑战，统筹发展与安全就成为中国政治建设和政治

[①] 习近平：《携手同行现代化之路——在中国共产党与世界政党高层对话会上的主旨讲话》，人民出版社，2023年版。

发展的重要出发点。既不能为防范风险而迟滞中国全面发展和民族复兴的步伐，又不能忽视风险或低估风险致使风险为祸日深，从而扰乱甚至打断中国全面发展的全局和大局。

二、国家发展与治理中的政党因素

政党是现代政治的普遍现象，正因为如此，人们往往对其在国家政治经济社会生活中的地位和作用习焉不察，对于现代国家政治经济社会治理为何需要政党的深层原因不求甚解。2021年7月，习近平总书记在中国共产党与世界政党领导人峰会上发表了题为《加强政党合作 共谋人民幸福》的主旨讲话，提出政党是"推动人类进步的重要力量"，[①] 政党应努力担负起引领方向、凝聚共识、促进发展、加强合作、完善治理五大责任。这篇讲话虽然是在中国共产党对外交往的舞台上发表的，但对于理解政党在各国政治结构和过程中的地位、作用和责任同样具有重要启示意义。2023年3月15日，习近平总书记在中国共产党与世界政党高层对话会上发表题为《携手同行现代化之路》的主旨讲话，进一步提出政党是"引领和推动现代化进程的重要力量"，"政党要把自身建设和国家现代化建设紧密结合起来，……确保始终有信心、有意志、有能力应对好时代挑战、回答好时代命题、呼应好人民期盼，为不断推进现代化进程引领方向、凝聚力量"。

当今世界，各国政党不仅需具备凝聚民意、优化政治参与、决定或影响政策过程等传统政治功能，更重要的是如何在一个充满分化与竞争、风险与挑战，更加具有不确定性的时代构筑政治共识，促成国内治理和国家之间的合作，并在此基础上实现国家发展和国

[①] 习近平：《加强政党合作 共谋人民幸福——在中国共产党与世界政党领导人峰会上的主旨讲话》，人民出版社，2021年版。

际社会的共同发展。作为各国政治结构和政治过程中最具能动性的政治主体，各国政党特别是执政党责无旁贷。相对而言，在同时面临治理与发展双重任务的处于现代化进程中的国家，其政党特别是执政党责任尤其重大。这就对政党自身建设和政党能力建设提出了内在要求：一方面是政党促成国家治理、引领国家建设和国家发展；另一方面是国家内在的要求政党自身建设和发展，这是当今世界国家与政党之间具有普遍性的双向互动逻辑。从现实来看，这种互动在世界各国不同的国家与政党关系中呈现为一个从弱互动到强互动的政治谱系。政党建设与国家建设、政党发展与国家发展结合得越是紧密，这种互动就越是强烈。对于那些内嵌于国家政治结构、政治制度、政治过程的政党来说，国家与政党一荣俱荣、一损俱损，国家变则政党变、政党变则国家变。

如何使得国家与政党之间的密切互动变得更为有效？这是对包括中国共产党在内的世界各国政党提出的普遍性问题。然而对中国共产党来说，这一问题更具独特性和紧迫性。"中国共产党所做的一切，就是为中国人民谋幸福、为中华民族谋复兴、为人类谋和平与发展"，人民的幸福、民族的复兴，乃至于人类和平与发展之中国责任与中国贡献，在现实性上都归宿于一个现代化的中国国家形式；换言之，只有在中国共产党领导下如期建成一个富强民主文明和谐美丽的现代化国家，人民幸福、民族复兴和中国之于人类社会的责任与贡献才能得到坚实的保障。这是中国共产党的立党初心和历史使命，也是中国共产党作为一个由其阶级性（马克思主义政党）所决定的使命型政党的宿命。

在实现这一历史使命的具体历史进程中，亦即在全面建成社会主义现代化国家的历史进程中，国家治理与国家发展不可割裂、不可偏废、不可失衡。无论是忽视治理去求发展，还是忽视发展去求稳定和秩序，不仅在价值性上不可取，而且在现实性上也是一种灾难。平衡国家治理与国家发展，是当代中国现代化建设对中国共产党的内在要求，也是中国共产党在中国政治结构、制度与过程中居于不可替代的政治地位、承担不可替代的作用和功能的最根本原因。

而要做到治理与发展的平衡，作为领导力量和执政主体的中国共产党就不能不同时有效参与国家治理与国家发展，并通过党内的整合、组织的力量、政党的活动撬动作为整体的中国社会与国家的成长，达成治理中的发展与发展中的治理。这正是在2021年中国政治建设诸领域和中国经济社会发展诸领域可以看到的。

三、2021年中国政治发展诸面向

（一）2021年中国经济治理与中国特色社会主义政治经济学

基于发展中国家的基本定位，中国经济成长始终同时面临促进经济发展和实现经济治理两大任务，这是理解中国政治经济学的重要出发点。自改革开放以来，中国经济发展方式和治理方式伴随着经济体制改革和政治体制改革而出现了类型的转变，即从计划经济向市场经济的转变。在当代中国经济发展与治理体系中，中国共产党的领导、介入和参与，与中国有为政府之于有效市场的关系，同是理解中国特色社会主义政治经济学的前提和关键所在。进入新时代以来，中国经济逐渐转入"高质量发展"轨道，其中蕴含的政治经济价值伦理[1]、对更强的政府能力和更为完善的市场体系的内在要求，客观上对党在经济发展与治理中的行动能力提出了深层需求。2021年10月，中共中央、国务院印发的《国家标准化发展纲要》提出坚持党对标准化工作的全面领导。2021年1月31日，中共中央办公厅、国务院办公厅印发的《建设高标准市场体系行动方案》[2]

---

[1] 比如民生优先、东西部协作与定点帮扶等所体现的经济价值伦理。
[2] 《中共中央办公厅 国务院办公厅印发〈建设高标准市场体系行动方案〉》，中国政府网，http://www.gov.cn/zhengce/2021-01/31/content_5583936.htm。

提出"把党的领导贯穿高标准市场体系建设全过程,确保改革始终沿着正确方向前进",可见党在中国社会主义市场经济建设的全域全程均承担着不可或缺的领导责任。

1. 建设更为完善的市场经济体系

建设完整的制度体系、有效的市场机制、结构合理和充满活力的市场主体,是建设有效市场,即"在资源配置中起决定性作用的市场"的题中之义。需要注意的是,在当代中国国家治理体系中,有效市场的前提是有为政府,而有为政府的前提是组织有力、领导有力的政党。这是因为,当代中国的政府—市场关系在很大程度上是由包括行政改革自身在内的政府主动改革所推动、塑造和释放的,政府改革每前进一分,政府—市场关系就优化一分;而改革行动则是在执政党领导下统筹推进的,改革的节奏、力度、效果都是由执政党所决定和保障的。2021年12月,中共中央全面深化改革委员会(以下简称"中央深改委")第23次会议审议通过了《关于加快建设全国统一大市场的意见》。2022年4月10日,《中共中央、国务院关于加快建设全国统一大市场的意见》发布,对消除市场壁垒、促进区域协同发展、实现市场主体公平竞争提出明确要求,为建设高标准市场体系和构建高水平社会主义市场经济体制提供了根本遵循。

结合2021年中国内外经济环境,中国在培育、保护和优化市场主体,完善市场经济基础性制度和改革市场机制方面做了大量工作。2021年8月24日,国务院公布《中华人民共和国市场主体登记管理条例》[①],旨在"规范市场主体登记管理行为","维护市场主体权益"。2021年11月19日,李克强总理主持召开经济形势专家和企业家座谈会,强调"围绕市场主体有效实施宏观政策";国务院办公厅印发《关于进一步加大对中小企业纾困帮扶力度的通知》。2021年7

---

① 《中华人民共和国市场主体登记管理条例》,中国政府网,http://www.gov.cn/zhengce/content/2021-08/24/content_5632964.htm?ivk_sa=1024320u。

月27日，国务院副总理刘鹤在全国"专精特新"中小企业高峰论坛上指出，充满活力的中小企业是经济韧性的重要的保障。加大对"专精特新"中小企业的培育和扶持成为国家和地方重要的政策导向，多地出台政策，积极开展"专精特新"中小企业上市培育。①2021年9月，国家发展与改革委员会（以下简称"国家发展改革委"）办公厅发布《关于推广地方支持民营企业改革发展典型做法的通知》，将来自青岛、成都、常州、温州、台州、泉州、佛山、江阴等8个地方的72个支持民营企业典型做法向全国推广。②

在改革完善市场经济基础性制度方面，为"充分发挥知识产权制度在社会主义现代化建设中的重要作用"，2021年9月，中共中央、国务院印发《知识产权强国建设纲要（2021—2035年）》；2021年9月30日，中国人民银行发布《征信业务管理办法》，中国征信市场制度和社会诚信体系建设驶入快车道；③ 包括农村集体资产股份合作制改革在内的农村集体产权制度改革取得重要阶段性成效；④ 新一轮农村宅基地制度改革试点工作有序开展。⑤ 在改革市场机制方面，2021年5月，国家发展改革委出台《关于"十四五"时期深化价格机制改革行动方案的通知》，就加强和改进价格调控，深入推进能源、资源、公共服务价格改革做出行动部署。政府部门加强了对全国市场价格信息的系统性监测。⑥ 为鼓励首创性、集成化、差别化的市场机制改革探索，全国自贸区规划建设从中央到地方层面全面推进；2021年9月3日，国务院印发《关于推进自由贸易试验区贸易投资便利化改革创新的若干措施》；2021年6月30日，中华人民

---

① 周琳：《支持"小巨人"企业上市要重实效》，《经济日报》，2021年10月18日。
② 《国家发展改革委办公厅关于推广地方支持民营企业改革发展典型做法的通知》，国家发展改革委网站，https：//www.ndrc.gov.cn/xxgk/zcfb/tz/202110/t20211011_1298906.html。
③ 陈果静、郭子源：《征信业发展堵偏门开正门》，《经济日报》，2021年10月15日。
④ 乔金亮：《赋予农民更多财产权利》，《经济日报》，2021年12月21日。
⑤ 李志勇：《农业农村部：开展新一轮农村宅基地制度改革试点》，《经济参考报》2021年9月1日。
⑥ 择远：《生猪市场平稳运行与"猪肉自由"同样重要》，《证券日报》，2021年10月19日。

共和国商务部（以下简称"商务部"）编制印发的《"十四五"商务发展规划》和地方层面相继出台的规划方案进一步明确"十四五"时期自贸试验区建设的施工图。①

2. 围绕高质量发展实施创新驱动战略，推动经济发展方式转型升级

创新驱动战略的实施有两大重点：一是科学和技术的创新突破；二是大众创业，万众创新。习近平总书记在中国科学院第二十次院士大会、中国工程院第十五次大会、中国科学技术协会第十次全国代表大会上提出科技创新的"四个面向"，强调将科技自立自强作为国家发展的战略支撑，科技发展关联着科教兴国、人才强国、创新驱动等国家战略，成为中国经济高质量发展和发展方式转型的关键环节。为改善和优化中国科技发展创新的管理机制和整体环境，2021年，国务院办公厅先后印发《关于完善科技成果评价机制的指导意见》与《关于改革完善中央财政科研经费管理的若干意见》，中共中央、国务院印发《知识产权强国建设纲要（2021—2035年）》，并实施"揭榜挂帅"等科研项目管理体制改革；上海等地也出台了《上海市人民政府关于加快推动基础研究高质量发展的若干意见》。在全国"十四五"规划基础上，多地公布地方版的科技创新"十四五"规划。根据世界知识产权组织2021年9月发布的《2021年全球创新指数报告》，中国排名第12位，较2020年上升2位，成为前30位中唯一的中等收入经济体。②

创新驱动战略的终端是市场主体，实施者终究是就业者和创业者。在全球经济和中国经济下行压力增大的背景下培育壮大市场主体，贯通科技创新、技术应用、就业创业和经济发展之间的联结点，关系到创新驱动战略实施的成效。2021年8月27日，国务院印发

---

① 王文博：《信号密集释放 自贸区"十四五"建设路径浮现》，《经济参考报》，2021年8月4日。

② 潘旭涛：《中国排名连续9年稳步上升》，《人民日报（海外版）》，2021年9月21日。

《"十四五"就业促进规划》，提出"持续推进双创，更大激发市场活力和社会创造力，促进创业带动就业"。① 2021年10月，李克强总理在京出席2021年全国大众创业万众创新活动周，强调要用市场化方法"推动双创不断迈上新台阶，催生更多市场主体，拓展经济发展空间"。2021年11月，李克强总理考察国家市场监督管理总局（以下简称"市场监管总局"）并主持召开发展壮大市场主体工作座谈会，强调"培育壮大市场主体，激发市场活力和社会创造力"。

3. 强化资本市场监管

强化资本市场监管的重点是完善基础性制度，优化财政和货币政策，持续开放资本市场，加强对金融机构和金融市场的有效监管。2021年，更加成熟、更加定型的资本市场基础制度体系建设加速推进。2021年7月6日，国务院金融稳定发展委员会召开第五十三次会议，强调"建立现代中央银行制度，完善金融监管体系，深化金融机构改革，优化金融组织结构"。② 2021年9月3日，习近平总书记在中国国际服务贸易交易会全球服务贸易峰会上宣布设立北京证券交易所，打造服务创新型中小企业主阵地。③ 2021年10月底，北京证券交易所主要制度规则正式发布，成为中国资本市场基础性制度的重要组成部分。2021年11月，北京证券交易所正式揭牌开市。

新发展阶段和高质量发展对中国的财政政策和货币政策提出了新的要求。在政策取向上坚持金融服务实体经济，加强对中小市场主体和投资者特别是个人投资者的支持和保护；在政策能力上加强跨周期和逆周期调节能力，加强财政政策、货币政策、产业政策等政策应对中国经济阶段性、结构性、周期性制约因素的协同能力，

---

① 《国务院关于印发"十四五"就业促进规划的通知》，中国政府网，https://www.gov.cn/zhengce/content/2021-08/27/content_5633714.htm。
② 《刘鹤主持召开国务院金融稳定发展委员会第五十三次会议》，中国政府网，http://www.gov.cn/xinwen/2021-07/06/content_5622774.htm。
③ 吴黎华：《证监会：坚持错位发展、突出特色建设北京证券交易所》，《经济参考报》，2021年9月3日。

成为 2021 年中国资本市场相关政策实施的重要特征。

中国资本市场制度性双向开放水平进一步提升。自 2021 年 9 月 24 日起，内地与香港债券市场互联互通南向合作正式上线运行，为内地机构投资者投资香港及全球债券市场提供便捷通道。人民币国际化进程迈出重要步伐，2021 年 7 月中共中央、国务院发布的《关于支持浦东新区高水平改革开放打造社会主义现代化建设引领区的意见》提出"构建与上海国际金融中心相匹配的离岸金融体系，支持浦东在风险可控前提下，发展人民币离岸交易"；[1]"十四五"期间，中国人民银行上海总部将在重点领域、重点主体内实现人民币跨境使用重点突破。[2] 2020 年，中国正式取消公募基金管理公司外资持股比例限制；2021 年，全国首家获批的外商独资公募基金管理公司在上海开业。

为防范金融风险，更好地发挥金融服务实体经济特别是服务中小企业功能，实现金融业在现代经济体系中的健康发展，国家加强了对金融机构和金融市场的引导和监管。在一些地区部分城市商业银行和农村商业银行合并重组以增强短期抗风险能力背景下，2021 年中央一号文件再次强调要"保持农村信用合作社等县域农村金融机构法人地位和数量总体稳定"。[3] 在国内金融市场基金扩容背景下，2021 年基金清盘数量达到新高，基金清盘逐步常态化。根据 2020 年 3 月开始实施的新《中华人民共和国证券法》，中国证券监督委员会（以下简称"证监会"）等监管部门加大了对上市公司股东违法违规减持、上市公司信息披露违法行为的行政处罚力度。[4] 为"维护证券市场秩序，保护投资者合法权益和社会公众利益，促进证券市场健康稳定发展"，2021 年 6 月，证监会发布新修订的《证券市场禁入

---

[1] 范子萌、陈羽：《人民币国际化"棋局"关键落子 浦东离岸金融体系擘画蓝图》，《上海证券报》，2021 年 7 月 21 日。
[2] 姚进：《人民币跨境使用如何重点突破》，《经济日报》，2021 年 9 月 7 日。
[3] 周琳：《中小银行"化险"不宜"一并了之"》，《经济日报》，2021 年 5 月 31 日。
[4] 安宁：《上市公司股东违规减持 处罚之外还可以加点别的？》，《证券日报》，2021 年 6 月 17 日；李华林：《用法律利剑切除财务造假毒瘤》，《经济日报》，2021 年 7 月 29 日。

规定》，进一步明确身份类禁入和交易类禁入两类市场的禁入适用规则。在资本市场监管联合执法方面，2021年7月，中共中央办公厅、国务院办公厅联合印发《关于依法从严打击证券违法活动的意见》。根据国务院金融委的要求，证监会牵头成立包括中共中央宣传部（以下简称"中宣部"）、最高人民法院（以下简称"最高院"）、最高人民检察院（以下简称"最高检"）、公安部、司法部、财政部等成员单位在内的"打击资本市场违法活动协调工作小组"，证监会协同公安机关加大了对有组织实施操纵市场违法犯罪的打击力度。① 作为资本市场从严打击违法违规行为的资本市场治理体系的重要组成部分，中华人民共和国国家互联网信息办公室（以下简称"国家网信办"）组织开展清朗·商业网站平台和"自媒体"违规采编发布财经类信息专项整治活动。②

4. 优化高质量发展导向下的国家经济发展战略

第一，区域发展战略规划密集出台。2021年3月，中共中央政治局会议审议《关于新时代推动中部地区高质量发展的指导意见》；10月，《中共中央 国务院关于新时代推动中部地区高质量发展的指导意见》发布。2021年8月，国务院振兴东北地区等老工业基地领导小组组长李克强主持召开领导小组会议，部署"十四五"时期东北全面振兴工作。9月，国务院批复《东北全面振兴"十四五"实施方案》。年内，中共中央、国务院先后印发《横琴粤澳深度合作区建设总体方案》《全面深化前海深港现代服务业合作区改革开放方案》《黄河流域生态保护和高质量发展规划纲要》《成渝地区双城经济圈建设规划纲要》，为指导相关地区高质量发展，制定实施相关规划方案、政策措施和建设相关工程项目提供了纲领性文件和重要依

---

① 昝秀丽：《市值管理应严守"三条红线"和"三项原则"》，《中国证券报》，2021年9月25日。

② 罗逸姝：《央地重磅举措落地 严打证券市场违法行为》，《经济参考报》，2021年9月22日。

据。中共中央、国务院发布《关于支持浦东新区高水平改革开放打造社会主义现代化建设引领区的意见》，支持浦东新区引领带动上海"五个中心"建设，"更好服务全国大局和带动长三角一体化发展战略实施";[①] 发布《关于支持浙江高质量发展建设共同富裕示范区的意见》，支持浙江通过高质量发展"为全国推动共同富裕提供省域范例"。[②]

第二，培育新发展的内生动力。2021年3月，国家发展改革委等28个部门和单位联合印发《加快培育新型消费实施方案》，着力破除制约居民消费的体制机制障碍，鼓励消费新业态新模式发展，在常态化疫情防控下加力提振消费，为全面促进消费、培育完整内需体系、形成强大国内市场和构建新发展格局提供重要依据。[③] 9月22日召开的国务院常务会议审议通过《"十四五"新型基础设施建设规划》，推动扩内需、促转型、增后劲。全国多地新一轮城市更新行动不断推进，成为惠民生、扩内需的重要方式。[④] 城市建设和都市圈建设进一步推进，强省会战略和城市副中心建设同步发展。多省"十四五"规划明确提出强省会战略，聚焦提升区域中心城市辐射带动能力。[⑤] 继南京和福州之后，国家发展改革委正式批复《成都都市圈发展规划》。[⑥] 11月，国务院印发《关于支持北京城市副中心高质量发展的意见》，确立"到2035年，现代化城市副中心基本建成"的主要目标；中西部多省亦对省域副中心城市建设和布局做出明确

---

① 《中共中央 国务院关于支持浦东新区高水平改革开放打造社会主义现代化建设引领区的意见》，中国政府网，http://www.gov.cn/zhengce/2021-07/15/content_5625279.htm。
② 《中共中央 国务院关于支持浙江高质量发展建设共同富裕示范区的意见》，中国政府网，http://www.gov.cn/zhengce/2021-06/10/content_5616833.htm。
③ 《关于印发〈加快培育新型消费实施方案〉的通知》，国家发展改革委网站，https://www.ndrc.gov.cn/xwdt/tzgg/202103/t20210325_1270363.html。
④ 班娟娟:《新一轮城市更新释放巨大投资空间》，《经济参考报》，2021年6月21日。
⑤ 陈发明:《"强省会"拼的不只是"首位度"》，《经济日报》，2021年7月7日。
⑥ 李秀中:《三大国家级都市圈已出炉 基础设施迎来巨大投资需求》，《第一财经日报》，2021年12月8日。

规划。① 年内，国家发展改革委等10部门联合印发《全国特色小镇规范健康发展导则》，为各地区特色小镇规范健康发展提供基本遵循。商务部等17部门联合印发《关于加强县域商业体系建设 促进农村消费的意见》，"为加强县域商业体系建设，推动农村消费提质扩容"作出详细部署。②

第三，坚持和贯彻新发展理念。2021年，中共中央办公厅、国务院办公厅印发《关于推动城乡建设绿色发展的意见》；中共中央、国务院发布《关于完整准确全面贯彻新发展理念做好碳达峰碳中和工作的意见》，提出"把碳达峰、碳中和纳入经济社会发展全局"，"推进经济社会发展全面绿色转型"。③ 2021年7月30日召开的中共中央政治局会议强调"要统筹有序做好碳达峰、碳中和工作"，"坚持全国一盘棋，纠正'运动式'减碳"；随后，国务院印发《2030年前碳达峰行动方案》，中华人民共和国工业和信息化部（以下简称"工信部"）印发《"十四五"工业绿色发展规划》。年内，中国经济双向开放水平进一步提升，商务部发布《中国外商投资指引（2021版）》，提出"实施更大范围、更宽领域、更深层次的全面开放，在制造业、服务业、农业等多个领域放宽外商投资限制，保护外商投资合法权益"，④ 部分在华外资企业本土化程度明显加深加速。⑤ 商务部等7部门联合印发《关于支持国家中医药服务出口基地高质量发展若干措施的通知》。首条由社会资本绝对控股的高速铁路"杭绍

---

① 李秀中：《破解"一市独大"中西部多省培育副中心城市》，《第一财经日报》，2021年10月19日。

② 《商务部等17部门关于加强县域商业体系建设促进农村消费的意见》，商务部网站，http://www.mofcom.gov.cn/article/zcfb/zcwg/202108/20210803185673.shtml。

③ 《中共中央 国务院关于完整准确全面贯彻新发展理念做好碳达峰碳中和工作的意见》，中国政府网，http://www.gov.cn/zhengce/2021-10/24/content_5644613.htm。

④ 《中国外商投资指引（2021版）》，商务部网站，http://images.mofcom.gov.cn/wzs/202112/20211214102746796.pdf。

⑤ 缪琦、胥会云：《从中国制造到中国研发 进博会见证外资战略升级》，《第一财经日报》，2021年11月10日。

台高铁"全线铺轨贯通，实现了投资股权结构的重要突破。①

5. 加快新经济业态培育，加强互联网平台经济监管

经济发展总是伴随着新旧行业、产业的交织、替代、接续的复杂关系，近年来中国经济领域出现了一些逐渐壮大和兴起的新兴业态，比如健身行业、"萌经济"和文化创意产业、宠物行业、"宅经济"和"懒人经济"、"他经济"、咖啡行业、轻食代餐行业、小吃产业、银发经济和老龄产业、家政服务行业、"耳朵经济"、以"内循环"为主的文化与旅游产业等。对于这些新兴经济形态，国家需要包容、监管和引导，对于其中关系中国经济未来发展方向的、影响深远的经济形态尤须重视。2021年10月，中共中央政治局就推动我国数字经济健康发展进行第三十四次集体学习，习近平强调"促进数字技术与实体经济深度融合，赋能传统产业转型升级，催生新产业新业态新模式"，同时"要规范数字经济发展，坚持促进发展和监管规范两手抓、两手都要硬"。② 在9月举行的2021中国国际数字经济博览会上，国务院副总理刘鹤指出要"适度超前进行基础设施建设，优化资源和服务供给，保护公平竞争，反对垄断"；③ 在同月举行的2021年世界互联网大会乌镇峰会上，他强调要"合理界定数字产权，克服'鲍莫尔病'和'数字鸿沟'，实现包容性增长"。④

为了"保护市场公平竞争，促进平台经济规范有序创新健康发展"，2021年2月，国务院反垄断委员会制定发布《关于平台经济领域的反垄断指南》；4月，市场监管总局对阿里巴巴集团控股有限公司在中国境内网络零售平台服务市场实施"二选一"垄断行为做

---

① 《社论：以创新引领更多社会资本参与基础设施建设》，《第一财经日报》，2021年6月25日。
② 《习近平在中共中央政治局第三十四次集体学习时强调把握数字经济发展趋势和规律 推动我国数字经济健康发展》，新华社，2021年10月19日。
③ 祝嫣然、吴斯旻：《如何看待"适度超前进行基础设施建设"》，《第一财经日报》，2021年9月8日。
④ 张萍：《为包容性增长扫除平台性障碍》，《浙江日报》，2021年9月28日。

出行政处罚；同月，国家市场监管总局、中央网络安全和信息化委员会办公室（以下简称"中央网信办"）、国家税务总局联合召开互联网平台企业行政指导会，明确提出要建立平台经济新秩序，互联网平台企业要知敬畏、守规矩；7月，国家市场监管总局通报对互联网领域22起违法实施经营者集中案件立案调查；[①] 8月，国家市场监管总局就《禁止网络不正当竞争行为规定（公开征求意见稿）》征求意见；同月，中央深改委第二十一次会议审议通过《关于强化反垄断深入推进公平竞争政策实施的意见》。10月，市场监管总局对美团在中国境内网络餐饮外卖平台服务市场实施"二选一"垄断行为做出行政处罚。[②] 在金融监管机构推动下，微信、支付宝与银联云闪付推进互联互通取得积极进展，平台之间的分割和支付机构间的壁垒逐渐打破；[③] 微信与电商平台之间、各大互联网平台之间的互联互通也在监管部门指导下积极推进。[④]

国家高度重视新经济业态劳动者权益保障工作。2021年7月7日召开的国务院常务会议从劳动关系、劳动报酬、职业伤害保障试点、职业技能培训、放开养老和医疗保障户籍限制五个方面就加强新就业形态劳动者权益保护制定了一系列政策措施；中华全国总工会印发《关于切实维护新就业形态劳动者劳动保障权益的意见》，提出"积极探索适应货车司机、网约车司机、快递员、外卖配送员等不同职业特点的建会入会方式，……扩大工会组织覆盖面"，"切实维护工人阶级和工会组织的团结统一"。7月，中华人民共和国人力资源和社会保障部（以下简称"人社部"）等8部门共同印发《关于维护新就业形态劳动者劳动保障权益的指导意见》；针对快递员、外卖送餐员、交通运输新业态从业人员等重点群体劳动权益保障，

[①] 吕倩、陆涵之、刘佳、王海：《市场监管总局再出手 最久追溯至十年前 腾讯阿里滴滴等被罚》，《第一财经日报》，2021年7月8日。

[②] 择远：《立规矩明底线 平台经济反垄断强监管信号强烈》，《证券日报》，2021年10月11日。

[③] 陈果静：《支付互联互通谁受益最大》，《经济日报》，2021年10月29日。

[④] 谢若琳：《微信互联互通再升级 巨头之间的"隐形门"会消亡吗？》，《证券日报》，2021年12月1日。

相关部门分别制定下发了具体指导意见。

6. 加强房地产调控

房地产行业是中国经济体系的重要组成部分，是经济运行中的重要一环，房地产行业的持续健康发展关系到中国现代经济体系的完整和整体经济运行的顺畅。理顺政府财政收入、经济发展方式与房地产行业之间的关系，促进金融、房地产与实体经济之间的良性互动，是实现高质量发展和社会共同富裕的内在要求。2021年9月，中国人民银行、中国银行保险监督管理委员会（以下简称"银保监会"）召开房地产金融工作座谈会，指导主要银行准确把握和执行好房地产金融审慎管理制度，保持房地产信贷平稳有序投放，① 一批优质民营房企融资计划得到政策支持。② 中国人民银行、银保监会联合印发《关于做好重点房地产企业风险处置项目并购金融服务的通知》，要求银行业金融机构鼓励支持优质房地产企业并购出险房地产企业优质项目，③ 促进房地产业健康发展和良性循环。

2021年7月，国务院办公厅发布《关于加快发展保障性租赁住房的意见》，强调"坚持房子是用来住的、不是用来炒的定位，突出住房的民生属性"，"加快完善以公租房、保障性租赁住房和共有产权住房为主体的住房保障体系"，进一步明确了保障性租赁住房基础制度和支持政策。④ 随后，多地发布保障性租赁住房整体发展规划。10月，中华人民共和国住房和城乡建设部（以下简称"住建部"）在福州市召开发展保障性租赁住房工作现场会，充分肯定福州、上

---

① 刘琪：《房企合理融资需求正得到满足 专家预计四季度融资环境将有所改善》，《证券日报》，2021年11月12日。
② 王丽新：《7天内多家民营房企发布融资计划》，《证券日报》，2021年12月8日。
③ 杜川、马一凡：《"拆雷"政策密集出台 房地产行业或迎项目并购潮》，《第一财经日报》，2021年12月21日。
④ 《国务院办公厅关于加快发展保障性租赁住房的意见》，中国政府网，http://www.gov.cn/zhengce/content/2021-07/02/content_5622027.htm。

海、杭州、广州、厦门、西安等城市的经验做法。①

房地产行业发展长效机制建设和房地产调控协调推进。5月，财政部、全国人民代表大会常务委员会预算工作委员会、住建部、国家税务总局召开房地产税改革试点工作座谈会，释放房地产税立法和改革加速信号。7月，住建部、国家发展改革委等8部门联合发布《关于持续整治规范房地产市场秩序的通知》，提出"力争用3年左右时间，实现房地产市场秩序明显好转""监管制度不断健全，监管信息系统基本建立"的主要目标。② 随后，多地纷纷出台、调整、优化和完善房地产市场调控政策。③ 政府对房地产市场交易环节的监管主动性进一步增强，以深圳为例，根据相关机构改革方案，深圳市住房公积金管理中心正式承接房屋交易管理职能，并将在深圳市房地产信息平台上实现"全程网办"。④ 2021年11月上线的新版二手房交易网签系统通过与民政、社保、不动产登记等多部门的数据对接，将二手房交易全流程纳入政府监管。

7. 优化可持续发展的经济结构

巩固农业在中国经济体系中的基础地位和制造业在实体经济中的基础地位，持续推进国企改革并继续加强对民营经济的系统性政策支持，是优化中国经济结构、促进经济发展方式转型、实现高质量发展的内在要求。习近平总书记在2021年7月召开的中央深改委第二十次会议上强调，必须把"把种源安全提升到关系国家安全的战略高度"，会议审议通过《种业振兴行动方案》。9月，农业农村部印发《全国高标准农田建设规划（2021—2030年）》，提出到2022

---

① 吴斯旻：《不设收入线门槛 住建部再提保障性租赁住房》，《第一财经日报》，2021年10月28日。
② 《住房和城乡建设部等8部门关于持续整治规范房地产市场秩序的通知》，中国政府网，http://www.gov.cn/zhengce/zhengceku/2021-07/23/content_5626862.htm。
③ 贺觉渊：《打补丁堵漏洞 北京杭州成都楼市调控加码》，《证券时报》，2021年8月6日。
④ 吴家明：《深圳房屋买卖全程网办 二手房交易系统呼之欲出》，《证券时报》，2021年9月8日。

年、2025年、2030年，分别累计建成10亿亩、10.75亿亩、12亿亩高标准农田的建设目标。① 11月2日召开的国务院常务会议强调，"三农"工作是全面建设社会主义现代化国家的重中之重，审议通过的《"十四五"推进农业农村现代化规划》②提出，"到2025年，农业基础更加稳固，乡村振兴战略全面推进，农业农村现代化取得重要进展"的主要目标。

2021年，中国加快构建省级—国家级—世界级制造业集群梯次培育发展体系的步伐。上海、浙江、福建、天津等多地公开了制造业"十四五"规划，从打造具有国际竞争力的高端制造业集群、具有比较优势的先进制造业集群、促进制造业数字化转型和高质量发展方面明确各地未来五年重点发展方向。③ 2022年11月，工信部正式公布45个国家先进制造业集群名单，布局建设18家国家制造业创新中心，覆盖制造强国建设重点领域，成为引领带动重点行业和领域创新发展的重要力量；涉及19个省（自治区、直辖市）、3个计划单列市，成为引领区域经济发展的重要引擎。④

中国经济高质量发展既需要强大健康的国有经济，也需要充满活力的民营经济。2021年，国企战略性重组和布局优化动作频频。经国务院批准，中国中化集团有限公司与中国化工集团有限公司实施联合重组。经国务院国有资产监督管理委员会（以下简称"国务院国资委"）研究并报国务院批准，中国西电集团有限公司与国家电网有限公司部分子企业实施重组整合。⑤ 中国五矿集团有限公司、中国铝业集团有限公司和赣州市人民政府筹划相关稀土资产战略性重

---

① 邵海鹏：《未来十年再建4亿亩高标准农田 投资规模可达1.2万亿元》，《第一财经日报》，2021年9月17日。
② 《李克强主持召开国务院常务会议》，《光明日报》，2021年11月4日。
③ 《多地发布制造业"十四五"规划 瞄准哪些重点领域》，《第一财经》，2021年7月27日。
④ 《工业和信息化部公布45个国家先进制造业集群名单》，工信部网站，https://www.miit.gov.cn/jgsj/ghs/gzdt/art/2022/art_fa5bd57e9f364b65ae48de37a319046f.html。
⑤ 杜雨萌：《千亿级电力装备新央企获批 央企名单再刷新》，《证券日报》，2021年9月15日。

组。年内，东北三省多家头部企业加速在南方布局；① 多家央企总部离京外迁，凸显"贴近市场前沿，拉动区域经济发展，优化国有经济结构的战略意图"。② 为了应对债市融资难和化解省内国企债务问题，多省国资委先后成立信用稳定基金，天津成立"国资高质量发展基金"，国务院国资委也在中国人民银行层面设立了信用保障基金，助力国企改革进程持续深入。③ 国企改革三年行动积极推进，国企经理层任期制和薪酬契约化改革逐步推行。④ 同时，中国经济发展始终坚持社会主义市场经济改革方向，坚持"两个毫不动摇"，"支持民营经济发展的方针政策没有变，现在没有改变，将来也不会变"。⑤

（二）社会建设与社会发展踔厉步稳

2021年9月，国务院新闻办公室发表《中国的全面小康》白皮书。经过改革开放40多年的社会建设与社会发展，特别是自2002年党的十六大以来中国在全面发展中更加重视社会建设、社会管理、社会治理体系建设，从而逐渐形成"四位一体""五位一体"的全面发展格局，中国社会建设与社会发展的基础、资源、政策导向发生深刻变化。新时代以来，随着"五位一体"总体布局与"四个全面"战略布局的进一步成熟，中国将全面深化改革的总目标锚定于国家治理体系和治理能力现代化，中国经济发展方式、发展动力实现重要转变，新发展理念、新发展格局逐渐形成，中国经济发展与

---

① 柯锐：《东北多家头部企业南下，是"南迁"还是"南扩"？》，新京报网站，2021年5月25日，https://www.bjnews.com.cn/detail/162193370414928.html。
② 祝嫣然：《央企总部加速离京 这些城市为何成主要落户地》，《第一财经日报》，2021年11月30日。
③ 周艾琳：《多地国资委成立信用稳定基金 化解国企债务风险》，《第一财经日报》，2021年6月30日。
④ 王雅洁：《国企高管"铁交椅"将成往事》，《经济观察报》，2021年11月1日。
⑤ 郭晋晖、杜川、祝嫣然：《政策支持从未改变 民企在新格局中当有大作为》，《第一财经日报》，2021年9月6日。

社会发展之间的互动进一步增强,经济发展的社会取向与社会发展的经济基础相互支撑,由此中国社会建设进入一个在政策取向上以更加注重公平、更加强调保障、更加重视共同富裕为基本特征的新时代。

1. 建设更为均衡统一的社会保障制度体系

加强社会弱势群体保障、发展社会保险、完善最低生活保障、壮大社会保障基金成为2021年社会保障制度建设的重点。2021年5月12日召开的国务院常务会议要求推动放开2亿灵活就业人员在就业地参保的户籍限制,实现社会保险法定人群全覆盖。[①] 中央和地方层面的"十四五"养老服务体系专项规划密集酝酿出台,推动基本养老服务与基本养老保险、基本医疗保险等制度之间的衔接与集成成为新一轮养老服务体系建设的基本思路。[②] 残疾人从业保障、儿童福利机构体制优化与创新转型、老年医疗服务试点、老年人失能失智预防干预试点等重点人群社会保障工作在国家相关部委组织推动下积极探索推进。

2021年3月,十三届全国人大四次会议表决通过的"十四五"规划明确提出"发展多层次、多支柱养老保险体系,提高企业年金覆盖率,规范发展第三支柱养老保险"。发展养老第三支柱主要有两个方面的任务:一是建立由税收等政策支持的个人养老金制度,个人养老金拟采取个人账户制;二是规范发展个人商业养老金融产品,按照市场规则运作和监管。二者相互支持,共同促进养老第三支柱的发展。多层次多支柱养老保险体系的发展实质上重新界定和厘清了新时代国家、企业和个人在养老领域的责任、义务、权利关系。

最低生活保障制度作为中国社会救助体系中一项基础性、托底

[①] 姜琳:《我国将推动放开2亿灵活就业人员参保户籍限制》,中国政府网,http://www.gov.cn/zhengce/2021-05/12/content_5606086.htm。

[②] 班娟娟、唐思远:《新一轮养老服务体系规划酝酿出炉》,《经济参考报》,2021年5月21日。

性制度的意义更加突出。2021年，民政部正式印发《最低生活保障审核确认办法》，删除有关城市低保、农村低保概念，统一规范为"最低生活保障"，以适应户籍制度改革新要求，推动低保制度城乡统筹发展。作为国家社会保障储备基金，全国社会保障基金自2000年设立以来不断做大做实做强，为多层次社会保障体系的建立和运作提供了坚实基础。根据2021年发布的《全国社会保障基金理事会社保基金年度报告》（2020年度），2020年社保基金投资收益额为3786.60亿元，投资收益率达15.84%；社保基金自成立以来的年均投资收益率为8.51%，累计投资收益额为16250.66亿元。[①]

2. 深化医药卫生体制改革，健全医保制度体系

随着分级诊疗、现代医院管理、全民医保、药品供应保障、综合监管等制度的逐渐完善，中国特色服务全民的基本医疗卫生制度框架已基本建立。[②] 2021年6月，国务院办公厅正式印发《深化医药卫生体制改革2021年重点工作任务》，明确深入推进医改工作的四个重点领域：推广三明市医改经验，加快推进医疗、医保、医药联动改革；促进优质医疗资源均衡布局，完善分级诊疗体系；加强公共卫生体系建设以及统筹推进相关重点改革。[③]

2021年6月，国务院办公厅印发《关于推动公立医院高质量发展的意见》，提出"加强公立医院主体地位，坚持政府主导、公益性主导、公立医院主导"，"加快优质医疗资源扩容和区域均衡布局"等公立医院改革总体要求。[④] 6月9日召开的国务院常务会议确定了深化公立医院薪酬制度改革的措施。人社部等5部门印发《关于深

---

① 汪文正：《社保基金为啥"业绩"这么好?》，《人民日报（海外版）》，2021年9月8日。
② 李纯：《国家卫健委：中国主要健康指标居于中高收入国家前列》，中国新闻网，https://www.chinanews.com.cn/gn/2021/07-06/9514061.shtml。
③ 《国务院办公厅关于印发深化医药卫生体制改革2021年重点工作任务的通知》，中国政府网，http://www.gov.cn/zhengce/content/2021-06/17/content_5618799.htm。
④ 《国务院办公厅印发〈关于推动公立医院高质量发展的意见〉》，中国政府网，http://www.gov.cn/xinwin/2021-06/04/content_5615494.htm。

化公立医院薪酬制度改革的指导意见》,提出"强化公立医院公益属性,合理确定公立医院薪酬水平,完善公立医院薪酬水平决定机制"。[①] 年内,国家卫生健康委员会(以下简称"国家卫健委")印发《"千县工程"县医院综合能力提升工作方案(2021—2025年)》,提出推动省市优质医疗资源向县域下沉,力争到2025年全国至少1000家县医院达到三级医院医疗服务能力水平。[②] 国家卫健委基层卫生健康司强调"在县乡村建立整合型医疗服务体系","推进紧密型县域医共体建设"。[③] 随着互联网医院和医疗数字化加速发展,国家强化了互联网医疗领域的监管。2021年10月,国家卫健委发布《互联网诊疗监管细则(征求意见稿)》,坚持"线上线下一体化监管",推动互联网诊疗服务统一标准的建立和数据互联互通共享等功能的实现,引导、支持和保护互联网医疗行业规范、健康、可持续发展。

4月7日召开的国务院常务会议提出,要"增强职工基本医保互助共济保障功能";9月15日召开的国务院常务会议审议通过"十四五"全民医疗保障规划,部署健全医保制度体系。11月,国务院办公厅印发《关于健全重特大疾病医疗保险和救助制度的意见》,对增强医疗保障制度托底性功能作出安排部署,提出"强化基本医保、大病保险、医疗救助综合保障","构建政府主导、多方参与的多层次医疗保障体系"总体要求。[④] 2015年,国内首个惠民保"重特大疾病补充医疗保险"在深圳启动;2021年以来,全国已有20个省份63个地区149个地级市的78款惠民保产品上线,超5300万人

[①] 《〈关于深化公立医院薪酬制度改革的指导意见〉印发》,中国政府网,http://www.gov.cn/xinwen/2021-08/28/content_5633894.htm。

[②] 《〈"千县工程"县医院综合能力提升工作方案(2021-2025年)〉政策解读》,中国政府网,http://www.gov.cn/zhengce/2021-11/04/content_5648773.htm。

[③] 苑苏文:《卫健委基层司司长:紧密型医共体核心是利益共同体》,《中国新闻周刊》,2021年第42期。

[④] 《国务院办公厅印发关于健全重特大疾病医疗保险和救助制度的意见》,中国政府网,http://www.gov.cn/zhengce/content/2021-11/19/content_5651446.htm。

参保。①

8月，中华人民共和国国家医疗保障局（以下简称"国家医保局"）等8部门联合印发《深化医疗服务价格改革试点方案》，提出"确保群众负担总体稳定、医保基金可承受、公立医疗机构健康发展可持续"的总体思路和"医疗服务价格机制成熟定型，价格杠杆功能得到充分发挥"的2025年改革目标。② 自2018年11月国家医保局在全国4个直辖市和7个副省级城市启动带量采购试点以来，国家集中带量采购已开展五轮。③ 国家医保局自2018年成立以来已组织四轮医保准入谈判，医保国谈和集采的规则、相关配套政策越来越完善。④ 原料药、成品药、医疗器械等医药行业反垄断执法在国家市场监管部门组织下不断深入推进。11月，国家医保局印发《DRG/DIP支付方式改革三年行动计划》；12月，国家医保局举行第一届中国医保支付方式改革大会，并正式启动医保支付方式改革三年行动计划。

3. 推进全域全程教育高质量发展

从学前教育、中小学义务教育、职业教育、高等教育到社会教育和老年教育，2021年中国教育领域改革与发展动作频频，透露出回归教育育人育才之初心、促进教育公平，防止资本逻辑在教育领域无序扩张，以及构建优质均衡基本公共教育服务体系的政策取向。

在高等教育方面，教育部拟启动第四批省份的新高考改革，新高考已经进入了从东部改革试点向中西部逐步推广的新阶段，⑤ 在文

---

① 邹臻杰：《今年以来5300万人参保"惠民保"撬开商业健康险大市场》，《第一财经日报》，2021年8月6日。
② 《国家医保局 国家卫生健康委 国家发展改革委 财政部 人力资源社会保障部 市场监管总局 国家中医药局 国家药监局关于印发〈深化医疗服务价格改革试点方案〉的通知》，国家医保局网站，http://www.nhsa.gov.cn/art/2021/8/31/art_37_5896.html。
③ 彭丹妮：《药品集采三年之痒》，《中国新闻周刊》，2021年第36期。
④ 郭晋晖：《医保谈判3年减负1700亿 创新药半数以上入医保》，《第一财经日报》，2021年11月12日。
⑤ 徐蓓：《不能用旧眼光看待"新高考"》，《解放日报》，2021年6月11日。

理分科、高考自选科目、特定地区考生政策倾斜、高考志愿填报等方面进行了广泛、深刻而审慎的改革探索。为"巩固基础教育脱贫攻坚成果，深化职业教育产教融合，促进高等教育内涵发展"，国家发展改革委、教育部、人社部共同编制印发《"十四五"时期教育强国推进工程实施方案》，其中高等教育建设目标定位于"大力加强急需领域学科专业建设，显著提升人才培养能力，加快破解'卡脖子'关键核心技术"，"促进高等教育资源布局优化调整，有效提升高等教育对区域经济社会发展的支撑引领能力"。[①] 5月，教育部公布首批建设未来技术学院的院校名单，北京大学、清华大学、北京航空航天大学、天津大学等12所高校入围。[②] 教育部公布的2021年高校招生专业目录，新增9大类37个本科专业，其中工学领域新增14个专业，占比最高。[③] 7月，教育部高等教育司发布《关于开展2021年度普通高等学校本科专业设置工作的通知》，"支持高校用好学科交叉融合的'催化剂'，推进新工科、新医科、新农科、新文科建设，增设文理、理工、医工等交叉融合的新专业"。[④] 根据中国经济社会发展的现实需要，专业学位研究生教育高质量发展和研究生教育培养结构优化提上议事日程，高校教师队伍建设和教材建设受到高度关注。

2021年6月，《中华人民共和国职业教育法（修订草案）》首次提请全国人大常委会会议审议，这是该法公布实施25年来首次大修，该草案明确"职业教育与普通教育是不同教育类型，具有同等重要地位；实施职业教育以促进就业为导向，坚持产教融合、校企合作、工学结合、知行合一"。中共中央办公厅、国务院办公厅印发《关于推动现代职业教育高质量发展的意见》，提出"切实增强职业

[①] 《"十四五"时期教育强国推进工程实施方案》，中国政府网，http://www.gov.cn/zhengce/zhengceku/2021-05/20/5609354/files/728845929a0c4484beb87c1668669668.pdf。

[②] 储朝晖：《未来技术学院承载多重发展期待》，《光明日报》，2021年5月28日。

[③] 王俊：《今年各大高校新增37个本科专业：工学占比最多，智能专业爆热》，21世纪经济网，https://www.21jingji.com/article/20210609/herald/90321120d435c412ec30f691761a7a7a.html。

[④] 陈彬：《教育部要求避免大量重复设置"过热"专业》，《中国科学报》，2021年7月13日。

教育适应性，加快构建现代职业教育体系，建设技能型社会"总体目标，明确到 2025 年，"职业本科教育招生规模不低于高等职业教育招生规模的 10%"，"创新校企合作办学机制"等具体要求。① 12 月，教育部办公厅印发《"十四五"职业教育规划教材建设实施方案》，提出"十四五"期间分批建设 1 万种左右职业教育国家规划教材，指导建设一大批省级规划教材的总体要求。

2021 年 5 月，中央深改委第十九次会议审议通过了《关于进一步减轻义务教育阶段学生作业负担和校外培训负担的意见》，明确提出严禁校外培训机构"随意资本化运作，不能让良心的行业变成逐利的产业"。随后，中共中央办公厅、国务院办公厅印发该意见，强调"强化学校教育主阵地作用，深化校外培训机构治理……促进学生全面发展、健康成长"。② 6 月，教育部增设校外教育培训监管司，其主要职责是"承担面向中小学生（含幼儿园儿童）的校外教育培训管理工作，指导校外教育培训机构党的建设"等。③ 9 月，教育部办公厅、人社部办公厅联合发布《校外培训机构从业人员管理办法（试行）》，以加强校外培训机构从业人员管理，规范机构和从业人员培训行为。截至 2022 年初，全国大多数省份和地区均已发布学科类校外培训的政府指导价标准。④ 北京市教委发布《北京市中学教师开放型在线辅导计划（试行）》，搭建中学教师开放型在线辅导管理服务平台，自 2022 年起覆盖全市所有初中学生。⑤ 为"全面推进基础教育高质量发展"，2021 年 9 月，教育部办公厅印发通知，部署在上海市、深圳市、成都市等 12 个省市区建立教育部基础教育综合

---

① 《中共中央办公厅 国务院办公厅印发〈关于推动现代职业教育高质量发展的意见〉》，中国政府网，http://www.gov.cn/gongbao/content/2021/content_5647348.htm。

② 《中共中央办公厅 国务院办公厅印发〈关于进一步减轻义务教育阶段学生作业负担和校外培训负担的意见〉》，中国政府网，http://www.gov.cn/zhengce/2021-07/24/content_5627132.htm。

③ 樊未晨：《教育部成立校外教育培训监管司》，《中国青年报》，2021 年 6 月 15 日。

④ 程铭劼、赵博宇：《学科类指导价先行 非学科培训怎么管》，《北京商报》，2022 年 1 月 14 日。

⑤ 李祺瑶：《明年全市初中生配齐线上"家教"》，《北京日报》，2021 年 12 月 4 日。

改革实验区，实验区横跨东、中、西部地区，涵盖了省级市、计划单列市、副省级市、地级市、高新技术产业开发区、县级市等，具有广泛的代表性。①

2021年教育领域改革与发展透露出若干值得关注的政策导向和价值取向。促进教育资源公平均衡、规范公办民办学校关系、加强重大主题教育内容、节制资本无序扩张成为施政重点。根据教育部对十三届全国人大四次会议第3366号建议的答复，其正在研究《关于构建优质均衡的基本公共教育服务体系的意见》，"着力缩小义务教育区域、城乡、校际、群体差距，推进义务教育优质均衡发展和城乡一体化"。② 2020年2月，中共中央办公厅、国务院办公厅印发《关于深化新时代教育督导体制机制改革的意见》；2021年9月1日，新中国历史上首次出台的教育督导问责文件《教育督导问责办法》正式实施。③ 2021年4月，国务院公布新修订的《中华人民共和国民办教育促进法实施条例》，规定"实施义务教育的民办学校应当在审批机关管辖的区域内招生"，"实施普通高中教育的民办学校应当主要在学校所在设区的市范围内招生"。为了推动义务教育优质均衡发展，理顺管理体制机制，对"公参民"学校进行专项规范，2021年7月，教育部等8部门联合印发《关于规范公办学校举办或者参与举办民办义务教育学校的通知》，体现了"通过理清公办民办界限、构建公办民办协同发展的教育格局、维护义务教育公益属性"的政策导向。④ 为强化重大主题教育整体设计，增强课程教材"培根铸魂育人"功能，教育部先后制定了《习近平新时代中国特色社会主义思想进课程教材指南》《中华优秀传统文化进中小学课程教材指南》等指导性文件，持续推进重大主题教育进课程教材工作。⑤ 为

---

① 《教育部建立基础教育综合改革实验区》，教育部网站，http://www.moe.gov.cn/jyb_xwfb/gzdt_gzdt/s5987/202110/t20211018_573209.html。
② 《对十三届全国人大四次会议第3366号建议的答复》，教育部网站，http://www.moe.gov.cn/jyb_xxgk/xxgk_jyta/jyta_jijiaosi/202111/t20211102_577170.html。
③ 欧媚、高众：《督导"长牙齿"问责"打板子"》，《中国教育报》，2021年9月2日。
④ 方塘：《构建公办民办协同发展的教育格局》，《人民日报》，2021年9月6日。
⑤ 张烁、闫伊乔：《课程教材将加强重大主题教育内容》，《人民日报》，2021年8月25日。

"进一步加强对普通高等学校举办非学历教育的规范管理",11月,教育部办公厅印发《普通高等学校举办非学历教育管理规定(试行)》,明确提出"强化公益属性,发挥市场机制作用,主动服务国家战略、经济社会发展和人的全面发展"教育定位,并明确规定面向社会举办的非学历教育不得冠以"领导干部""总裁""精英""领袖"等名义[①]。

4. 保护和促进社会流动

打破地域、阶层、身份固化,促进合理合法有序的社会流动,是社会健康的基本表现。改革开放以来,一方面,中国社会在推动社会阶层流动,突破户籍、身份、职业、地域等区隔和限制方面取得了明显成就;另一方面,当前阻碍社会流动,强化阶层固化的因素仍客观存在[②],这就需要通过进一步的政策设计与政策执行推进新型城镇化、户籍制度改革走向深入。

根据第七次全国人口普查数据,2020年我国流动人口约为3.76亿人,其中跨省流动人口约为1.25亿。2021年初,国家发展改革委表示,随着中国新型城镇化加快推进,城区常住人口300万以下的城市基本取消落户限制,超过1亿农业转移人口在城镇落户。4月,国家发展改革委公布《2021年新型城镇化和城乡融合发展重点任务》,强调"深入实施以人为核心的新型城镇化战略",提出"促进农业转移人口有序有效融入城市""推进以县城为重要载体的城镇化建设"等重点任务,要求"城区常住人口300万以下城市落实全面取消落户限制政策"。[③]

地方层面的户籍制度改革颇具看点,山东省在"十四五"期间将按照"宜城则城、宜乡则乡"原则,一方面全面放开城镇落户限

---

① 《教育部办公厅印发〈普通高等学校举办非学历教育管理规定(试行)〉的通知》,教育部网站,http://www.moe.gov.cn/srcsite/A07/moe_743/202111/t20211119_581103.html。
② 李长安:《阶层固化是一个错觉吗》,《环球时报》,2021年11月11日。
③ 《国家发展改革委关于印发〈2021年新型城镇化和城乡融合发展重点任务〉的通知》,国家发展改革委网站,https://www.ndrc.gov.cn/xxgk/zcfb/tz/202104/t20210413_1272200.html。

制；另一方面允许符合规定条件的入乡返乡创业就业的高校学生、退伍军人以及拥有农村宅基地使用权的原进城落户农村人口回农村落户，促进人口双向流动。[①] 2021年5月，深圳市发展改革委发布《深圳市户籍迁入若干规定（征求意见稿）》，将纯学历型人才入户的最低要求调整为具有国内普通高校全日制大学本科学历并具有学士学位，年龄在35周岁以下的人员。继2020年9月上海市对4所在沪"世界一流大学建设高校"的应届本科毕业生开放落户后，2021年，上海市开始试点在5个新城和自贸区新片区就业的上海市应届研究生毕业生符合基本条件可直接落户的政策。[②]

5. 维护互联网社会健康发展

中国互联网络飞速发展，一方面极大地促进了中国社会组织程度，使得"互联网社会"成为中国社会内在的不可分割的组成部分；另一方面由于网络世界自身自律能力和相关法律、制度规范的不足，也带来了诸如"饭圈"乱象、电信网络诈骗、视频造假、网络谣言、网络安全、数字鸿沟和话语权分布不均等一系列问题，给中国社会发展带来冲击。如何实现网络社会与现实社会融合发展，兴其利而除其弊，成为互联网社会治理的重点内容。

2021年，习近平总书记对打击治理电信网络诈骗犯罪工作作出指示，强调全面落实打防管控措施，坚决遏制该领域犯罪多发高发态势。2022年，中共中央办公厅、国务院办公厅印发《关于加强打击治理电信网络诈骗违法犯罪工作的意见》，作出具体工作部署。2021年6月，中央网信办决定在全国范围内开展为期2个月的"清朗·'饭圈'乱象整治"专项行动；8月，中央网信办印发《关于进一步加强"饭圈"乱象治理的通知》，提出"取消明星艺人榜单"

[①] 种昂：《山东出台户籍新政：允许部分进城农民返乡落户 促进人口双向流动》，经济观察网，http://www.eeo.com.cn/2021/0304/473851.shtml。

[②] 丁文婷：《落"沪"》，《经济观察报》，2021年12月6日。

"优化调整排行规则""严禁呈现互撕信息"等十项措施①；中宣部印发《关于开展文娱领域综合治理工作的通知》，针对流量至上、"饭圈"乱象、违法失德等文娱领域突出问题部署综合治理工作。2021年7月，国家网信办就《网络安全审查办法（修订草案征求意见稿）》公开征求意见；9月，国家网信办发布《关于进一步压实网站平台信息内容管理主体责任的意见》，"引导推动网站平台准确把握主体责任"，"积极营造清朗网络空间"。②年内，中共中央办公厅、国务院办公厅印发《关于加强网络文明建设的意见》，提出"马克思主义在网络意识形态领域的指导地位进一步巩固，全党全国人民团结奋斗的共同思想基础进一步巩固"的工作目标。③

网络社会的发展充分彰显了互联网技术作为一种新型社会组织方式的潜力、能力与冲击力。一方面，互联网世界对于激发经济社会活力、改变传统治理方式、促进社会自治似乎孕育着无限生机，"过去因为市场经济发展而日益离散化的群众，现在又通过各种平台交流技术和二次元空间重新组织起来"。④无论是在视频网站讲长征的年轻人，还是在社交媒体上成为"网红"的科学家，都显示了新媒体在中国社会建构中正面、积极、向好的影响力。但另一方面，互联网社会本身也在其拓展和扩张的过程中暴露出自身固有的、无法自我解决的诸多问题，不能不依赖于政治和行政权力的介入、监管和引导。

6. 优化生育政策，积极应对人口老龄化

中国社会面临人口出生率下降和老龄化的现实问题，实现人口

---

① 《关于进一步加强"饭圈"乱象治理的通知》，国家网信办网站，http：//www.cac.gov.cn/2021 - 08/26/c_1631563902354584.htm。

② 《关于进一步压实网站平台信息内容管理主体责任的意见》，国家网信办网站，http：//www.cac.gov.cn/2021 - 09/15/c_1633296790051342.htm。

③ 《中共中央办公厅 国务院办公厅印发〈关于加强网络文明建设的意见〉》，中国政府网，http：//www.gov.cn/zhengce/2021 - 09/14/content_5637195.htm。

④ 余亮：《到底该如何引导善用互联网举报》，《环球时报》，2021年10月27日。

长期均衡发展,是实现中国经济社会可持续发展的基本前提。2021年5月发布的第七次全国人口普查数据显示,全国人口共141178万人。第七次全国人口普查"全面查清了我国人口数量、结构、分布等方面情况,掌握了人口变化的趋势性特征,为完善我国人口发展战略和政策体系、制定经济社会发展规划、推动经济高质量发展提供了准确统计信息支持"①。与2010年第六次全国人口普查相比,"60岁及以上人口的比重上升5.44个百分点,65岁及以上人口的比重上升4.63个百分点";"城镇人口增加236415856人,乡村人口减少164361984人,城镇人口比重上升14.21个百分点";"流动人口增加154390107人,增长69.73%"。

2021年5月召开的中央政治局会议审议了《关于优化生育政策促进人口长期均衡发展的决定》,强调指出"进一步优化生育政策,实施一对夫妻可以生育三个子女政策及配套支持措施,有利于改善我国人口结构、落实积极应对人口老龄化国家战略、保持我国人力资源禀赋优势";6月18日召开的国务院常务会议通过《中华人民共和国人口与计划生育法(修正草案)》,决定提请全国人大常委会审议;7月,中共中央、国务院发布《关于优化生育政策促进人口长期均衡发展的决定》,作出实施一对夫妻可以生育三个子女政策、取消社会抚养费等制约措施、配套实施积极生育支持措施等重大决策。同月,全国优化生育政策电视电话会议召开,对"三孩生育政策"工作进行安排部署。年内,国家卫健委印发《人类辅助生殖技术应用规划指导原则(2021年版)》;上海、河北、河南、天津、贵州、安徽、陕西、山西等多个省市发布《人类辅助生殖技术应用规划(2021—2025年)》。12月,国家卫健委办公厅印发《关于完善生育登记制度的指导意见》,要求"着力精简登记事项","全面推行网上办理"。"为实施积极应对人口老龄化国家战略,加强新时代老龄工作",2021年11月,中共中央、国务院发布《关于加强新时

---

① 《第七次全国人口普查公报》,中国政府网,http://www.gov.cn/guoqing/2021-05/13/content_5606149.htm。

代老龄工作的意见》，提出"把积极老龄观、健康老龄化理念融入经济社会发展全过程"，"促进老年人养老服务、健康服务、社会保障、社会参与、权益保障等统筹发展"的总体要求。①

7. 实现脱贫攻坚与乡村振兴的有效衔接，加快推进农业农村现代化

中国经济社会发展不充分不平衡现象客观存在，革命老区、农村地区的现代化成为影响和制约中国现代化整体发展的薄弱环节，也成为中国社会实现共同富裕必须克服的难题。始终重视欠发达地区、革命老区和农村地区改革发展，始终坚持"驰而不息重农强农的战略决策"，是党和国家经济社会工作的重要特征。2021年2月，国务院印发《关于新时代支持革命老区振兴发展的意见》，提出"到2025年，革命老区脱贫攻坚成果全面巩固拓展，乡村振兴和新型城镇化建设取得明显进展"和"到2035年，革命老区与全国同步基本实现社会主义现代化"的主要目标。② 2月21日，21世纪以来第18个指导"三农"工作的中央一号文件即中共中央 国务院《关于全面推进乡村振兴加快农业农村现代化的意见》正式发布，提出"农业农村现代化规划启动实施，脱贫攻坚政策体系和工作机制同乡村振兴有效衔接、平稳过渡，乡村建设行动全面启动"目标任务③。2月25日，习近平总书记在全国脱贫攻坚总结表彰大会上宣布，"我国脱贫攻坚战取得了全面胜利，现行标准下9899万农村贫困人口全部脱贫，832个贫困县全部摘帽，12.8万个贫困村全部出列，区域性整体贫困得到解决，完成了消除绝对贫困的艰巨任务"④。同

---

① 《中共中央 国务院关于加强新时代老龄工作的意见》，中国政府网，http：//www.gov.cn/xinwen/2021-11/24/content_5653181.htm。
② 《国务院关于新时代支持革命老区振兴发展的意见》，中国政府网，http：//www.gov.cn/zhengce/content/2021-02/20/content_5587874.htm。
③ 《中共中央 国务院关于全面推进乡村振兴农业农村现代化的意见》，中国政府网，http：//www.gov.cn/zhengce/2021-02/21/content_5588098.htm。
④ 《全国脱贫攻坚总结表彰大会在京隆重举行》，《光明日报》，2021年2月26日。

日，国家乡村振兴局正式挂牌。2021年3月，《中共中央 国务院关于实现巩固拓展脱贫攻坚成果同乡村振兴有效衔接的意见》正式发布，提出"加快推进脱贫地区乡村产业、人才、文化、生态、组织等全面振兴"的总体要求。

（三）党领导下的行政改革深入推进

从比较政治学和比较政府治理的角度来看，中国政府体系在政治过程、经济社会治理与发展过程中所承担的职能之繁复，实际发挥作用之独特令人印象深刻。改革开放以来长期的、持续深化的党和国家机构改革、政府体制改革，以政府体系的自我革命、行政权力的逐渐完善的制度性约束、适应中国经济社会发展阶段对政府履职之内在要求的政府能力建构为基本内容，以更加专业化、法治化、民主化、更具主动性、回应性和整体性的服务型政府形态建构为基本方向。然而，政府体系的自我改革却不能仅仅从政府体系和政府过程本身得到完全的解释，只有补足从作为最高政治领导力量的执政党与政府之间关系的视角和维度，才能充分理解当前中国包括政府监督体系完善、政府职能优化、政府机构改革、整体性政府建设、基层治理体系和城市政府建设在内的行政改革的基本逻辑。

1. 构建行政权力的约束体系

中国各级政府权力在运行过程中受到执政党、人民和政府内部监督体系的全方位监督，以确保权力被关进制度的笼子里。围绕政府财政资金的使用加强全流程监管，是构建行政权力约束体系的关键环节之一。2021年3月，"为加强资金使用管理，提升资金使用效益"，财政部等6部门联合下发《中央财政衔接推进乡村振兴补助资金管理办法》。4月，国务院印发《关于进一步深化预算管理制度改革的意见》，提出"将坚持和加强党的全面领导贯穿预算管理制度改革全过程"，"强化预算对落实党和国家重大政策的保障能力，实现有限公共资源与政策目标有效匹配"，"更加注重强化约束，……维护法律的权威性和制度的刚性约束力"的改革原则。① 年内，为防范和化解地方政府隐形债务风险，多地加强了对地方政府违规举债的问责和查处。② 为规范政府购买服务，各地纪检监察机关也加强了对政府购买服务的专项监督检查，积极探索常态化长效监管机制。③ 12 月，国务院办公厅督察室发布关于河北省霸州市出现大面积大规模乱收费乱罚款乱摊派问题的督查情况通报，要求督促河北省廊坊市、河北省霸州市对督查发现的问题进行积极整改，同时要求"各地区、各部门要对督查发现的问题引以为戒、举一反三"，"规范政府财政收支预算管理"，"杜绝任性执法、逐利执法，坚决避免运动式执法乱象"。④

统计监督是行政权力监督体系的主要组成部分。早在 2016 年 10 月，中央全面深化改革领导小组第二十八次会议就指出"防范和惩治统计造假、弄虚作假，根本出路在深化统计管理体制改革"，强调"确保统计机构和统计人员独立调查、独立报告、独立监督职权不受侵犯"。该会议审议并通过了《关于深化统计管理体制改革提高统计数据真实性的意见》。2021 年 12 月，国家统计局制定发布《"十四五"时期统计现代化改革规划》，提出"完善统计体制机制……发挥统计监督职能作用"，到 2035 年"基本建成与国家治理体系和治理能力现代化相适应的现代化统计调查体系"。⑤

---

① 《国务院关于进一步深化预算管理制度改革的意见》，中国政府网，http://www.gov.cn/zhengce/content/2021-04/13/content_5599346.htm。
② 沈东方：《如何管住违规举债任性之手》，《中国纪检监察报》，2021 年 9 月 29 日。
③ 吕佳蓉：《严查高价采购背后利益输送》，中央纪委国家监委网站，https://www.ccdi.gov.cn/yaowenn/202112/t20211221_159859.html。
④ 《关于河北省霸州市出现大面积大规模乱收费乱罚款摊派问题的督查情况通报》，中国政府网，http://www.gov.cn/hudong/ducha/2021-12/17/content_5661671.htm。
⑤ 《"十四五"时期统计现代化改革规划》，国家统计局网站，2021 年 12 月 21 日，http://www.stats.gov.cn/xw/tjxw/202302/t20230202_1894265.html。

2. 优化政府职能、完善政府机构、提升行政能力

2021年3月发布的《中华人民共和国国民经济和社会发展第十四个五年规划和2035年远景目标纲要》，明确提出"加快转变政府职能，建设职责明确、依法行政的政府治理体系"。根据2023年制定发布的《国务院工作规则》，国务院履行政府经济调节、市场监管、社会管理、公共服务、生态环境保护等职能。中国政府职能一方面具有由政治结构所规定的大体的稳定性，另一方面具有因应经济社会发展的发展性，这也决定了中国政府机构改革具有连续性和发展性的双重特征。

2021年4月，国家发展改革委等20个部门联合印发《国家基本公共服务标准（2021年版）》，从幼有所育、学有所教、劳有所得、病有所医、老有所养、住有所居、弱有所扶等9个方面明确了国家基本公共服务具体保障范围和质量要求，并要求各地"结合实际抓紧制定本地区基本公共服务具体实施标准，并与国家标准和行业标准规范充分衔接"[1]。5月，国家疾病预防控制局正式挂牌，成为隶属于国家卫健委管理的副部级机构。年内，国务院港澳事务办公室新增宣传司和安全事务司两个局级内设机构。作为实际承担着部分行政职能的公共部门，事业单位改革与行政改革具有内在的紧密联系。2021年，黑龙江作为全国深化事业单位改革的全域试点省完成了中央批准的深化事业单位改革试点任务，精简事业单位2735个，收回事业编制8.3万余名，为全国事业单位改革和政府治理体系优化积累了经验。[2] 近年来，人社部大力加强信息化建设和服务便利化，企业职工养老保险关系转移等43项业务实现全国"一网通办"[3]。从2021年6月1日起，民政部在辽宁、山东、广东、四川实

---

[1] 《关于印发〈国家基本公共服务标准（2021年版）〉的通知》，中国政府网，http://www.gov.cn/zhengce/zhengceku/2021-04/20/content_5600894.htm。
[2] 马亮：《事业单位改革，要"瘦身"与"健体"并重》，《新京报》，2021年10月8日。
[3] 叶昊鸣、姜琳：《从"跑断腿""磨破嘴"到便捷办快速办》，《新华每日电讯》，2021年12月24日。

施结婚登记和离婚登记"跨省通办"试点，在江苏、河南、湖北武汉、陕西西安实施结婚登记"跨省通办"试点。①

3. 优化政府间关系，打造"整体性政府"

各级政府运作过程中存在的自上而下的旨在监督、调节、修正下级行政机关行政行为的调查、督察、问责、督办等活动，客观上增强了中国政府体系的整体性、一致性和执行力。2021年8月，国务院第三次全国国土调查领导小组办公室、自然资源部、国家统计局（以下简称"三调"）发布《第三次全国国土调查主要数据公报》。"三调"是国务院统一部署开展的一次重大国情国力调查，也是党和国家机构改革后统一开展的自然资源基础调查，"三调"建立起覆盖国家省地县四级的国土调查数据库，"也反映出耕地保护、生态建设、节约集约用地方面存在的问题"，需要地方各级党委和政府"采取有针对性的措施加以改进"。② 年内，经党中央、国务院批准，第二轮第三批、第四批、第五批中央生态环境保护督察全面启动，分批次组建8个、7个、4个中央生态环境保护督察组，分赴各省（区）和部分央企开展为期约1个月的督察进驻工作。

2021年9月，按照国务院第八次大督查的统一部署，16个国务院督查组分赴北京、天津、河北、山西、内蒙古、辽宁、吉林、安徽、江西、山东、广西、海南、重庆、四川、贵州、宁夏等16个省（自治区、市、区）开展了实地督查；11月，国务院办公厅督查室发布通报指出"减税降费助企纾困政策未有效落实""部分地方扩内需保就业保民生仍有短板弱项""重点领域关键环节'放管服'改革仍存在梗阻障碍""部分地方推进乡村建设简单粗放"等"部分地方和单位贯彻落实党中央、国务院决策部署不到位"的典型问题，要求各地区、各部门"建立整改长效机制，坚定不移把党中央、

---

① 吴为：《民政部：扩大婚登跨省通办试点范围》，《新京报》，2022年10月27日。
② 《第三次全国国土调查主要数据公报》，自然资源部网站，https://www.mnr.gov.cn/dt/ywbb/202108/t20210826_2678340.html。

国务院各项决策部署落到实处"。①

4. 夯实基层治理，优化城市治理

2021年7月，《中共中央 国务院发布关于加强基层治理体系和治理能力现代化建设的意见》强调指出"基层治理是国家治理的基石，统筹推进乡镇（街道）和城乡社区治理，是实现国家治理体系和治理能力现代化的基础工程"，提出"坚持以人民为中心，以增进人民福祉为出发点和落脚点，以加强基层党组织建设、增强基层党组织政治功能和组织力为关键，以加强基层政权建设和健全基层群众自治制度为重点"的指导思想，"坚持党对基层治理的全面领导"工作原则和"建立起党组织统一领导、政府依法履责、各类组织积极协同、群众广泛参与，自治、法治、德治相结合的基层治理体系"的5年目标。② 年内，中共中央办公厅印发《关于向重点乡村持续选派驻村第一书记和工作队的意见》，提出"健全常态化驻村工作机制"，"对党组织软弱涣散村……继续全覆盖选派第一书记"。③

减负增能是基层治理现代化的重要方面，破除基层治理中的形式主义、官僚主义是减负增能的重要工作。自2020年起，山东省有序推进"村（社区）'牌子多'问题集中整治"，"一年来，山东省6.5万个村（社区）共清理各类机构、制度牌子190余万块。其中，工作机构服务类牌子64万块，制度类牌子101万块，评比达标表彰类和创建示范活动类牌子25万块"，在此基础上，山东省探索全面实行村级组织职责任务清单管理、改进督查检查考核方式方法，从全省层面持续为基层松绑减负。④ 公共参与与公共空间营造是基层治

---

① 《关于国务院第八次大督查发现部分地方和单位贯彻落实党中央、国务院决策部署不到位典型问题的通报》，中国政府网，http://www.gov.cn/hudong/ducha/2021-11/18/content_5651454.htm。

② 《中共中央 国务院发布关于加强基层治理体系和治理能力现代化建设的意见》，中国政府网，http://www.gov.cn/zhengce/2021-07/11/content_5624201.htm。

③ 《中共中央办公厅印发〈关于向重点乡村持续派驻村第一书记和工作队的意见〉》，中国政府网，http://www.gov.cn/xinwen/2021-05/11/content_5605841.htm。

④ 杨守勇、叶婧：《有名无实"花架子" 190多万块牌子被摘》，《经济参考报》，2021年10月25日。

理优化的主要内容，上海在街道社区层面开展的参与式社区花园规划营建就是基层社区空间营造和社区共治的重要探索①；北京等地推出的"一米田园""公园种菜"等新尝试，体现出城市经营管理和共建共享中以人为本的细节之善②。

城市不仅仅是依据特定地域空间划型的特殊生活空间和特殊政治空间，还是人类生活与政治发展交汇的具有普遍性、趋势性的生活—政治空间。因而，随着中国城镇化、城市化进程的持续发展，城市治理及其所彰显的治理精神在公共行政中就越来越具有战略意义和整体意义上的重要性。近年来，如何在城市建设和城市治理中平衡工作与生活，如何适应城市人口结构、性别结构以及特殊人群内在需求，如何强化、优化安全生产作业和城市应急管理等，成为城市治理和城市发展的重要课题。为此，中国城市发展越来越重视在城市健康、城市更新、城市精神涵育等方面破题。

在总结相关城市先行试点经验基础上，2021年6月，自然资源部发布了《国土空间规划城市体检评估规程》，提出将按照"一年一体检、五年一评估"的方式实施城市体检评估，具体指标涉及安全、创新、协调、绿色、开放、共享6个维度，涵盖生态、生产、生活等各个方面。③ 2020年10月召开的中共十九届五中全会作出"实施城市更新行动"的重要决策部署，党的二十大提出"实施城市更新行动，加强城市基础设施建设，打造宜居、韧性、智慧城市"；深圳、上海、北京等多地先后出台《城市更新条例》，以规范城市更新活动，中国城市发展进入了由大规模增量建设转为存量提质改造和增量结构调整并重的阶段④。2018年初，上海市发布经国务院正式批复的《上海市城市总体规划（2017—2035年）》，更加强调"社区"这一城市基本空间单元在城市治理中的基础性作用，进

---

① 徐梅、陈必欣：《刘悦来：从缝隙到路径，四叶草堂的社区花园实践》，《南方人物周刊》，2021年第35期。
② 堂吉伟德：《"公园种菜"要让城市变得更美》，《北京青年报》，2021年5月18日。
③ 杨舒：《我国城市将一年一"体检"》，《光明日报》，2021年7月8日。
④ 史志鹏：《城市更新 中国在行动》，《人民日报（海外版）》，2023年1月2日。

一步提出构建"15分钟社区生活圈"并以之为基础配置公共资源配置、组织社区网络的城市基层治理新思路；2021年6月，中共上海市委发布《关于厚植城市精神彰显城市品格全面提升上海城市软实力的意见》，强调在"城市发展的环境条件、格局形态、动力机制、治理模式等都发生深刻变化"的背景下，上海要"着力构建现代治理体系"，"做优共治自治平台，激活基层社区每一个细胞单元，让人人有序参与治理的生动实践处处可见"。[①]

（四）全面加强党对国家建设与发展进程的全面领导

当国家目标以政党时间来衡量和刻画时，现代中国的"两个一百年"奋斗目标本身就体现了中国共产党与中国国家建设和国家发展之间的深刻关联。全面建成小康社会，是中国共产党对为人民谋幸福的政治承诺之实现；建成社会主义现代化强国，是中国共产党对为国家谋发展的政治承诺之履践。政党之成立及其活动，以"国利民福"为基本遵循，则是自近代以来中国社会对政党存在之客观需求，也是中国共产党之初心与使命的根本依据。时至今日，世情、国情、党情已发生深刻变化，中国共产党自身与建党初期相比在各方面已不可同日而语，已经成长为一个创建百年、在全国范围内执政70多年的老党、大党。老党如何保持锐意进取之志，大党如何凝聚整合全党之力，如何进一步完善党扎根社会、运作国家的制度机制，成为时代提出的重要课题。为了在新时代实践党的初心与使命，领导中国人民通过全面深化改革实现社会进步与国家发展，中国共产党就必须全面加强自身建设、全面从严治党，深刻自我革命。

---

① 《中共上海市委关于厚植城市精神彰显城市品格全面提升上海城市软实力的意见》，上海市人民政府网，https：//www.shanghai.gov.cn/nw12344/20210628/11c22a0c594145c9981b56107e89a733.html。

1. 坚持党管组织、党管干部、党管人才

三者是三位一体的，从组织需求和组织使命出发，从党和国家工作需要出发，党必须加强对党的干部和对党内外人才工作的统一领导。2021年，中国共产党在对干部和人才的培养、教育、使用、管理上视野更加宏阔，制度更为规范。2021年3月，2021年春季学期中共中央党校（国家行政学院）中青年干部培训班开班，习近平总书记在开班式上强调，"年轻干部是党和国家事业接班人，必须立志做党的光荣传统和优良作风的忠实传人"。9月，2021年秋季学期中共中央党校（国家行政学院）中青年干部培训班开班，习近平总书记在开班式上强调党员干部要"信念坚定、对党忠诚，注重实际、实事求是，勇于担当、善于作为，坚持原则、敢于斗争，严守规矩、不逾底线，勤学苦练、增强本领"。2021年6月，经党中央同意，中共中央组织部（以下简称"中组部"）决定对在县（市、区、旗）委书记岗位上取得优异成绩的103名同志授予全国优秀县委书记称号。

2021年，省部级干部人事调整进入密集期，全国多个省份省级党委书记履新，多个省份省级政府"一把手"联动调整；多省（自治区）纪委书记相继履新，其中公安厅长等具有政法背景官员跨省、跨系统干部调整任职方式引发关注。[1] 自2020年年底以来，上海、苏州两地共同探索干部交流任职，分处级、科级两个层面进行试点，变传统"挂职"为"任职"，在长三角一体化进程中积极探索干部队伍协同创新培养机制，为基层干部异地交流积累了新经验。[2] 2020年5月，浙江省首次组织100名年轻干部交流任职，这次集中交流中不仅有一定数量的省直机关干部、省属国企高校干部到市县任职，

---

[1] 佟西中：《两位公安厅长异地调任省级纪委书记，专家称专业性强利于反腐》，中国新闻周刊网站，http://www.inewsweek.cn/politics/2021-06-09/12827.shtml。

[2] 胡洁菲、郭敬丹：《发展"一条心"，用人"一盘棋"，长三角干部异地交流什么样》，《瞭望》，2021年第25期。

也有一批市县干部、乡镇（街道）党政正职和省属国企高校干部到省直机关任职，"一定程度上打通了省市县干部交流的闭环"①；2021年8月，浙江省第二次组织开展100名年轻干部集中交流。2021年，"根据中共中央组织部统一安排部署"，浙江省、福建省、天津市等多地出现县处级年轻领导干部跨省任职②。

2021年9月，习近平总书记在中央人才工作会议上强调，做好新时代人才工作，必须坚持党管人才，深入实施新时代人才强国战略，加快建设世界重要人才中心和创新高地，2035年基本实现社会主义现代化之人才支撑，为2050年全面建成社会主义现代化强国打好人才基础。2021年5月，国务院总理李克强主持召开政府特殊津贴制度高层次高技能人才座谈会，强调"进一步完善人才激励制度"，"要营造各类人才施展才能的氛围"；经济社会发展既要有良好的营商环境，也要有有利于人才成长和发挥作用的环境。

2. 全面完善党规党纪，全面从严治党

2021年1月，习近平总书记在中共十九届中央纪律检查委员会第五次全体会议上强调，充分发挥全面从严治党引领保障作用，确保"十四五"时期目标任务落到实处。完善党规党纪是全面从严治党的一个重要方面和重要抓手。自2020年年底以来，中共中央接连发布修订后的《中国共产党党员权利保障条例》《中国共产党统一战线工作条例》《中国共产党地方组织选举工作条例》，对一系列重大政治问题、政治原则和理念进行了明确确认：党员权利保障应遵循"民主和集中相结合""义务和权利相统一"等原则；统一战线是中国共产党凝聚人心、汇聚力量的政治优势和战略方针，……是增强党的阶级基础、扩大党的群众基础、巩固党的执政地位的重要

---

① 徐伟韬：《打破干部交流闭环 激发队伍活力潜力》，《温州日报》，2020年8月24日。
② 佟西中：《县处级官员跨省调整，释放了什么信号》，中国新闻周刊网站，http://www.inewsweek.cn/politics/2021-10-19/14126.shtml。

法宝①；党的地方组织选举工作应有利于"健全党的民主集中制，完善党内选举制度，加强党的地方组织建设，提高党的执政能力和领导水平"②。为了"指导和规范组织处理工作，推进组织处理与纪律处分、法律责任追究有机衔接"③，2021年3月，中共中央办公厅印发第一部专门就组织处理作出全面规定的党内法规《中国共产党组织处理规定（试行）》。5月，中共中央印发《中国共产党组织工作条例》，明确提出"组织工作实行党中央集中统一领导"，这是中国共产党历史上第一部关于组织工作的统领性、综合性基础主干法规；中共中央印发的通知同时强调，"党的力量来自组织，组织严密是党的光荣传统和独特优势"④。6月，《中共中央关于加强对"一把手"和领导班子监督的意见》公开发布，这是中共中央针对"一把手"和领导班子监督制定的首个专门文件。同月，中共中央印发《中国共产党党徽党旗条例》，这是中国共产党历史上第一部关于党徽党旗的基础主干法规。

3. 完善党总揽全局、协调各方制度机制

党总揽全局体现在"党是领导一切的"，中国共产党在当代中国政治体系中居于中心和枢纽地位，通过一系列指导、指示、述职、报告、会议等制度运作，完成对各方政治力量、政治机构的领导与协同。2021年1月7日，中共中央政治局常务委员会召开会议听取全国人民代表大会常务委员会（以下简称"全国人大常委会"）、国务院、中国人民政治协商会议（以下简称"全国政协"）、最高法、最高检党组工作汇报，听取中央书记处工作汇报；1月28日召开的

---

① 《中共中央印发〈中国共产党统一战线工作条例〉》，中国政府网，http：//www.gov.cn/zhengce/2021-01/05/content_5577289.htm。

② 《中共中央印发〈中国共产党地方组织选举工作条例〉》，中国政府网，http：//www.gov.cn/zhengce/2021-01/06/content_5577489.htm。

③ 《中共中央办公厅印发〈中国共产党组织处理规定（试行）〉》，中国政府网，http：//www.gov.cn/xinwen/2021-03/28/content_5596366.htm。

④ 《中共中央印发〈中国共产党组织工作条例〉》，中国政府网，http：//www.gov.cn/zhengce/2021-06/02/content_5615053.htm。

中共中央政治局会议，审议《中共中央政治局常务委员会听取和研究全国人大常委会、国务院、全国政协、最高人民法院、最高人民检察院党组工作汇报和中央书记处工作报告的综合情况报告》《关于十九届中央第六轮巡视情况的综合报告》和《关于2020年中央巡视工作领导小组重点工作情况的报告》等。2021年初，中央政治局委员、中央书记处书记，全国人大常委会、国务院、全国政协党组成员，最高法、最高检党组书记向党中央和总书记述职。7月，中共中央召开党外人士座谈会，就当前经济形势和下半年经济工作听取各民主党派中央、全国工商联负责人和无党派人士代表的意见和建议。8月31日召开的中央政治局会议审议《关于十九届中央第七轮巡视情况的综合报告》。

2021年，从积极应对人口老龄化到优化生育政策，从推进农村厕所革命到出台粮食节约行动方案，从中共中央印发《普通高等学校基层组织工作条例》到中共中央办公厅、国务院办公厅印发《全面加强新时代少先队工作的意见》，从新时代推动中部地区高质量发展到审议《国家安全战略（2021—2025年）》，中国共产党对中国改革、发展与治理负有全面领导责任。同时，党总揽全局、协调各方的行动在内容、节奏与方式上越来越趋于制度化、规范化，其中一个重要表现是党的各种会议相互分工、各司其职又相互关联、层层嵌套，对中国政治过程和政治节律的形成产生了重要影响。2021年2月26日，中共中央政治局召开会议，讨论国务院拟提请第十三届全国人民代表大会第四次会议审查的《中华人民共和国国民经济和社会发展第十四个五年规划和2035年远景目标纲要（草案）》和审议的政府工作报告；4月30日，中共中央政治局召开会议分析研究当前经济形势和经济工作；7月30日，中央政治局召开会议分析研究当前经济形势，部署下半年经济工作；12月6日，中共中央政治局召开会议分析研究2022年经济工作，听取中央纪委国家监委工作汇报，研究部署2022年党风廉政建设和反腐败工作，审议《中国共产党纪律检查委员会工作条例》；12月8—10日，中央经济工作会议举行，研究部署2022年经济工作。可见党的领导已经深深嵌入中国发展与治理的全部重要环节,并塑造了中国发展与治理的政治时间。

对意识形态领域的领导也是党总揽全局的重要方面。在中国共产党成立100周年之际,中共中央、国务院印发了《关于新时代加强和改进思想政治工作的意见》,提出要"把思想政治工作作为治党治国的重要方式""把思想政治工作贯穿党的建设和国家治理各领域各方面各环节""构建共同推进思想政治工作的大格局"。[1] 年内,党中央批准了中宣部梳理的第一批纳入中国共产党人精神谱系的伟大精神[2],在中华人民共和国成立72周年之际予以发布。12月,全国宗教工作会议时隔5年后再次召开,习近平总书记再次强调"党的宗教工作的本质是群众工作",要"深入推进我国宗教中国化",积极引导宗教与社会主义社会相适应。

4. 全面领导、深入推进全面深化改革

推动改革开放持续走向深入,明确改革的战略、策略、路径、重点,是中国共产党全面领导改革开放的题中应有之义。2021年2月召开的中央深改委第十八次会议强调,要完整、准确、全面贯彻新发展理念,发挥改革在构建新发展格局中的关键作用。5月召开的中央深改委第十九次会议对完善科技成果评价机制、减轻义务教育阶段学生负担、深化医疗服务价格改革试点、深化生态保护补偿制度改革等做出部署。7月召开的中央深改委第二十次会议提出推动"种业振兴"和"青藏高原生态环境保护和可持续发展"。8月召开的中央深改委第二十一次会议强调加强反垄断反不正当竞争监管、完善物资储备体制机制、深入打好污染防治攻坚战。11月召开的中央深改委第二十二次会议强调加快科技体制改革攻坚、建设全国统

---

[1] 《中共中央 国务院印发〈关于新时代加强和改革思想政治工作的意见〉》,中国政府网,http://www.gov.cn/xinwen/2021-07/12/content_5624392.htm。

[2] 《中国共产党人精神谱系第一批伟大精神正式发布》,中国政府网,http://www.gov.cn/xinwen/2021-09/29/content_5640143.htm。

一电力市场体系等。年内，中共中央、国务院先后就"支持浙江高质量发展建设共同富裕示范区"与"支持浦东新区高水平改革开放打造社会主义现代化建设引领区"出台指导意见。2021 年 3 月召开的中央财经委员会第九次会议，研究促进平台经济健康发展和实现碳达峰、碳中和的基本思路和主要举措；8 月召开的中央财经委员会第十次会议聚焦"在高质量发展中促进共同富裕""统筹做好重大金融风险防范化解工作"。可见，中国共产党在当代中国改革开放中不仅起着宏观上、战略上、大局上举旗定向的引领作用，而且具体参与、塑造和指导着中国改革行动的节奏与路径。

5. 加强党的学习

建设马克思主义学习型政党是中国共产党区别于其他政党的重要特征之一。在全党范围内，在党的各级组织中开展系统性、持续性学习，对于全党统一思想、增强行动能力和执行能力具有重要意义。2021 年 2 月，习近平总书记在党史学习教育动员大会上强调指出，在"两个一百年"奋斗目标历史交汇的关键节点，在全党集中开展党史学习教育，是党中央统筹两个大局、为动员全党全国满怀信心投身全面建设社会主义现代化国家而作出的重大决策。[①] 随后，中共中央办公厅印发《关于在全社会开展党史、新中国史、改革开放史、社会主义发展史宣传教育的通知》，对在中国共产党成立 100 周年之际开展"四史"宣传教育作出安排部署。《中国共产党组织工作条例》明确规定："党的中央委员会、中央政治局、中央政治局常务委员会是党的组织体系的大脑和中枢，在推进中国特色社会主义事业中把方向、谋大局、定政策、促改革"，基于其在党内的特殊地位，中央政治局集体学习就具有特殊的政治功能。2021 年，第十九届中央政治局进行了 9 次集体学习，第二十七次至第三十五次集体学习主题分别是：做好"十四五"时期我国发展开好局、起好步

---

① 习近平：《在党史学习教育动员大会上的讲话》，《求是》2021 年第 7 期。

的重点工作；完善覆盖全民的社会保障体系；新形势下加强我国生态文明建设；加强我国国际传播能力建设；用好红色资源、赓续红色血脉；坚持党对人民军队绝对领导、奋力实现建军一百年奋斗目标；加强我国生物安全建设；建设中国特色社会主义法治体系。这些学习主题都是关系中国改革、发展、治理全局的重大问题，具有重要的指向意义、理论意义和政策转化意义。

6. 持续推进以政党为中心的反腐

腐败现象对中国政治的影响既是一个法律问题，也是一个伦理问题，更是一个政治问题。因此，当代中国的反腐倡廉必须统合对腐败现象的政治治理、价值治理和法律治理，从中国政治建设与政治发展高度、党风政风和政治伦理构建维度以及完善法律体系角度推进反腐败，而只有作为当代中国最高政治领导力量和执政主体的中国共产党才有能力有效协调这三者，这就决定了当代中国反腐败的战略重心必然落实到以政党为中心的反腐体系建设。2021年中国反腐倡廉工作体现出鲜明特点：一是对重点领域、腐败高发领域的持续反腐。二是对形式主义、微腐败、流程腐败等涉及党风、政风的腐败现象的持续纠治。三是建立全覆盖、零容忍、一体化的反腐体系。四是以反腐促进和保障全面深化改革和政策执行力。五是强化政法领域自身反腐败。

（五）一体推进党领导下的"法治中国"建设

全面依法治国是当代中国无可争议的治国方略，是现代国家治理的基本通则。中国共产党十五大首次提出的这一治国方略不是自然而然生成的，而是在党领导下有规划地推进的。2021年，中共中央印发新中国成立以来第一个关于法治中国建设的专门规划《法治中国建设规划2020—2025年》，提出要"更好发挥法治固根本、稳预期、利长远的保障作用"，"把全面依法治国摆在全局性、战略性、基础性、保障性位置","奋力建设良法善治的法治中国"。从实践来看，2021年中国法治建设呈现出若干工作重点和年度特征。

1. 更新、完善法律体系

中国特色社会主义法律体系基本形成后，中国法制建设和法治进程仍然没有停步。2021年，一批相关领域基础性法律法规出台或修订。全国人大常委会先后通过修订后的《中华人民共和国行政处罚法》《中华人民共和国乡村振兴促进法》，修订后的《中华人民共和国教育法》《中华人民共和国反外国制裁法》《中华人民共和国数据安全法》《中华人民共和国印花税法》《中华人民共和国个人信息保护法》《中华人民共和国噪声污染防治法》《中华人民共和国监察官法》《中华人民共和国法律援助法》《中华人民共和国医师法》《中华人民共和国人口与计划生育法》《中华人民共和国家庭教育促进法》《中华人民共和国陆地国界法》《中华人民共和国审计法》等重要法律，中国法律体系更加完善。

2. 中国法治的多主体参与

无论是立法领域还是执法领域，当代中国法治过程体现为党统一领导下多元主体的合力推进。除作为专门立法机构的全国人大和有立法权的地方人大之外，国务院及中央部委、最高院、最高检、中华人民共和国国家监察委员会（以下简称"国家监委"）、特定层级地方政府在法律法规和行政规章的制定、执行中分担着事实上的法治功能，共同推进着当代中国法治进程。如2021年7月，国务院公布修订后的《中华人民共和国土地管理法实施条例》；9月，国家监委公布根据全国人大常委会决定制定的第一部监察法规《中华人民共和国监察法实施条例》。5月，商务部公布2021年规章立法计划，提出规章立法工作的总体要求是"加强党对立法工作的领导"，为"推动商务高质量发展，构建新发展格局提供坚实有力的法制保障"。7月，《深圳经济特区数据条例》正式公布，在国内立法中首次确立数据公平竞争有关制度,在地方立法中首次确立了数据领域的公益诉讼制度①。"为贯彻落实习近平总书记关于应对气候变化重要讲话精神和党中央、国务院关于全国碳排放权交易市场建设的决策部署",生态环境部组织起草并于 2021 年 3 月公布了《碳排放权交易管理暂行条例(草案修改稿)》;"为深入贯彻落实党的十九届五中全会精神,加强移动互联网应用程序个人信息保护,……在国家网信办的统筹指导下",工信部等起草并于 2021 年 4 月公布了《移动互联网应用程序个人信息保护管理暂行规定(征求意见稿)》;"为贯彻落实习近平总书记关于教育的重要论述特别是关于教师队伍建设的重要指示批示精神,完善教师法律制度",教育部在深入调研基础上研究形成并于 2021 年 11 月公布了《中华人民共和国教师法(修订草案)(征求意见稿)》。年内,各省相继启动地方人口与计划生育条例修改工作,截至 11 月 28 日,已有 20 多个省份完成修法或启动修法。②

3. 以法治进程深度参与和保障改革进程

与中国改革开放进程同步的中国法治进程本身就是中国改革开放系统工程和伟大历程的重要组成部分,同时,法治的完善深刻推动和保障着中国改革开放的历史进程。继《法治政府建设实施纲要(2015—2020 年)》之后,2021 年中共中央、国务院发布的《法治政府建设实施纲要(2021—2025 年)》,在指导思想、主要原则和总体目标上明确提出"把法治政府建设放在党和国家事业发展全局中统筹谋划,加快构建职责明确、依法行政的政府治理体系","用法治给行政权力定规矩、划界限","到 2025 年,政府行为全面纳入法

---

① 陈绮宁、朱珏颖:《〈深圳经济特区数据条例〉正式公布:用户有权拒绝 APP "个性化推荐"》,《晶报》,2021 年 7 月 7 日。

② 《20 余省份修改计生条例 鼓励生娃还需如何发力》,《新华每日电讯》,2021 年 11 月 30 日。

治轨道"[1]。年内，中共中央办公厅、国务院办公厅印发《关于加强社会主义法治文化建设的意见》，提出"宪法法律权威进一步树立，尊法学法守法用法氛围日益浓厚"，到2035年"基本形成全社会办事依法、遇事找法、解决问题用法、化解矛盾靠法的法治环境"总体目标[2]；中共中央、国务院转发《中央宣传部、司法部关于开展法治宣传教育的第八个五年规划（2021—2025年）》，提出"以使法治成为社会共识和基本准则为目标，以持续提升公民法治素养为重点"，为全面建设社会主义现代化国家营造良好法治环境。[3]

随着全面依法治国的深入推进，法治对中国政治成长和中国社会进步的全面介入、规范和促进作用越来越明显地体现出来，大至法治政府、法治社会，小至人民生活中的小事细事，法治作用通过每一个法制案例体现出来、固定下来、累积起来。2021年5月，为进一步推进法治政府、责任政府、诚信政府建设，最高人民法院首次集中发布第一批十件行政协议典型案例，强调"充分发挥典型案例的指引作用，推动完善政府守信践诺机制，强化产权保护力度，推进政府治理体系和治理能力现代化"。[4] 年内，一系列具有典型性或象征意义的法制案例，点滴记录着中国法治建设的年度进程。成都首例"电梯加装"相邻关系纠纷案，北京市青少年法律援助与研究中心就《王者荣耀》游戏涉嫌侵害未成年人权益提起的民事公益诉讼案，上海市虹口区法院判决的利用破解人脸识别技术牟利的非法人脸识别案，上海一中院宣判的北八道集团有限公司操纵市场案，以及广州市中院判决的康美药业特别代表人诉讼案等案件及其判例，成为中国法治发展史上重要的见证和记录。

---

[1] 《中共中央 国务院印发〈法治政府建设实施纲要（2021－2025年）〉》，中国政府网，http://www.gov.cn/zhengce/2021－08/11/content_5630802.htm。
[2] 《中共中央办公厅 国务院办公厅印发〈关于加强社会主义法治文化建设的意见〉》，中国政府网，http://www.gov.cn/zhengce/2021－04/05/content_5597861.htm。
[3] 《中共中央 国务院转发〈中央宣传部、司法部关于开展法治宣传教育的第八个五年规划（2021—2025年）〉》，中国政府网，http://www.gov.cn/xinwen/2021－06/15/content_5618254.htm。
[4] 《最高人民法院发布行政协议典型案例》，最高人民法院网站，2021年5月11日，https://www.court.gov.cn/zixun－xiangqing－301081.html。

4. 积极稳妥推进司法改革

在党的全面领导下，2021年司法改革在司法体制、政法队伍建设、刑事司法等重点领域取得积极进展。8月，《中共中央关于加强新时代检察机关法律监督工作的意见》公开发布，提出"进一步加强党对检察工作的绝对领导"，"依法履行刑事、民事、行政和公益诉讼等检察职能"，"充分发挥法律监督职能作用，为大局服务、为人民司法"。① 自2021年2月起，被称为"政法战线刀刃向内的自我革命"的全国政法队伍教育整顿分自下而上两批在全国范围内正式启动，第一批为市县两级党委政法委、政法单位，以及省属监狱、戒毒所；第二批为中央政法委、中央政法单位，省级党委政法委、政法单位。② 年内，最高检印发《关于推进行政执法与刑事司法衔接工作的规定》，对检察机关开展行刑衔接工作提出进一步规范。为了"防止利益输送和利益勾连，切实维护司法廉洁和司法公正"，最高法、最高检、司法部联合印发《关于建立健全禁止法官、检察官与律师不正当接触交往制度机制的意见》与《关于进一步规范法院、检察院离任人员从事律师职业的意见》。自2018年起，湖北省黄石市、上海市崇明区、浙江省金华市、江苏省泰州市等陆续开始刑事案件审查起诉阶段律师辩护全覆盖试点，这是包括检察机关一系列改革在内的刑事司法改革走向深入的实践要求。③ "为严格规范减刑、假释工作，……确保案件审理公平、公正"，2021年12月，最高法、最高检、公安部、司法部联合发布《关于加强减刑假释案件实质化审理的意见》。2021年4月，中央全面依法治国委员会正式将"少捕慎诉慎押刑事司法政策"列入年度工作要点，"少捕慎诉慎押"从刑事司法理念上升到刑事司法政策；"为确保依法、充分、准

---

① 《中共中央关于加强新时代检察机关法律监督工作的意见》，最高人民检察院网站，https://www.spp.gov.cn/tt/202108/t20210802_525619.shtml。
② 史兆琨：《教育整顿，从群众最期盼的事情做起》，《检察日报》，2021年3月1日。
③ 韩谦：《刑事辩护"关口前移"：多地试点刑案审查起诉阶段律师辩护全覆盖》，《南方周末》，2021年11月25日。

确适用少捕慎诉慎押刑事司法政策",11月,最高检发布首批5起检察机关贯彻少捕慎诉慎押刑事司法政策典型案例。

(六) 国家制度的进一步成熟定型

一方面,基于中国共产党在当代中国政治结构与政治过程中的特殊地位,党的领导制度和执政制度构成当代中国国家制度的重要组成部分。中国国家制度的完善和优化、成熟与定型,对国家制度运行中党的领导与执政制度、体制、机制的完善与优化提出了内在要求。这是一种相互的需求——党为了更好地领导与执政,需要进一步推进国家制度建设;另一方面,国家制度的完善需要党优化与改善其领导与执政方式并实现制度化。2021年8月,习近平总书记在中央民族工作会议上强调党的民族工作要"以铸牢中华民族共同体意识为主线","坚持和完善民族区域自治制度,确保党中央政令畅通",就体现了党的领导与国家制度发展之间的内在关系。

"党的集中统一领导制度和全面领导制度是我们党和国家的根本领导制度",人民代表大会制度是我国的根本政治制度,中国共产党领导的多党合作和政治协商制度、民族区域自治制度、基层群众自治制度是我国三大基本政治制度。无论是根本政治制度、基本政治制度还是重要政治制度,都是国家政治制度作为一个整体的重要组成部分。一个整体意义上的国家制度以制度覆盖的全域和制度运行的全程为基本特征,因此即使是规范局部政治领域和部分政治过程的政治制度——从其作为国家制度之一部分而言——也具有全域全程的制度意义和制度效应。只有理解了这一点,才能充分认识到诸如民族区域自治制度、基层群众自治制度、监察制度,乃至审计制度、统计制度等重要制度作为国家制度体系之重要组成部分的全局性制度意义。这一点同样适用于对人民代表大会制度、政治协商制度作为国家制度的理解。"中共领导的多党合作和政治协商制度是我国的一项基本政治制度,它与人民代表大会制度相辅相成,构成社会主义民主政治的基本框架。"① 长期以来，人们习惯于从可视化的制度运行具体情境和制度运行具体环节出发，对人民代表大会制度、政治协商制度的制度功能实际上是低估的，对人民代表大会制度、政治协商制度"日用而不知"的"制度不在场"功能未能给予合乎现实的评价。事实上，在当代中国政治结构与政治过程中，各级人大远不是"橡皮图章"，各级政协也远非"清谈馆"所能概括；进而论之，人大作用也远非"钢铁图章"，政协功能也远非"协商民主"所能概括。

2021年10月，习近平总书记在中央人大工作会议上强调，要坚持和完善人民代表大会制度，加强和改进新时代人大工作，不断发展全过程人民民主；各级人大及其常委会要"成为自觉坚持中国共产党领导的政治机关、保证人民当家作主的国家权力机关、全面担负宪法法律赋予的各项职责的工作机关、始终同人民群众保持密切联系的代表机关"。人民代表大会制度作为中国国体，各级人大作为各级国家权力机关，人民代表大会制度的完善和各级人大之间权力关系和运行机制的优化，对于当代中国政治过程来说都具有全局性意义；反过来说，当代中国许多具有重要意义的政治发展，在政治权力关系调整和优化的意义上也往往通过人民代表大会制度和各级人大权力关系的调整来达成。自2020年8月国家监委首次向全国人大常委会报告专项工作以来，2021年全国31个省区市监委已全部向本级人大常委会报告专项工作，各地市级监委向本级人大常委会报告专项工作也在陆续进行中，这是在党的领导下人大与监委权力关系、监督关系制度化的重要表现。又如，2019年中共十九届四中全会强调在国家治理体系和治理能力现代化过程中要"赋予地方更多自主权，支持地方创造性开展工作"；2021年，全国人大常委会决定授权上海市人大及其常委会"根据浦东改革创新实践需要，制定浦东新区法规"②，人大体系内的这种授权就成为中央赋予地方更多

---

① 廖继红：《政党在政治现代化中的主要作用》，《黑龙江省社会主义学院学报》，2002年第2期。
② 《中央"放权"激励地方发展应成为新方向》，《第一财经日报》，2021年6月10日。

自主权的一种重要方式。

从横向权力关系来说，随着相关工作制度和规则的完善，政府与人大、政协之间的互动更为规范化，各级政府及其部门向各级人大的报告以及对各级人大代表议案、政协委员提案、建议的答复已成为行政过程中的常态，人大、政协已成为从中央到地方行政过程中不可或缺的政治主体、行动者和参与者。各级人大作为立法机关、权力机关、监督机关，各级政协作为专门协商机构、民主监督机构和统一战线组织的政治功能更加突出。2021年全国人大常委会决定授权国务院在部分地区开展房地产税改革试点工作、浙江省人大常委会审议通过《浙江省快递业促进条例》、2022年北京市人大审议通过《北京市住房租赁条例》，各级人大、政协对各层级、各地方政治过程和经济社会发展进程的参与本身，成为中国政治发展的重要体现。2021年6月，中共中央办公厅印发《关于加强地方人大对政府债务审查监督的意见》，对加强地方人大关于政府债务的审查监督作出全面部署，进一步明确了地方人大作为国家权力机关对地方政府债务全过程监管的权力与责任。

中国共产党领导的多党合作和政治协商制度具有国家基本政治制度的性质，国家制度性质决定了协商政治是当代中国政治的底色之一，是当代中国民主政治与共识政治的重要制度载体，决定了各级政协机关协商、监督、统战功能的统一和各级政协委员资政建言、凝聚共识双向发力的履职定位，也决定了政协机关和政协委员的提案和行政部门的答复，比如2021年全国"两会"期间，全国政协常务委员提交的"优化县级行政区划"的提案[①]、年内教育部对全国政协十三届四次会议《关于进一步落实青少年抑郁症防治措施的提案》的答复[②]等，在当代中国政治过程中同样具有议题设置、政策催生的政治功能。作为一种重要的政治活动和政治时间节点，全国

---

① 关不羽：《三万多人的"人口小县"该不该撤并？》，《南方周末》，2021年5月20日。
② 《关于政协第十三届全国委员会第四次会议第3839号（教育类344号）提案答复的函》，教育部网站，http：//www.moe.gov.cn/jyb_xxgk/xxgk_jyta/jyta_twys/202111/t20211104_577685.html。

"两会"已经在中国政治过程和世界政治舞台上产生了极具分量的政治影响力和传播力。2021年全国两会期间，习近平总书记在看望参加全国政协会议的医药卫生界与教育界委员时有关"中国已经可以平视这个世界了"的表述，引发国内外广泛关注。"两会"越来越成为观测中国政治的"窗口"，也越来越成为传播中国声音的"窗口"，而这种"窗口"效应正是人民代表大会制度、中国共产党领导的多党合作和政治协商制度作为中国国家制度的政治功能的体现和拓展。

四、相互塑造：中国国家建设与国家发展中的政党与国家

（一）组织起来：国家的组织要素与现代中国对政党的内生需求

政党是现代政治的主要特征之一。政党参与了现代国家基本政治过程，塑造了现代国家政治形态的基本景观。伴随着中国从传统国家向现代国家的转型，在中国现代国家建设的艰难复杂的历史进程中，中国政治世界也出现了政党，但如同中国现代国家建设的一波三折一样，政党在中国的发生与发展也经历了一段曲折的历程，决定这一曲折历程的关键是政党、人民与国家之间的互动关系。正如毛泽东同志1953年在中央人民政府委员会第二十四次会议上所指出的和习近平同志2020年在纪念中国人民志愿军抗美援朝出国作战70周年大会上所重申的，"现在中国人民已经组织起来了，是惹不得的。如果惹翻了，是不好办的"[1]。这一宣示实际上透露出在中华

---

[1] 毛泽东：《抗美援朝的胜利和意义》，载《毛泽东军事文集》编写组编：《毛泽东军事文集（第六卷）》，军事科学出版社、中央文献出版社，1993年版，第355页。

人民共和国这种新型国家之中政党、人民与国家关系的最终确立。这种新型政党、人民与国家关系从历史中来，也需要回到历史中去理解。

国家，作为人类政治文明中最为重要的发明，本质上是一种以暴力的合法垄断为基本特征的政治组织。组织的本质特征在于严内外之别，从国家作为政治组织的意义上来说，国与国之间的本质区别在于包括组织要素与组织结构的组织差别——国家的结构、规范、精神、制度，以及国家的公民和国土空间皆彼此有别。国家的发展本质上是其组织要素与结构的发展，国家的衰弱本质上是其组织要素与结构的衰弱，国家的崩解本质上是其组织要素和结构的瓦解。在国家内部亦有大大小小的组织形式，比如家庭、宗族、民族以及政治、经济、社会、文化领域的利益集团、互助组织等。这些组织从属于国家却并非必定依附于国家，存在于国家这个大的组织形式之内，但并非一定天然地、自发地有助于某个具体的、特定的国家的整体组织力量的发展。政治权力、经济—社会基础和价值体系，与围绕这三者关系而形成的制度体系的结合，是具体的、特定的国家组织力量的根源。

对于中国古典国家来说，君主制度、官僚制度、行政制度所塑造的以皇权为核心的政治权力体系，分散—兼并的土地制度、自给自足的自然经济和宗法制度的结合所塑造的经济社会基础，儒、（墨）道、法多元共存、相互出入所塑造的主流价值体系，构成了传统中国国家组织形态的基本底色。在古代中国组织结构中，皇权的强大并不必然带来王朝的强大，王朝的强大并不必然保障国家的强大；王朝的丧乱固然往往伴随其经济社会基础的凋敝，然而并不会改变其经济社会基础的组织模式，亦并不会带来古代中国思想世界的大变局。中国古代国家在形式上依赖于王朝而存续，王朝依赖于皇权而存续，皇权依赖于其对政治组织和社会组织能力之抑制而维持，故此在古代中国王朝政治之下政治组织和社会组织因被视为皇权之潜在威胁而在政策和制度层面受到持续的打压和抑制。这是传统中国君主集权形态下政治组织不发达，同时宗族等经济社会组织

第一章 政党与国家的相互塑造：中国发展与治理的政治学

疏离于国家政权的重要原因。

中国传统国家形态步入近代之时，适逢王朝由盛而衰的政治周期，加之以传统中国从未遇见过的新兴国家的严峻挑战，新旧问题的叠加造成王朝国家的进退失据和必然发生的应对失当，终于逐步酿成严重的权力危机和权威危机。晚清帝国的皇权既丧失了中央对地方的有效权力控制，又因其应对内外危机的无效而引发政治正当性和合法性危机。从科举制度、选官制度到帝国行政制度的失效，皇权体系的式微和作为其附属的旧式官僚集团的腐败，传统小农经济在伴随西方列强入侵加深而带来的商品经济冲击下的破落，古典思想世界（包括从属于这一思想世界的古典政治价值体系）的坍塌，共同奏响了中国古典国家组织形态的挽歌。旧国家形态的崩解叠加以西方列强的入侵，将失去国家依托同时自身组织能力羸弱的国民抛向时代的漩涡，一时有亡国灭种的时代危机。深刻的时代危机提出了"重新组织起来"的急迫的时代议题——为了在剥削与反剥削、压迫与反压迫的国内政治格局和殖民与反殖民、侵略与反侵略的国际体系中争得民族存亡、国家存续的一线生机，如何将散落的中国社会和破碎的国家要素重新组织起来以形成一种整体性的力量参与到国家竞争、民族竞存的现实斗争中去，就成为近代中国压倒一切的时代议题。

然而在旧国家形态崩解，新国家形态未立之际，这种组织力量显然无法寄托于现成的国家本身。实践证明，无论是传统的皇权（及其自我拯救的历史运动），还是一统的皇权崩溃之后散落的军事力量及以此为基础的局部政权，都无法承接起将中国社会重新组织起来的历史任务，这种历史任务最终落到一种新型的现代政治组织——政党身上。作为一种传统中国所未见的新的政治现象和政治组织，政党与国家之间基于组织视角的互动逻辑，一开始并非是自明的。近代中国思想界对政党的接纳和关注发生于特定时代与特定背景之下。从晚清政治思想发展的大致轮廓来讲，对议院及政党政治的绍述大约出现于1895—1905年之间。从观念史的角度来说，议院和政党均从西方政治中借来，而且相互倚重，并现于大约同一时代，因此二者厥为知识世界中的同位观念。作为一种政治主张，在中国引入政党政治的诉求与设立议会的诉求内在联系在一起。王尔敏先生指出，"议院之说已昌言于朝野，西国政党之制又已传至中土，尤以英国两党政治……又近似于中国新旧两派之官绅，遂为说者，构成一理论依据，而随议院之说出之"[①]。但近代中国有关政党的思想与政治实践，随着中国现代国家建设的主题、阶段而不断演转，并未滞留于与议会体制相关联的竞争型政党政治的范畴。

如果说近代中国议会诉求背后指向的政治价值在于"通民情"，政党诉求背后的政治价值与信仰，其核心就在于"聚民力"。长久以来，结党营私和朋党政治一直是被中国传统政治思想和价值所排击的政治之恶。传统中国政治社会中长期缺乏一种组织的力量和技术，在中国近现代政治思想家看来，这导致中国民众长期处于一种松散自在的状态，这种状态在承平时期也不利于民众抵抗来自于政府的暴政和侵掠，而在国家和民族的生存面临危机的时候尤为危险。在政党政治的宣传和鼓吹上，近代中国思想界一直小心翼翼地将政党与朋党区分开来，在政党问题上严公私之分，极力强调政党谋"国利民福"的方面和大公无私的一面，亦即强调政党代表共同体整体利益的公共属性。这一点与西方政党发生发展的政治逻辑与路径有所不同。在西方早发现代化国家，因为经济发展、社会分化而有利益之分化，因而有代表社会不同部分之权益的政党出现，不同政党聚合不同利益并演化为不同之政见，起而相互竞争，迭起执政，而现代西方民主政治因之以成。反观近代中国，政党诉求背后存在不同的政治目的或者说期望：既希望藉政党以团结民众、向政府以伸舒民权，又指望通过政党改造政治、教化民众，从传统政治中开出一全新的政治格局来。在西方政党思想引入中国的时候，在绍述西方议会政党之时，从一开始已然隐含着革命和革命党的政治逻辑。

---

① 王尔敏：《晚清政治思想史论》，广西师范大学出版社，2005年版，第219页。

及至民国初肇，议会体制和政党政治从思想和观念转入实践。由于种种结构性原因和政党本身的主体性原因，基于议会体制的竞争型政党制度在现实中破产，这种破产宣告了一种特定的政党类型即议会型政党在思想和实践中的双重失败。另一种政党类型和政党逻辑从边缘进入中心舞台，成为主导近现代中国政治变迁的主导力量。这种政党在组织体系、革命目标、党义党纪等诸多方面同与晚清维新派和君主立宪团体相对峙的旧革命党相区别，称之为"新革命党"。对于新革命党来说，重新组织中国社会、创建新型国家，并实现国家从传统向现代的转型亦即实现国家发展，构成其三大历史使命；同时，由于这种历史使命并非是在一个独立的、安全的、不受外部影响的国际环境下进行，因此自近代中国以来在国际体系中谋求国家之独立、平等地位又成为实现这三大历史任务的政治前提。基于与中国传统国家形态的纠葛及近代国际体系的现实，新国家形态的建构最终不得不采取民族民主革命的方式和手段；对于主导新国家之构建的新革命党来说，重新组织中国社会意味着社会革命，创建新型国家意味着政治革命，实现国家转型发展意味着经济革命，因此这种民族民主革命最终指向反帝、反封建、反官僚资本主义的革命目标。

为了实现革命目标，无论从革命本身的内在逻辑来说，还是从革命斗争的现实策略来说，重新组织中国社会都成为决定革命胜败的关键。这就要求新革命党在思想上和实践上厘清党与社会、党与阶级、党与国家之间的关系，即通过政党组织本身和政党领导的军事、政治斗争和社会运动来厘定阶级结构、实现社会团结，在此基础上将国家重新组织和树立起来。因此，组织问题就成为决定党的自我建设和革命成败的关键，组织的彻底性和组织能力就成为新革命党自身成败的关键。作为新革命党的典型代表，中国国民党和中国共产党自身建设及其领导中国革命的实践经验充分说明了这一点。

以孙中山为代表的资产阶级革命派在二次革命、护国战争、护法运动失败后对民初议会政治实践进行了深刻的总结与反思。这种反思就其要点来说主要包括：第一，建设一种集主义的贯彻和组织的能力于一体的新革命党。第二，在这种政党的绝对领导下，中国政治革命和社会革命的进程应当经过军政、训政、宪政三个不可逾越并循序渐进的阶段。正是在这种历史反思的基础上，一种或者超过一种党建国家或"党治国家"的民主建构模式开始确立其历史合法地位。孙中山的反思旋即带来了其革命政策与策略的重大转变，国民党的改组以及"三大政策"的三民主义将近现代中国革命运动推向了一个新的阶段。但由于孙中山的逝世以及国民党嗣后对孙中山遗产的并不彻底的继承，国民党建立"党治国家"的政党作业最终未获成功。在继承孙中山政治反思的积极成果的基础之上，中国共产党一方面注意到近代中国社会各阶级的问题，重建政党的阶级基础并以政党为中心建立起革命的阶级联盟；另一方面吸取国民党从中央到地方尤其是地方组织涣散的深刻教训，全面加强包括组织结构、组织体系、组织网络、组织成员、组织纪律、组织宗旨、组织精神在内的党的组织建设，全面提升党的组织能力和通过党组织组织社会、动员社会的政治能力，为政党领导和主导的革命斗争打下坚实的组织基础。

从晚清"君宪党"对皇权的依附，到民初"议会党"的空转，再到中国国民党不彻底的组织性，最后是中国共产党鲜明的阶级性和彻底的组织性，近代中国的政党作业从思想、观念的世界进入政治世界，又在政治实践中一步步改换其政党形态。其间决定政党成败的关键越来越聚焦于政党组织体系与组织能力，这是由国家之于政党的内在要求所决定的，这也是政党之于国家的历史使命和历史宿命。历史选择了中国共产党，中国共产党（领导人民）参与和创造了历史，通过政党组织来组织社会、孕育国家和发展国家，既是对原始的、遥远的、最初的政党想象，即立党以为"国利民福"的回应，也是出于对这一历史使命和历史宿命的自觉。

（二）民主与集中：组织原则与政党、国家之间的双向塑造

即使是在中国传统政治范畴内从一个王朝向另一个王朝的改朝换代，也必须经历一个从权力涣散到权力重新集中的政治过程，即解决权力危机的过程。在中国古典国家向现代国家转变的历史进程中，同样必须完成这一政治权力集中过程。所不同的是，在解决权力危机的同时，中国现代国家的建构还必须同时解决权威危机，即树立国家现代性的问题。这个国家现代性的根本和前提，就是民主。换言之，在国家权力集中过程中同时解决国家民主问题，是中国现代国家建设的内在要求。而能够同时解决集中问题和民主问题的关键因素，仍然是政党。

民主就其现实性而言，有不同的适用场域和层次，如一个组织内部的民主、基层民主，又如政治、经济、社会领域的民主等。民主就其实现条件而言，也区分为不同的实现程度，比如较为成熟的民主阶段和比较不成熟的民主阶段。在这里就产生了一个民主的整体与局部，以及民主的性质与阶段的分野。在从传统国家向现代国家的转变中，民主首先体现为一种政治意义和整体意义上的"国家形态"。在政治上，民主国家或者国家化的民主，是区分传统国家与现代国家的重要标准之一。面对国家生存危机和民族生存危机，传统中国向现代国家的转变先后采取了体制内自改革、维新变法、立宪和体制外革命方式，并最终选择了革命建国的方式。然而无论是体制内的维新，还是体制外的革命，事实上都指向了民主本身，只不过体制内维新的民主先期于民主之用，而体制外革命的民主则旨在先立民主之体。历史证明，在保留古典中国君主之形的前提下，民主之用只存在于空想之中。而革命所主张的民主之体，本质上是一种区别于古典国家的新国体，即一种新的以民主为核心精神的国家形态。革命冠以民主之名，不同的革命

主张冠以不同的民主之名，亦即以不同的民主国家形态为革命建国的目标。

民主何待于组织，何待于政党？近代中国思想世界对民主及与民主相关的事物，如议会的引介和接纳，首先是从其"通上下之情"的功能入手的，这也同时构成对中国古典国家政治制度的批判性反思。民主及其制度设置最初被视为一种沟通政治系统与民间社会，主要是"下情上达"的津梁。随着近代中国思想世界的演化和自改革运动、洋务运动、维新变法等政治运动的接续兴起，以及体制外革命运动的萌蘖和壮大，民主以"通情"功能为起点，并从"通情"功能拓展出代表（国民与社会）、整合（分化的族群、团体与阶层）的政治功能，由此也逐渐从国家政治过程的一部分和政治设置的一部分而在思想世界中越来越被等同于一种新兴国家形态，即现代国家形态的本质与象征，乃至于现代国家的全部和本身。

没有民主就没有现代国家，从民主保障现代国家的前提是从整体上保障民主，而不是相反——即从民主的部分或者局部发展去确立民主，这是中国民主发展在一般性之下的特殊性，同时也是中国现代国家建设在一般性之下的特殊性。这种特殊性决定了现代中国作为国家形态的民主对于特殊政治组织即特殊类型的政党的倚赖。总之，同时解决集中问题和民主问题，从整体上确立作为国家形态的民主本身，国家建构先于国家发展、民主建构先于民主发展，源自于近代中国国家转型对于政党作为一种组织性力量的内生需求。这就需要一种以少数（党员）作为先锋队来代表、整合、组织多数即作为整体的中国社会，同时以民主凝聚力量、以集中表达民主的政党形式。因此，这种民主的国家形态就不能不表现为有组织的民主或者说是政党主导的民主，亦即有组织的国家或者说政党主导的国家。中国近现代史证明，真正能承担这一政治功能和历史使命的政党只有以马克思主义政党为本质属性、以民主集中制为组织原则的中国共产党。民主集中制，从马克思主义政党内部来看是属于政党的组织原则；若从国家来看，则是社会主义国家的组织原则。前者是狭义的民主集中制，后者是广义的民主集中制。联结二者的则是中国共产党通过政党组织而组织社会，并在此基础上通过自身领导与执政而有效运作国家政治过程的政治行动和制度规范。

总之，自近代中国（作为一种时间概念）以来，中国现代国家（作为一种国家的本质属性）建设内在要求的是同时解决中国国家政治结构与政治过程中的集中问题和民主问题，而在未有此一现代国家形态之前，政治结构与政治过程中的集中问题和民主问题显然无法诉求于国家本身，而只能诉求于同时解决集中与民主的政党组织，亦即以民主集中制为组织原则的政党组织，并由此种以民主集中制为组织原则的政党通过组织社会、孕育国家来将民主集中制原则扩展为新的国家形态的组织原则。以政党组织国家、以民主集中制的政党组织民主集中制的国家，民主集中制的政党源自于中国现代国家建设的本质需求，而民主集中制的国家又是民主集中制政党所主导的国家建设行动的结果，这就是现代中国政党与国家之间的基本逻辑和辩证法。

作为一种组织原则的民主集中制——以集中的形态表达一种民主（现代）的力量，将民主的力量表达为一种集中的形态，与同时解决民主问题和集中问题的要求是一致的，但在政党和国家之间有不同的侧重。对于坚持和奉行民主集中制的政党来说，集中是出发点，也是政治前提，如何将集中建筑于民主的基础之上，确保政党所代表的集中是正确的、符合现代性的集中方向，是政党民主集中制建设的重点；对于现代国家来说，民主是作为一种相对于走出传统国家的新型国家形态的内在要求和本质属性，没有民主就没有现代国家，没有人民民主就没有社会主义国家，但鉴于近代中国破碎的国家权力和衰弱的政治权威的现实，如何将这种民主要求转化为一种现实的、集中的、重塑的国家形式和国家行动，是国家民主集中制建设的重点。因此，对于政党来说，集中是政党天然的组织优势，但越是要集中，就越需要有质量的民主；对于国家来说，民主是现代国家相对于传统国家天然的合法性优势，但越是要民主，就越需要卓有成效的集中。为此，政党要实现其政治组织面向社会的开放以确保民主的根基；国家要实现从经济—社会基础向上层建筑的政治构造，以实现内敛和集中，这是中国现代国家建设最终由政党主导和领导的根本原因。

中国共产党党内的民主集中制运作兼顾民主基础上的集中和集中指导下的民主，而最终归宿于"集中"的一面，这是由其作为以严密的组织性和纪律性为特征的马克思主义政党的本质属性所决定的。但从党的外部政治关系来说，党在具体政治活动和政治行动中保持其与群众的密切联系，不能不以充分发扬民主为前提和起点，这一点是理解党的群众路线的关键。对于党来说，作为一种工作方法的群众路线与作为其组织原则的民主集中制，二者是相通的。正是在二者相通的意义上，民主集中制被视为党的群众路线在党内政治生活中的应用。同样，群众路线也可以被视为民主集中制原则在党外（党群关系中）的应用。

依托于党对群众运动、群众生活、群众活动的持续参与和党的组织体系（包括中心外围组织）对社会的覆盖和全方位参与，党通过自身行动与组织网络将"群众"团结、转化为作为整体的、具有一致性和共识性意志的"人民"。这种具有整体性、政治性的"人民"构成新国家的政治基础和社会基础。基于主导这种新国家建构并在这种国家政治结构和政治过程居于中心地位的政党的民主集中制的组织原则与行动原则，这种新的国家形态就不能不体现为人民民主专政的国家。因为，马克思主义政党本身作为一种现代性的政治力量，在建构政党与群众、政党与社会、政党与人民关系时，不能不坚持群众观点、社会本位和以人民为中心的政治立场，不能不坚持一种"作为整体的人民"的根本利益，在突破传统国家走向现代国家的过程中这种根本利益首先体现为人民以阶级解放形式所完成的整体解放。换言之，在传统国家向现代国家转变的历史进程中，革命型政党及其所领导的政治革命与社会革命不能不坚持一种阶级解放（整体解放）的民主立场。由于马克思主义政党民主集中制的行动取向和组织取向，这种体现为阶级解放的民主不能不呈现为一种集中的指向，专政正是这种集中指向的其中一个方面。

整体意义和政治意义上的"人民"生成后，必然随之生成更大范围内的政治、经济、文化、社会利益和诉求，对这种诉求和利益的回应、维护和发展就不能完全由政党来完成，政党也无力且无必要全部包办此种政治功能，因为马克思主义政党从其本质属性即其阶级性来说仅仅是工人阶级的先锋队。这就要求确立一种新的国家形态，将政党的民主集中逻辑贯彻和扩张到国家共同体之中，并以国家形式实现对人民利益与诉求的接纳、回应、维护和发展。为了确保民主集中逻辑在国家中的扩张和贯彻，就不能不建立一系列国家制度，对现代中国来说最为重要的就是作为根本政治制度的"议行合一"的全国人民代表大会制度，以及作为基本政治制度的中国共产党领导的多党合作和政治协商制度、民族区域自治制度和改革开放后逐渐发展的基层群众自治制度。这些制度构筑起人民民主国家范畴内民主集中制原则贯彻、运用的政治空间。

在现代中国，"没有共产党，就没有新中国"已成为一种政治常识，这个常识道出了中国共产党与现代中国国家建设之间的内在关系。然而，基于中国共产党作为马克思主义政党的本质和纪律严明组织严密的形象，我们常常忽略了中国共产党作为一种现代性政治力量即民主力量的内在规定性，以至于国外许多学者将中国共产党领导建立的新中国视为一种"威权国家"。这种认知一方面忽略了中国现代国家建设对作为其领导力量的政党（突破传统专制国家）的基本要求，另一方面有意无意地漠视了一个基本事实——从人民民主到全过程民主，在现代中国每一次民主的突破性发展中，中国共产党都扮演了发动机的角色。因此，中国共产党赋予现代中国的不仅仅是集中与权威，同时还有人民民主本身，即使这种民主在最初由于种种条件的限制而并未取得其成熟形式。只有在这个意义上，才能理解民主集中制的政党孕育民主集中制的国家的基本逻辑，才能理解"1921年，中国共产党成立，点亮了中国的民主之光"的真正含义。

（三）现代中国国家建设如何塑造百年大党的历史经纬：党之变与常

我们常常有见于近代中国以来政党对国家的塑造，特别是进入20世纪以来中国国民党的"政党国家作业"以及中国共产党"党建国家"的波澜壮阔的历史进程，而多多少少对一种反向的历史运动，即现代国家建设和国家发展本身对政党的内在需求和塑造有所忽略。在传统中国向现代中国转变的历史进程中，中国共产党应运而生。这个"运"，乃是国家之运。中国共产党为"国家"而生，为"国家"而变。从中国数千年历史文明和政治文明来说，先有中国，而后有中国共产党；从作为现代中国之现实形式的"中华人民共和国"来说，则先有中国共产党，而后有新中国。历史中国孕育政党，政党创建政治国家。当国家的历史属性与政治属性在具体的国家建设和国家发展实践中合二为一，政党领导国家和国家塑造政党的双重双向互动就越来越清晰地呈现出来。

政党领导国家的历史运动，不能脱离其本身对国家塑造政党的政治自觉。否则，政党领导国家的历史运动不可能取得成功。这就在现实上决定了政党在改变国家的同时，亦为国家而自我改变。从其彻底性上来说，这种自我改变就是自我革命。政党在领导国家建设和国家发展的过程中，不可避免地会出现两种变化：一是由于各种原因而出现的脱离国家塑造政党的本质规定性的改变，亦即脱离国家对于政党之现实需求和根本需求的改变，这是一种自然现象，是一种客观的、被动的变化；二是主动地回应和回复国家塑造政党的本质规定性的改变，亦即对抗前一种改变的改变。党的自我革命就是后一种意义上的自我改变。

现实的具体的国家，当然影响着政党。但塑造政党的国家，不仅包括一种现实的、具体的国家，而且包括基于此种现实的、具体

第一章 政党与国家的相互塑造：中国发展与治理的政治学

的国家作为一种抽象精神力量的国家，一种国家演进的理想形态或基本方向，或者说一种有关国家建设和国家发展的历史规律。对这种塑造政党的国家的感知和自觉，成为使命型政党历史使命感的重要来源。现实的具体的国家随时而变，抽象的国家相对稳定，因此国家对政党的塑造就向政党传递了与时谐变和坚守不变两种内在需求，这是理解中国共产党百年历史中变与常的基本线索。自中国共产党诞生以来，自中国共产党领导中国人民实现革命建国以来，尤其是改革开放以来，中国共产党在党与国家、党与社会关系及政党自身建设方面出现过许多改变，难以一一缕述，但其中若干变化具有全局性和决定性意义，同时在变化之中又同时蕴含着由近代以来中国从传统国家向现代国家转变的历史进程和国家之于政党的内在需求所规定的稳定和连贯的政治逻辑。

其一，从"党在国家之先"到"党在国家之上"再到"党在国家之中"的政党—国家关系。中国共产党与国家间关系的这种变化，并不是简单的替代，而是一种螺旋式跃升；并非是一种简单的前后否定关系，而是沉淀、累积、拓展、调整和修正关系；这种关系的演进是历史，更是逻辑和规律。所谓"党在国家之先"，是指中国共产党和作为中国现代国家的现实形态的"中华人民共和国"在发生学上的时间先后关系，这种先后关系决定了现代中国"党建国家"的革命逻辑和立国形态，这种革命逻辑和立国形态深刻影响到现代中国国家性质、国家结构和政治过程，以及现代中国国家建设和发展的整个历史，这凸显的是党（在未有国家之前）作为现代政治组织的本质特征。所谓"党在国家之上"，是指革命胜利后党领导人民在建构和孕育国家的政治行动中党与国家的空间位势关系，这种位势关系决定了党在建构、孕育和发展中国现代国家形态的具体政治行动和关涉国家建设与发展的具体战略、策略、路线、方针、政策的制定执行中党的高位和强势领导地位，这凸显的是党（在国家尚未成型、尚未完善之时）的领导能力。所谓"党在国家之中"，是指在国家要素日益成长、国家政治结构日益稳定、国家制度日益成熟、国家政治过程日益规范的背景下，党的领导越来越需要通过其科学、民主、合法、有效的执政活动来实现，同时党的执政越来越成为中国政治结构与政治过程中的"一部分"，因而党的领导行动本身亦越来越成为国家政治结构与政治过程整体中的"一部分"的"嵌入关系"和基于这种嵌入结构的党政关系再生产，这凸显的是党在约束条件下的政治能力，其核心是制度化的政治能力。

其二，从"单位中国"到"社区中国"的政党—社会关系。"单位中国"指代着中华人民共和国历史上一个以特定的社会组织方式为特征的特定时代，这个特定的社会组织方式以"单位"为基本单元和细胞。"单位"代表行政权力对社会的区隔、划分、联结与整合，亦即国家权力对社会的自上而下的组织。由于源出同一个权力中心和权力指向（政党—国家—社会），不同单位之间具有组织形态上的相似性。基于这种普遍的相似性，"单位中国"的组织形态与"计划经济"的经济形态、"政党国家"的政治形态相与为用，共同塑造了现代中国国家建设史上一个以严密整齐的社会权力网络、高频的社会运动和强力的政治动员为显著特征的历史时期。应当说，"单位中国"时代适应了中华人民共和国建国初期确立、稳定和巩固新生政权的内在需求："计划经济"为新生国家经济恢复、基础工业和基本经济体系的建立起到了单纯市场力量在当时条件下无法起到的历史作用；"单位体系"兼具的经济、政治、社会、文化功能为新中国初期社会秩序、经济秩序和政治秩序的迅速恢复发展，为新生国家政权经济基础、社会基础的确立奠定了扎实的权力网络基础；"政党国家"则为政党在新中国国家政治结构与政治过程中的独特地位确立了不可移易的由社会主义国家性质所规定的基本准则。但是，三者的结合在给予新生国家以稳定和秩序的同时，也埋下了抑制经济社会活力与多元性的隐患。从根本上讲，生产力发展本质上是一种"变"的力量，这种"变"的力量一定会造就突破"计划经济"的经济主体与突破"单位体系"的社会主体，从而在计划、管理、控制与发展、活力、多元之间引发根本性的内在紧张，其结果不是前者抑制后者就是后者突破前者；而无论是抑制或者突破，反过来都不利于稳定和秩序本身,也就是不利于"政党国家"形态本身的稳定、秩序、进步和发展。

随着中国改革开放的启动,市场经济的发展和中国城镇化、城市化进程的深入,"单位体制"逐渐松解,从"单位国家"向"社区国家"的转变成为中国社会转型的总体特征,这一转变包含着从政党、国家与社会关系变革到基层治理体系变革、基层治理主体再生等多重维度的内容。[①]因而,社区是中国社会的微缩,社区空间中蕴含的变化着的党、国家、社会关系格局,无论是其现实问题与挑战还是出路与方向——透露着整个中国政治生活中党、国家、社会关系调整与优化的关键信息。正是在这个意义上,社区成为中国政治成长与发展的战略空间,而党在社区这种战略空间中的作用不是靠简单强化党的领导所能实现的,其中的关键在于如何使党真正成为变化和发展了的社会的主导力量。从"单位中国"到"社区中国",变化的是党组织社会的体制、机制与方式,不变的是党通过自身组织与行动实现对社会的组织与参与这一基本原则本身。

其三,从"阶级先锋队"到"两个先锋队"的政党定位。一方面我们必须认识到,中国共产党既是工人阶级先锋队,又是中国人民和中华民族的先锋队,"这并不是一个新的提法,历史上就有过"[②]。另一方面,我们也必须承认,江泽民同志在中国共产党成立80周年大会上明确提出的"两个先锋队"理论——即中国共产党是中国工人阶级先锋队,同时也是中国人民和中华民族先锋队的科学论断,是中国特色社会主义理论中有关马克思主义政党理论和党建

---

① 刘建军:《社区中国:通过社区巩固国家治理之基》,《上海大学学报(社会科学版)》,2016年第6期。
② 王长江:《提出党同时成为"两个先锋队",是否意味着中国共产党将成为"全民党"?》,《中国党政干部论坛》,2002年第3期。

思想的一次重要的理论创新和实践创新。① 在中国特色社会主义理论谱系中，对中国特色社会主义和中国共产党自身建设的思考是一以贯之的，原因很简单：要建设社会主义就必须建设中国共产党；要建设中国特色社会主义，就必须先建设中国共产党。因此，对这个理论谱系的理解，包括对中国特色社会主义和中国共产党自身建设理论的理解，一方面要结合产生理论创新的重大时代课题去把握理论的情境性，另一方面又要跳出具体的、偶然的历史情境去把握理论的一般性和抽象性。中国共产党在中国特色社会主义建设的特定历史时期先后提出了规定中国共产党自身建设的"三个代表"重要思想和"两个先锋队"理论，是具有历史必然性的。党的"两个先锋队"性质，有必要结合"三个代表"重要思想去理解，因为"三个代表"重要思想是"两个先锋队"所内在要求的政党先进性的根本政治保障；"两个先锋队"是实践"三个代表"重要思想所内在要求的政党组织力的根本组织条件。只有充分实现了"两个先锋队"和"三个代表"重要思想，才能确保"中国共产党是最高政治领导力量"。

从中国共产党领导中国革命、建设、改革的实践来看，什么时候中国共产党在其自身建设中比较好地把握和协调"两个先锋队"建设，亦即比较好地平衡和统一了党的阶级基础和社会基础，什么

---

① 2021年11月，党的十九届六中全会通过的《中共中央关于党的百年奋斗重大成就和历史经验的决议》在论及中国特色社会主义理论的基本构成时指出：党的十一届三中全会以后，以邓小平同志为主要代表的中国共产党人，……围绕什么是社会主义、怎样建设社会主义这一根本问题，……创立了邓小平理论；党的十三届四中全会以后，以江泽民同志为主要代表的中国共产党人……加深了对什么是社会主义、怎样建设社会主义和建设什么样的党、怎样建设党的认识，形成了"三个代表"重要思想；党的十六大以后，以胡锦涛同志为主要代表的中国共产党人，……深刻认识和回答了新形势下实现什么样的发展、怎样发展等重大问题，形成了科学发展观；党的十八大以来……以习近平同志为主要代表的中国共产党人，……从新的实际出发，创立了习近平新时代中国特色社会主义思想。习近平新时代中国特色社会主义思想内涵"十个明确"，其中第一个"明确"就是：明确中国特色社会主义最本质的特征是中国共产党领导，中国特色社会主义制度的最大优势是中国共产党领导，中国共产党是最高政治领导力量。习近平新时代中国特色社会主义思想所回应和关注的一系列重大理论和实践问题包括：新时代坚持和发展什么样的中国特色社会主义，怎样坚持和发展中国特色社会主义；建设什么样的社会主义现代化强国，怎样建设社会主义现代化强国；建设什么样的长期执政的马克思主义政党、怎样建设长期执政的马克思主义政党等重大时代课题。

时候中国革命、建设、改革事业就比较顺利；什么时候中国共产党在自身建设中偏废了"两个先锋队"之一，或者在"两个先锋队"建设中倚轻倚重，党和国家的社会主义事业就遭遇挫折。阶级先锋队是共产党作为马克思主义政党的立党根本，中国共产党在领导民族民主革命的过程中为了实现阶级的、民族的政治解放，就必须强化其阶级先锋队属性，这是理性的、合理的、必然的历史选择。客观地说，中国共产党在领导中国革命和建设的某些历史时期，由于种种原因对中国人民和中华民族先锋队的建设有所忽略；改革开放以来，随着党和国家工作中心的转移，随着中国经济社会的深刻转型，随着中国社会的成长和多元化发展，党在治国理政中为了始终确保其先进性，确保其作为整个国家和整个社会的最高政治领导力量，不能不在党的政治、思想、组织建设中更加重视党作为人民和民族先锋队的这一面向，这就使得党的"两个先锋队"建设更加合理也更加平衡。

理解中国共产党的"自我革命"，一方面要从"不变的政治逻辑"去理解中国共产党对抗"四大考验""四大危险"等多种因素对其体肤、组织、精神、作风的侵蚀而一再回归其初心、使命和传统的行为动机，此即"守正"；另一方面要从党因应不断变化的国家和社会情境，亦即不断变化的领导与执政环境对党的领导与执政能力的新要求去理解党在自身建设中永不停步的自我创新，此即"创新"。从辩证法的角度来说，守正亦是创新，即相对于怠惰、迷失、遗忘、偏离的客观现象和现实风险的一种斗争；守正亦须创新，创新亦是守正，即在新形势、新条件、新时代实践其初心、完成其使命的创造性活动。正是由于党的自我革命中包含的这两个层次，党的创新才不至于变成一种脱离其初心和使命——更进一步说，才不至于脱离自近代中国以来国家之于政党的本质要求——的变异，党才不至于改变其"本色"；守正的政党也才不至于变成一种固守老路、因循守旧、泥"常"而不知"变"的没落老旧、暮气沉沉的政治力量。将"守正"与"创新"结合起来的党的自我革命，是党在国家建设与国家发展中"不变""能变""嬗变"的根本保障。一句话,"与时俱进"与"不忘初心",是党的自我革命之所以有效,以及党的有效自我革命之所以能成为"跳出治乱兴衰历史周期率的第二个答案"的根本原因。

(四)政党如何塑造现代中国国家建设与发展的政治逻辑:国之兴与衰

具有深切忧患意识、坚持历史唯物主义和辩证唯物主义的中国共产党从不讳言党之兴亡、国之兴衰的现实问题,为了跳出治乱兴衰的历史周期率,1945年毛泽东同志与民主人士黄炎培的"窑洞对"高举人民民主的伟大旗帜;76年之后百年大党又给出的"第二个答案",高举党的自我革命的伟大旗帜。"两个答案"生动形象地表明:党与国家休戚与共,中国共产党关联着现代中国国家建设与国家发展的轨迹与命运。只有因应国家之于政党的内在需求,不断进行自我革命的中国共产党,才有能力主导中国现代国家建设与国家发展的历史进程,才能在这个历史进程中指引正确的政治方向并始终发挥正确的政治作用。

1. 现代中国国家建设的"四大逻辑"

为了克服晚清以来中国国家建设所面临的政治危机,中国必须构建新的国家形式,而欲构建新的国家形式,就必须向传统国家与传统制度寻求突破与解放。解放必须由革命行动来完成,自近代中国以来,革命浪潮此起彼伏、新旧相替,种种不同的革命主张和革命行动分化合流,最终逐渐汇集为两种主要的革命:那就是中国国民党所主张的以"民国"为目标的民主革命与中国共产党所主张的以"人民共和国"为目标的民主革命。历史将这种前后相续的革命运动区分为旧民主主义革命和新民主主义革命。社会主义的价值规定性决定了新民主主义革命始终将"解放"放在革命的首要位置,中华人民共和国正是在"向解放寻求现代"的政治逻辑中诞生的。

第一章 政党与国家的相互塑造：中国发展与治理的政治学

1949年中华人民共和国的成立无疑是现代中国历史上具有划时代意义的历史事件，但却绝非是截断历史众流的产物。新国家形态以"解放型政治"为基本特征，中华人民共和国的前三十年可以视为"解放型政治形态"的延续。

改革前中国政治形态的病变是改革开放启动的重要原因。改革开放盘活了现代中国国家建设的基本逻辑，打通了现代中国政治发展逻辑中滞碍不通的关节点，既接续了革命和解放的传统，又将这种传统导向或者折向一个广阔的发展空间。作为决定当代中国命运之转折的关键一招，改革开放开始于对改革前三十年发展方式的深刻反思，而成功于"向发展寻求解放"这一政治逻辑的生成。发展的本质是以"生产力解放"为核心的经济解放，"向发展寻求解放"，亦即向经济解放寻求政治解放，或者说将政治解放奠基于经济解放的基础之上，由此形成具有特殊历史意义的中国"发展型国家"政治形态。随着改革开放的深入推进，"发展型政治形态"的出现及其走向再一次呈现出历史辩证法的形态：伴随着经济发展正产生越来越多的并非发展型国家所能解决的政治问题，这种种问题的解决内在地要求超越"发展型国家"形态，实现现代中国国家形态的进一步演化。

对于"发展型国家"形态的自觉、主动、系统的全面超越发生于党的十八大之后，不过我们不能据此截断历史连续性。实际上，自党的十六大提出"全面建设小康社会"以来，中国的发展逻辑就开始有所变化，超越"发展型国家"的征程就开始启动。此后，科学发展观、和谐社会、社会管理创新、包容性发展、"共享改革成果"等一系列导向性思想和行动实践的推出，成为超越"发展型"国家的具体部署。党的十八大之后，中国国家建设进入一个新时代，迅速形成了"向治理寻求发展"的国家建设逻辑，中国超越"发展型国家"的未来之路呼之欲出：那就是超越"发展型国家"，走向"基于发展的新治理型国家"。在"向治理寻求发展"的政治逻辑下，包括人的发展在内的国家全面发展成为经济高质量发展的前提，国家治理体系成为国家全面发展的持久动力。

通往未来之路蕴藏于当下中国的政治逻辑——"向治理寻求发展"之中，因为这一逻辑是从"向解放寻求现代"，"向发展寻求解放"的政治逻辑孕育而来的，其本身又孕育着另一个重要的政治逻辑——"向（人民）民主寻求治理"。从"解放型政治"到"发展型政治"，再到"新治理型政治"，其间既有重要的转变，又有深刻的逻辑关联。此种对中国现代国家建设历史与逻辑的宏观把握，目的并不在于截断新中国政治发展史上的若干阶段，或者是否定某一历史阶段，而是想着重指出：向发展去求解放、向治理去求发展，已经成为改革开放以来中国政治建设中最为重要的基本经验和历史启示。如果我们再将历史视野拓宽一点，那么我们就不应该遗忘现代中国政治起源于"向解放寻求现代"的政治逻辑；如果我们秉持一贯的历史意识，那么我们就不应该将"新治理型政治"作一狭隘和固化的理解。民主既是"新治理型政治"应有的题中之义，未来中国政治的发展很可能在"新治理型国家"建设中，逐渐凸显"向民主寻求治理"的政治逻辑，此一政治逻辑与"向解放寻求现代"的政治逻辑之间，显然遥相呼应，而这才是当代中国政治发展逻辑在历史中的完整呈现。

2. "第五个逻辑"：中国共产党何以能塑造现代中国国家建设与发展的政治逻辑

现代中国国家建设在历史中次第呈现的"四个逻辑"，既基于中国现代国家成长的时间与历史，又超越了这种具体的时间与历史而呈现为一种抽象的规定性或者"规律"。这种抽象的规定性或者"规律"孕育于现代中国成长的历史与传统之中，不是一种外在规定，而是一种自我规定；同时，这种从具体历史实践中升华和超越出来的有关中国现代国家建构的自我规定，又有超越具体历史条件的限制而一再重复作用于中国现代国家建构本身。在这"四大逻辑"之中，中国共产党既是这"四大逻辑"的发现者、遵从者和实践者，又是这"四大逻辑"的参与者、主导者和塑造者；同时，中国共产党更是促成"四大逻辑"之转换与重建"四大逻辑"之关联的关键角色。从根本上说,主导了这"四大逻辑"就是主导了中国现代国家建设与国家发展的历史进程——正如历史所呈现的,中国共产党主导了现代中国的民族民主革命和社会主义革命,领导中国人民创立了新中国;在中华人民共和国成立近30年后,中国共产党启动了中国改革开放的历史进程;在中华人民共和国成立65年之际,中国共产党将改革总目标聚焦于"国家治理体系与治理能力现代化";在中华人民共和国成立70年之际,党的领导人首次提出"全过程人民民主"的重大理论和实践命题。同时应当看到,党在领导现代中国国家建设和国家发展的历史进程中并非一片坦途,并非没有挫折与教训,换言之,党对现代国家建设的政治逻辑的把握和塑造并非自然而然、轻而易举的。那么,究竟是什么因素在确保中国共产党对于国家建设的领导在总体上、根本上是正确的、有效的?中国共产党把握和塑造中国国家建设之政治逻辑的内在逻辑又是什么?答案只能从中国共产党自身去寻找。

  作为现代国家建设中最为普遍的政治现象,政党有其一般的规定性(如党员、党义、党规、党的组织等基本要素),中国共产党作为政党组织当然也有其同其他政党共享的一般规定性。但在此一般规定性之外,中国共产党作为马克思主义政党在政党本质和类型上具有不同于非马克思主义政党的特殊性;同样,中国共产党本身既有由本质属性和政党类型所规定的一般意义上的马克思主义政党特征,亦有由其中国性决定的不同于其他马克思主义政党的特殊性。强调中国共产党的独特性,是为了把握中国共产党所主导的现代国家建设进程的独特性;强调中国共产党的独特性,并不意味着否定其作为现代政党的一般性和普遍性,毋宁说,中国共产党正是通过其独特性来实现其一般性和普遍性的。在这种蕴含着一般性和普遍性的独特性之中,蕴含着中国共产党领导中国国家建设的"不是秘密的秘密",蕴含着塑造中国现代国家建设之政治逻辑的组织逻辑,亦即党塑造中国现代国家建设的政治逻辑的政党逻辑。这种作为现代中国国家建设与国家发展之政治逻辑背后的政党逻辑,在现实性上亦即在政党行动及其政治功能上体现为一系列具有关键效应和全面影响的政治平衡。

第一,平衡传统与现代。"中国共产党是一个结合了传统和现代要素的特殊政党类型,正因为如此,许多国内外的评论家才会觉得它与现代政治文明规则有所不类。但是,毋宁说,中国共产党身上体现的这种具有传统色彩的诸多面相,比如强调献身精神、党的纪律和党的宗旨原则,强调集体意志的力量和党的优良作风,强调与人民群众的血肉联系等,换言之,强调党与群众血浓于水的情感因素以将之用于政治动员、政治社会化与政治录用以及反腐倡廉诸方面,却都是为了因应中国现代国家建设的内在需求。换言之,中国共产党继承了历史与传统,并将这些历史与传统释放于现代目标的达成,因之不使中国在现代国家建设中发生与自身历史与文化的断裂"[1]。

第二,平衡发展与治理。中国共产党在其治国理政之中,从未在主观意图和政党意志上在治理与发展之间倚轻倚重、顾此失彼或舍此就彼,在回应当前的治理难题或者治理困局时,也从未放弃对其历史使命的筹划和设计;当历史进入社会主义新时代,借鉴40余年改革开放、70余年国家成长与100余年政党事业的经验教训,中国共产党在领导国家和人民完成其共同理想和历史使命的过程中,重新将国家发展、民族复兴伟大目标的实现寓于中国式现代化之中,寓于国家治理体系与治理能力之现代化之中。一句话,将国家发展寓于国家治理之中,这也是当代中国国家形态在契合和印证全人类共同政治价值的同时独树一帜的根本原因。

第三,平衡制度与能力。中国式现代化,或者说处于现代化进程中的国家的发展与治理,"依托于制度体系和国家政治能力对经济社会发展的共同作用以及制度与能力之间的交互作用"。国家制度建设和作为国家制度体系之法律确认的法治建设构成国家能力的重要来源,但是国家能力并不仅仅来源于国家制度本身,它还可以通过

---

[1] 张树平:《中国传统政治的特定情感与结构主体——以"贾谊悲剧"为例》,《东南学术》,2020年第5期。

作为国家重要构成要素的国家精神、文化传统、价值观念，国家的经济基础、社会结构与政治结构，以及居于这种结构之中的政治主体和行动者的组织能力来达成。虽然在制度与能力之间相互需求、密切联系，但是制度与能力并不能互相涵盖、互相替代。这就决定了，国家全面制度建设进程需要借助政治主体的政治能力来加以把控，以达到制度建设与能力建构的平衡和协调，这种平衡与协调直接决定着国家发展和国家治理效能。唯有制度与主体的相互作用，亦即制度与行动、体系与能力的相互平衡，才能成就国家的长治久安以及持续发展[①]。这个政治主体，在当代中国政治结构与政治过程中，最主要的就是指中国共产党。

第四，平衡民主与集中。一方面，中国共产党本质上是一种现代政治组织，组织存在的前提是"内外有别"，纪律与规范是组织的内在规定性；马克思主义政党的本质属性和中国本身所处的历史情境加强了中国共产党对党和国家集中面向的强调；另一方面，历史地看，中国共产党同时也是中国民主进程的主要推动者，是中国民主化的发动机。从革命时代"争得民主，使无产阶级上升为统治阶级"的以阶级解放为集中表现的政治民主，到改革开放初启之时党对"经济民主"的大力推动，到伴随着中国社会成长而凸显的"协商民主"，再到新时代党对"全过程人民民主"作为一种新民主形态的广泛探索，中国共产党对国家民主化进程的推动与对党和国家集中统一的维护相映成趣：越是民主，越需要集中；越是集中，越不能忘记民主，这是中国国家建设与发展的内在规定；而将民主与集中统合起来并行不悖，关键在党。

第五，平衡党的社会属性与政治属性。在国家和社会之间，政党具有双重属性，一方面联系社会，另一方面参与国家政治过程。马克思主义政党立足于其阶级性同时塑造其阶级性，因而较之现代社会其他政党具有更强的社会属性；同时，基于其革命性和使命性，

[①] 张树平：《事件、制度与能力：中国新发展格局的政治塑造》，《学术论坛》，2022年第1期。

马克思主义政党通过革命掌握国家政权并利用国家政权的运作实现人类解放和社会发展,这就决定了其相对于现代社会其他政党具有更强的政治属性。对于中国共产党来说,由于中国社会所处的特定历史阶段,在落后国家建设政党、创建国家、发展国家,客观上要求党在立足于鲜明的无产阶级立场的同时,通过扎根于中国社会、广泛联系和团结中国社会各阶级各阶层,通过政党的社会参与塑造作为整体性的"人民"作为国家的政治基础和社会基础。概言之,党掌握社会才能领导国家,党参与社会才能掌握社会。这是中国共产党始终高度重视党的社会工作的根本原因。[①] 党的社会属性和政治属性决定了一方面党必须坚持社会本位和人民立场,党的社会工作必须不厌其深、不厌其广、不厌其细;一方面党作为制度化运作国家权力的最高政治领导力量,其政治活动必须在法治化、制度化、程序化的约束体系下进行。在理论上,党的社会属性是其政治属性的基础,二者具有一致性;在实践上,党的社会工作与治国理政各有其重点,各有其规律,二者理论上的一致性并非自然而然地实现,其实践成效取决于党对两类工作的协调、布局、选择、规划与统筹。

2021年中国政治建设表明,作为当代中国最高政治领导力量,中国共产党的组织体系与制度体系已深刻融入逐渐成熟定型的国家制度体系和治理体系之中,党的领导活动与执政行动已深刻融入中国政治过程和治理过程之中。中国共产党作为一种特殊政治组织和政治力量在治理国家与社会,领导国家建设和社会主义建设事业全面发展,领导中国改革开放全面深化的同时,从未放弃或者削弱对国家与社会之于政党自身要求的回应,换言之,在强化从政党到国家这一指向的同时从未放弃或者削弱从国家指向政党的这一维度。这是中国共产党不断强调自我革命,并在新时代重申"不忘初心、

---

① 2023年由中共中央、国务院印发的《党和国家机构改革方案》提出组建作为党中央职能部门的中央社会工作部,统筹负责人民信访和人民建议征集、党建引领基层治理和基层政权建设、全国性行业协会商会党的工作、经济社会发展重点领域(混合所有制企业、非公有制企业、两新组织和新就业群体)党建工作、社会工作人才队伍建设等工作,同时规定"省、市、县级党委组建社会工作部门"。

牢记使命"的根本原因。在现代中国国家建设与国家发展中，尤为重要的是政党问题。只有理解了政党，才能理解现代国家建设；只有理解了现代国家建设中政党的独特性，才能理解现代国家建设的独特性；因而只有理解了中国共产党的独特性，才能理解现代中国国家建设的独特性。"没有共产党就没有新中国"，对现代中国人来说已经耳熟能详；但在从传统中国向现代中国转型的漫长历史进程中如何建设一个始终强大的政党，却并非自然而然和不证自明的；"强大的政党如何导向一个强大的国家"，更以澄明中国现代国家建设的政治逻辑和中国共产党塑造现代国家建设政治逻辑的政党逻辑为前提和条件。这种逻辑上的澄明，关键在于深刻、全面理解自近代以来国家与政党之间的相互塑造，在理解"党建国家""党治国家"的同时始终保持对国家之于政党的内在需求的清醒，并始终保持党的自我革命对这种内在需求的开放接纳与有效回应。

第二章　全面从严治党护航百年政党新征程

2021年是中国共产党建立100周年的重要历史时刻，也是中国共产党和中国人民胜利实现第一个百年奋斗目标、全面建成小康社会，在向着全面建成社会主义现代化强国的第二个百年奋斗目标迈进的重大历史关头。2021年11月8—11日，中国共产党第十九届中央委员会第六次全体会议（以下简称"十九届六中全会"）审议通过了《中共中央关于党的百年奋斗重大成就和历史经验的决议》（以下简称《决议》），全面总结党的百年奋斗重大成就和历史经验，对推动全党进一步统一思想、统一意志、统一行动，团结带领全国各族人民夺取新时代中国特色社会主义新的伟大胜利具有重大意义。

党的十八大以来，中国共产党把党风廉政建设和反腐败斗争作为全面从严治党的重要内容，2021年是实施"十四五"规划、开启全面建设社会主义现代化国家新征程的第一年，也是换届选举开始之年，各级纪委严明换届选举的纪律，加大了对权力机关的监督，并继续以纠治"四风"为契机，加强党风廉政建设。

党的组织路线是党加强和改进组织工作的根本原则和方针，在党的历史发展进程中发挥着十分关键的作用。组织路线这个概念在党的六大时已经提出，但是组织路线的内涵却一直处于较为模糊的状态，并没有能够像党的政治路线、思想路线和群众路线一样得到具体的概括。党的十八大以来，以习近平同志为核心的党中央高度重视党的组织建设，组织路线内涵的集中概括对于全面从严治党有着重要意义。

一、《决议》凝集全党新共识

十九届六中全会于 2021 年 11 月 8—11 日在北京举行。十九届六中全会是中国共产党在重要历史关头召开的一次具有重要历史意义的会议，全会听取和讨论了习近平总书记受中央政治局委托作的工作报告，审议通过了《决议》，审议通过了《关于召开党的第二十次全国代表大会的决议》。

（一）《决议》产生的历史背景

2021 年，是中国共产党建立 100 周年的重要历史时刻，也是中国共产党和中国人民胜利实现第一个百年奋斗目标、全面建成小康社会，在向着全面建成社会主义现代化强国的第二个百年奋斗目标迈进的重大历史关头。在百年华诞之际，中国共产党胸怀中华民族伟大复兴的战略全局、世界百年未有之大局，对第一个百年的重大成就和历史经验进行总结，明确未来前进的方向，为第二个百年汲取历史智慧和历史自信。

通过召开党的全会，总结党的历史问题，形成决议来统一全党的思想和指导全党的行动是中国共产党进行自我反思、自我总结的自觉行动。1945 年，在争取抗日战争最后胜利的关头，党的六届七中全会原则通过的《关于若干历史问题的决议》，深刻总结了建党以来特别是党的六届四中全会至遵义会议前这一段党的重大历史事件及其经验教训，指出了历次"左"、右倾错误在政治、军事、组织、思想方面的表现和造成的严重危害，以及社会根源和思想根源，指出中国革命的实践证明了毛泽东同志所代表的党和全国广大人民的奋斗方向是完全正确的，使党的高级干部分清了政治路线是非，在重大历史关头统一了全党思想和行动，对推进党和人民事业发挥了重要引领作用。1981年，党的十一届六中全会通过的《关于建国以来党的若干历史问题的决议》对建党以来至中华人民共和国成立以前28年历史作了回顾，对中华人民共和国成立以来32年党的重大历史问题作出结论，正确评价毛泽东的历史地位和毛泽东思想，把我国社会主要矛盾明确表述为"人民日益增长的物质文化需要同落后的社会生产之间的矛盾"，指明了我国社会主义事业和党的工作前进的方向。《关于建国以来党的若干历史问题的决议》在改革开放新时期解放思想、拨乱反正的历史转折过程中，分清了是非，统一了思想，胜利完成党在指导思想上的拨乱反正。这两个"历史决议"产生的历史条件、时代背景、所要解决的问题有所不同，但都在重大历史关头统一了全党思想，加强了全党团结。

2021年，中国共产党建党100周年，党的十九届六中全会审议通过了《决议》。这一决议距离第一个历史决议制定已经过去了76年，距离第二个历史决议制定过去了40年。40年来，党和国家事业大大向前发展，党的理论和实践也大大向前发展。站在新的历史起点上，回顾过去、展望未来，对党的百年奋斗历程特别是改革开放40多年的奋斗历程进行全面系统的总结。回顾过去、展望未来，既有客观需要，也具备主观条件。党的十九届六中全会通过的《决议》深刻回答了中国共产党是什么、要干什么这个根本问题，反映了党的百年奋斗的初心使命，总结了党的重大成就和历史经验，同党的前两个历史决议既一脉相承又与时俱进。

（二）《决议》的形成过程

2021年3月，中共中央政治局决定，十九届六中全会重点研究全面总结党的百年奋斗重大成就和历史经验问题，成立文件起草组，习近平总书记亲自担任组长，王沪宁、赵乐际同志担任副组长，党和国家有关领导同志及有关中央部门和地方负责同志参加，在中央政治局常委会领导下承担文件起草工作。习近平总书记为全会确定鲜明的主基调，为文件标定清晰的航向："在我们党成立一百周年、开启全面建设社会主义现代化国家新征程的重大历史关头，全面总结党的百年奋斗的重大成就和历史经验，对统一全党思想和行动、在新时代更好开创党和国家事业新局面，具有重大现实意义和深远历史意义。"习近平总书记还多次对《决议》草案文本进行研究讨论和作出重要指示。

2021年4月1日，党中央发出《关于对党的十九届六中全会重点研究全面总结党的重大成就和历史经验问题征求意见的通知》，在党内外一定范围征求意见。按照党中央部署，文件起草组认真学习党的重要历史文献，充分吸纳各地区各部门各方面意见和建议，深入研究重大问题，认真开展决议稿起草工作。

7月1日，党中央隆重举行庆祝中国共产党成立100周年大会，习近平总书记发表重要讲话，对党的百年奋斗历程做出简练而精辟的概述，提出的新思想、新观点、新结论为全面总结历史作了准备。2021年9月6日，根据中央政治局会议决定，决议征求意见稿下发党内一定范围征求意见，包括征求党内部分老同志意见，还专门听取了各民主党派中央、全国工商联负责人和无党派人士代表意见。在征求意见的过程中，各地区各部门各方面提出许多有价值的意见和建议。文件起草组逐条分析这些意见和建议，做到能吸收的尽量吸收。在此基础上，十九届六中全会在北京举行，审议通过了《决议》。

（三）《决议》的主要内容

第一，《决议》对中国共产党一百年的革命和建设历史进行回顾和总结，对党团结带领人民干成的大事做出新的概括。《决议》把中国共产党百年历史划分为夺取新民主主义革命伟大胜利、完成社会主义革命和推进社会主义建设、进行改革开放和社会主义现代化建设、开创中国特色社会主义新时代四个历史时期。《决议》对党团结带领人民干成的大事做出提炼，即新民主主义革命时期取得的重大成就是成立中华人民共和国，实现民族独立、人民解放，实现了中国从几千年封建专制政治向社会主义民主政治的伟大飞跃；社会主义革命和建设时期取得的重大成就是实现了一穷二白、人口众多的东方大国大步迈进社会主义社会的伟大飞跃；改革开放和社会主义现代化建设新时期取得的重大成就是推进了中华民族从站起来到富起来的伟大飞跃；中国特色社会主义新时代取得的重大成就是为实现中华民族伟大复兴提供了更为完善的制度保证、更为坚实的物质基础、更为主动的精神力量，中华民族迎来了从站起来、富起来到强起来的伟大飞跃。

第二，《决议》进一步明确了习近平同志在全党的核心领导地位，确立了习近平新时代中国特色社会主义思想的指导地位。党和国家领导人及其指导思想的确立对于党的建设和国家的道路发展都具有十分重要的政治意义。《决议》指出习近平是新时代中国特色社会主义思想的主要创立者。"习近平同志对关系新时代党和国家事业发展的一系列重大理论和实践问题进行了深邃思考和科学判断，就新时代坚持和发展什么样的中国特色社会主义、怎样坚持和发展中国特色社会主义，建设什么样的社会主义现代化强国、怎样建设社会主义现代化强国，建设什么样的长期执政的马克思主义政党、怎样建设长期执政的马克思主义政党等重大时代课题，提出一系列原创性的治国理政新理念新思想新战略，是习近平新时代中国特色社会主义思想的主要创立者。"同时《决议》再次明确了习近平同志党中央的核心、全党的核心地位。十八届六中全会已明确了习近平同志是党中央的核心、全党的核心，党的十九大又提出习近平新时代中国特色社会主义思想，并将两者写入《中国共产党章程》。《决议》指出："党确立习近平同志党中央的核心、全党的核心地位，确立习近平新时代中国特色社会主义思想的指导地位，反映了全党全军全国各族人民共同心愿，对新时代党和国家事业发展、对推进中华民族伟大复兴历史进程具有决定性意义。"

第三，突出中国特色社会主义新时代这个重点。党的十八大以来，中国特色社会主义进入新时代。党面临的主要任务是，实现第一个百年奋斗目标，开启实现第二个百年奋斗目标新征程，朝着实现中华民族伟大复兴的宏伟目标继续前进。《决议》对十八大以来党领导的社会主义现代化建设新时期的成就和经验进行全面的概述和总结。在坚持党的全面领导上，党的十八大以来，党中央权威和集中统一领导得到有力保证，党的领导制度体系不断完善，党的领导方式更加科学，全党思想上更加统一、政治上更加团结、行动上更加一致，党的政治领导力、思想引领力、群众组织力、社会号召力显著增强。在全面从严治党方面，党的十八大以来，经过坚决斗争，全面从严治党的政治引领和政治保障作用充分发挥，党的自我净化、自我完善、自我革新、自我提高能力显著增强，管党治党宽松软状况得到根本扭转，反腐败斗争取得压倒性胜利并全面巩固，党在革命性锻造中更加坚强。在经济建设方面，我国经济发展平衡性、协调性、可持续性明显增强，国内生产总值突破百万亿元大关，人均国内生产总值超过一万美元，国家经济实力、科技实力、综合国力跃上新台阶，我国经济迈上更高质量、更有效率、更加公平、更可持续、更为安全的发展之路。在全面深化改革方面，党的十八大以来党不断推动全面深化改革向广度和深度进军，中国特色社会主义制度更加成熟、更加定型，国家治理体系和治理能力现代化水平不断提高，党和国家事业焕发出新的生机活力。在政治建设方面，党的十八大以来，我国社会主义民主政治制度化、规范化、程序化全面推进，中国特色社会主义政治制度优越性得到更好发挥，生动活泼、安定团结的政治局面得到巩固和发展。在依法治国方面，党的十八大以来，中国特色社会主义法治体系不断健全，法治中国建设迈出坚实步伐，法治固根本、稳预期、利长远的保障作用进一步发挥，党运用法治方式领导和治理国家的能力显著增强。在文化建设方面，党的十八大以来，我国意识形态领域形势发生全局性、根本性转变，全党全国各族人民文化自信明显增强，全社会凝聚力和向心力极大提升，为新时代开创党和国家事业新局面提供了坚强思想保证和强大精神力量。在社会建设方面，党的十八大以来，我国社会建设全面加强，人民生活全方位改善，社会治理社会化、法治化、智能化、专业化水平大幅度提升，发展了人民安居乐业、社会安定有序的良好局面，续写了社会长期稳定奇迹。在生态文明建设方面，党的十八大以来，党中央以前所未有的力度抓生态文明建设，全党全国推动绿色发展的自觉性和主动性显著增强，美丽中国建设迈出重大步伐，我国生态环境保护发生历史性、转折性、全局性变化。此外对军队、国防、"一国两制"、外交方面的成绩也进行了全面的总结。通过概括和总结十八大以来，党领导的新时代社会主义建设所取得的成就和进步来引导全党进一步坚定信心，聚焦我们正在做的事情，以更加昂扬的姿态迈进新征程、建功新时代。

第四，总结党的百年奋斗的历史意义。在全面回顾总结党的百年奋斗历程和重大成就基础上，以更宏阔的视角，总结党的百年奋斗的历史意义，阐述党对中国人民、对中华民族、对马克思主义、对人类进步事业、对马克思主义政党建设所作的五大历史性贡献：党的百年奋斗从根本上改变了中国人民的前途命运；开辟了实现中华民族伟大复兴的正确道路；展示了马克思主义的强大生命力；深刻影响了世界历史进程；锻造了走在时代前列的中国共产党。

第五，《决议》重点总结新时代党和国家事业取得的历史性成就、发生的历史性变革和积累的新鲜经验。《决议》对党的百年奋斗历史经验作出了"十个坚持"的精辟概括，即坚持党的领导，坚持人民至上，坚持理论创新，坚持独立自主，坚持中国道路，坚持胸怀天下，坚持开拓创新，坚持敢于斗争，坚持统一战线，坚持自我革命。这十条历史经验的总结建立在党的长期实践基础上，着眼党和人民事业不断成功的根本保证，是党始终立于不败之地的力量源泉，党始终掌握历史主动的根本原因，党永葆先进性和纯洁性、始终走在时代前列的根本途径，揭示党的始终坚守。习近平总书记指出："《决议》概括的'十个坚持'的历史经验是相互贯通、相辅相成的整体，是百年来党领导人民艰辛探索、接续奋斗理论和实践的科学总结，必须倍加珍惜，毫不动摇坚持，与时俱进发展。"①

第六，《决议》围绕实现第二个百年奋斗目标，强调了新时代中国共产党的历史使命和历史任务。《决议》认为过去一百年，党向人民、向历史交出了一份优异的答卷。现在，党团结带领中国人民又踏上了实现第二个百年奋斗目标新的赶考之路。党中央号召，全党全国各族人民要更加紧密地团结在以习近平同志为核心的党中央周围，全面贯彻习近平新时代中国特色社会主义思想，保持同人民群众的血肉联系，坚持人民主体地位，居安思危，领导全国人民实现第二个百年奋斗目标、实现中华民族伟大复兴的中国梦而不懈奋斗。

（四）《决议》的重要意义

第一，《决议》在党成立100周年、开启全面建设社会主义现代化国家新征程的重大历史关键时刻，全面总结党的百年奋斗重大成就和历史经验，对推动全党进一步统一思想、统一意志、统一行动，团结带领全国各族人民夺取新时代中国特色社会主义新的伟大胜利具有重大意义。

第二，《决议》同党的前两个历史决议既一脉相承又与时俱进，深刻回答中国共产党是什么、要干什么这个根本问题，反映了党的百年奋斗的初心使命，是以史为鉴、开创未来，实现中华民族伟大复兴的行动指南。

第三，《决议》突出中国特色社会主义新时代这个重点，把党的十八大以来党和国家事业所取得的历史性成就、发生的历史性变革和积累的新鲜经验进行了概况和总结。

---

① 习近平：《以史为鉴、开创未来 埋头苦干、勇毅前行》，《求是》，2022年第1期。

二、加强党风廉政建设，实现权力全过程监督

中国共产党作为执政党，要永葆先进性和纯洁性、永葆生机活力，就必须一刻不停推进党风廉政建设和反腐败斗争。党的十八大以来，尽管党风廉政建设和反腐败斗争取得了历史性成就，但形势依然严峻复杂。必须清醒看到，腐败这个执政党最大的风险仍然存在，存量还未清底，增量仍有发生。政治问题和经济问题交织，威胁党和国家政治安全。传统腐败和新型腐败交织，贪腐行为更加隐蔽复杂。

（一）十九届中央纪委五次全会：加强权力监督

中国共产党第十九届中央纪律检查委员会第五次全体会议于2021年1月22—24日在北京举行。全会总结了2020年纪检监察工作，研究部署了2021年党风廉政建设和反腐败工作。全会提出，2021年是实施"十四五"规划、开启全面建设社会主义现代化国家新征程的第一年，也是党成立100周年。全会要求，各级纪检监察机关要深入学习贯彻党的十九届五中全会精神，坚定维护习近平总书记党中央的核心、全党的核心地位，坚定维护党中央权威和集中统一领导，更加突出政治监督，更加突出高质量发展主题，更加突出整治群众身边腐败和作风问题，更加突出发挥监督治理效能，更加突出严管厚爱结合、激励约束并重，使正风肃纪反腐更好适应现代化建设需要，使监督体系更好地融入国家治理体系，释放更大的治理效能，在开启全面建设社会主义现代化国家新征程中发挥重要作用。

全会提出了2021年纪检监察工作的八项主要任务：第一，自觉践行"两个维护"，以强有力的政治监督保障"十四五"规划顺利

实施。推进纪检监察工作理念、思路、制度、机制创新，深入实践探索服务保障现代化建设的有效举措，大力推进清廉建设，营造风清气正的政治生态和良好发展环境。第二，坚定不移深化反腐败斗争，一体推进不敢腐、不能腐、不想腐。第三，深化整治形式主义、官僚主义顽瘴痼疾，让求真务实、清正廉洁的新风正气不断充盈。持之以恒落实中央八项规定及其实施细则精神，对贯彻党中央决策部署做选择、搞变通、打折扣等形式主义、官僚主义突出问题精准施治，严查享乐主义、奢靡之风。第四，持续整治群众身边腐败和不正之风，促进社会公平正义、保障群众合法权益。第五，推进巡视巡察上下联动，充分发挥党内监督利剑和密切联系群众纽带作用。精准落实政治巡视要求，深化巡视巡察整改和成果运用，探索建立整改促进机制、评估机制。加强对省区市巡视工作的指导督导，推动市县巡察向基层延伸。第六，促进各类监督贯通融合，不断增强监督治理效能。压紧压实党组织管党治党政治责任和书记第一责任人责任。做深日常监督，推动监督下沉、监督落地、监督于问题未发之时，强化对"一把手"和领导班子监督。严明换届纪律，严肃查处拉票贿选、买官卖官、跑官要官等行为。第七，抓深抓实纪检监察体制改革，有效推进党内监督和国家监察全覆盖。第八，从严从实加强自我监督约束，建设政治素质高、忠诚干净担当、专业化能力强、敢于善于斗争的纪检监察铁军。[①]

（二）保持反腐定力，"老虎""苍蝇"一起打

保持强劲的反腐力度，坚决惩办各个级别的干部党员腐败是党的十八大以来从严治党的重要内容。2021年1—9月，全国纪检监察机关共接收信访举报284.2万件次，处置问题线索136.4万件，谈话函询25万件次，立案47万件，处分41.4万人（其中党纪处分

[①] 《中国共产党第十九届中央纪律检查委员会第五次全体会议公报》，中央纪委国家监委网站，2020年1月15日，http://www.ccdi.gov.cn。

34.5万人）。处分省部级干部22人，厅局级干部2058人，县处级干部1.7万人，乡科级干部6万人，一般干部6.7万人，农村、企业等其他人员26.8万人。① 2021年1—11月，"天网2021"行动共追回外逃人员1114人，其中"红通人员"16人，监察对象297人，追回赃款161.39亿元人民币，同比增长5.6倍。国家监委对外提出执法合作请求13项、刑事司法协助请求12项。

（三）以强有力的政治监督，落实党中央的重大决策部署

各级纪检监察机关始终坚持政治引领，党中央重大决策部署到哪里，监督检查就跟进到哪里。中央纪委国家监委和地方各级纪委监委围绕"两个维护"强化政治监督，进一步健全贯彻党中央重大决策部署督查问责机制，加强对贯彻新发展理念、构建新发展格局、推动高质量发展等决策部署落实情况的监督检查。据统计，2021年1—10月，全国纪检监察机关发现并纠正贯彻落实习近平总书记重要指示批示和党中央重大决策部署不力问题24.7万个，坚决纠正贯彻落实党中央方针政策和工作部署存在的政治偏差，强化对"一把手"和领导班子日常监督。②

（四）落实中央八项规定，持之以恒纠治"四风"

我们党来自人民、植根人民、服务人民，一旦脱离群众就会失去生命力，全面从严治党必须从人民群众反映强烈的作风问题抓起。自2012年12月4日，中共中央政治局召开会议审议通过了《改进工作作风、密切联系群众的八项规定》（以下简称"中央八项规定"）以来，党中央持之以恒正风肃纪，对违规公款吃喝、违规收送礼品礼金、违规公款旅游等享乐奢靡问题，发现一起、查处一

---

① 《从数据看全面从严治党—严到底》，《中国纪检监察报》，2022年1月18日。
② 《从数据看全面从严治党—严到底》，《中国纪检监察报》，2022年1月18日。

起、曝光一起，奢靡享乐、形式主义、官僚主义等作风顽疾得到有效治理，公款送礼、公款吃喝、公款旅游、奢侈浪费等不正之风得到有效遏制，党风政风焕然一新。

但是"四风"问题具有顽固性和反复性，稍有松懈就会反弹回潮，持之以恒纠治"四风"不容松懈。2021年，中央纪委国家监委落实中央八项规定精神，把纠治"四风"贯穿党风政风监督检查、审查调查、巡视巡察等各个方面。数据显示，2021年1—11月，各级纪检监察机关共查处"四风"问题9.1万起，批评教育帮助和处理13.1万人，通报曝光3批24起典型问题，持续释放全面从严的强烈信号。2021年，纪检监察机关更加注重抓早抓小、防微杜渐，深化运用"四种形态"，做实做深"惩前毖后、治病救人"方针。2021年1—9月，全国纪检监察机关运用"四种形态"批评教育帮助和处理共147.4万人次。其中，运用第一种形态批评教育帮助105.3万人次，占总人次的71.5%；运用第二种形态处理32.2万人次，占21.9%；运用第三种形态处理4.6万人次，占3.1%；运用第四种形态处理5.2万人次，占3.6%。[①]

（五）加大换届选举的监督力度

从2021年开始，地方各级领导班子将陆续进行换届。为贯彻落实党中央关于严肃换届纪律的要求，保证换届工作顺利开展，营造风清气正的换届环境，2021年1月，中共中央纪委、中共中央组织部、国家监察委员会联合印发《关于严肃换届纪律加强换届风气监督的通知》（以下简称《通知》），要求各地在换届工作中认真贯彻落实。《通知》规定，要严明换届纪律，坚决维护换届工作严肃性。严禁结党营私、严禁拉票贿选、严禁买官卖官、严禁跑官要官、严禁个人决定代替党组织集体决定、严禁说情打招呼、严禁违规用人等，并对换届选举过程中的具体违规细节进行了详细罗

[①] 《从数据看全面从严治党一严到底》，《中国纪检监察报》，2022年1月18日。

列，对借换届之机突击提拔调整干部、超职数配备干部、违反规定程序选拔任用干部的，一律宣布无效，并对相关人员依规依纪进行处理。

（六）深化政治巡视，重视巡视的整改落实

2021年，中央和地方各级巡视巡察机构坚定不移深化政治巡视，旗帜鲜明地把"两个维护"作为根本任务，全面贯彻巡视工作方针，推动上下联动、贯通融合，巡视综合监督作用和系统优势不断显现。2021年，中央纪委国家监委和各级纪委监委扛起政治责任，强化使命担当，深化人防系统和供销系统腐败治理，开展粮食购销领域腐败、国有企业靠企吃企等集中整治，开展金融领域政商"旋转门""突击入股"等排查清理。

2021年10月，十九届中央第六轮巡视的32个地方和单位集中向社会公开整改进展情况。各被巡视党组织抓巡视整改的主体责任明显增强，坚持全面整改、突出重点，举一反三、查补漏洞。巡视反馈的2052个问题中，有1671个已完成整改或取得阶段性成效。各级纪检监察机关认真贯彻落实《中国共产党问责条例》，精准规范用好问责利器，以强有力问责督促做到"两个维护"，保障党中央政令畅通。2021年1—11月，全国共问责党组织4068个，问责党员领导干部、监察对象4.9万人。[①]

三、贯彻新时代党的组织路线，全面加强党的组织建设

中国共产党作为推进中国国家治理现代化的核心领导力量，在

[①] 《聚焦"两个维护"强化政治监督——新时代纪检监察工作高质量发展系列报道之一》，《人民日报》，2022年1月14日。

当代中国只有中国共产党有能力充分调动全国、全社会的资源和力量，这是中国社会任何一支力量所无法企及的。中国共产党严密庞大的组织体系、作风过硬的党员队伍、忠实干净担当的高素质干部队伍建设是坚持和加强党的全面领导的组织保障，而正确的组织路线则是党组织健康发展的关键。

（一）党的十八大以来：正式提出并阐释党的组织路线

党的十八大以来，我们党开启了团结带领人民强起来的新的奋斗征程，正在带领全国人民为实现"两个一百年"的奋斗目标、实现中华民族伟大复兴的宏伟蓝图而奋斗。"坚持全面从严治党"成为新时代坚持和发展中国特色社会主义的基本方略之一，并提出新时代党的建设总要求，新时代党的组织建设正是在这样的背景下进行的。

1. 加强党的全面领导

党的十九大将"坚持党对一切工作的领导"作为新时代坚持和发展中国特色社会主义十四条基本方略之首，强调"党政军民学，东西南北中，党是领导一切的"。2018年2月28日，党的十九届三中全会审议通过的《中共中央关于深化党和国家机构改革的决定》，强调深化党和国家机构改革必须以加强党的全面领导为统领，这一指导精神在实践中以"党政合署"的形式表现出来。2019年11月29日，中共中央政治局会议审议修订的《中国共产党党和国家机关基层组织工作条例》提出，国家机关党组织建设的重要目标是"在深入学习贯彻习近平新时代中国特色社会主义思想上作表率，在始终同以习近平同志为核心的党中央保持高度一致上作表率，在坚决贯彻落实党中央各项决策部署上作表率，建设让党中央放心、让人民群众满意的模范机关，促进本单位各项工作任务的完成"。①

2. 加强组织纪律建设，突出中央权威

2016年1月29日，中共中央政治局会议提出要坚持"四个意识"，即政治意识、大局意识、核心意识、看齐意识，其中特别强调全党要在思想上认同核心、在政治上围绕核心、在组织上服从核心、在行动上维护核心。加强纪律建设是全面从严治党的治本之策，新时期政治纪律和政治规矩的核心内容就是坚持党的领导，与党中央保持高度一致，维护党中央权威。习近平总书记明确提出了遵守政治纪律和政治规矩的"五个必须"要求，即：必须维护党中央权威，决不允许背离党中央要求另搞一套，全党同志特别是各级领导干部在任何时候任何情况下都必须在思想上政治上行动上同党中央保持高度一致；必须维护党的团结，决不允许在党内培植私人势力，要坚持五湖四海，团结一切忠实于党的同志，团结大多数，不得以人划线，不得搞任何形式的派别活动；必须遵循组织程序，重大问题该请示的请示，该汇报的汇报，不允许超越权限办事；必须服从组织决定，决不允许搞非组织活动，不得违背组织决定；必须管好亲属和身边工作人员，不得默许他们利用特殊身份谋取非法利益。从这"五个必须"可见，政治忠诚度作为最严厉的纪律要求，要求全党上下必须严守民主集中制，突出中央权威的重要性。

3. 控制党员数量，提高发展党员质量

中国共产党是中国工人阶级的先锋队，党员的质量、规模、结构直接影响到党组织的凝聚力和战斗力。一段时间以来，一些地方发展党员工作出现了只注重数量、不重视质量的情况，入党的门槛变低了，党员的素质有所下降。党的十八大以来，针对中国共产党党员人数不断增加、规模过大、质量良莠不齐的现象，中共中央做

---

① 《中国共产党党和国家机关基层组织工作条例》，人民出版社，2020年版，第5—6页。

出了"控制总量、优化结构、提高质量、发挥作用"的总要求。各地在保证发展党员质量前提下,适当控制党员数量增长速度,提高发展党员质量,保持党员队伍适度规模。

4. 夯实基层党组织,抓党建成为硬性指标

党的基层组织是党在社会基层组织中的战斗堡垒,是党的全部工作和战斗力的基础。针对党的基层组织涣散化、边缘化、弱化的问题,进行了基层党组织的整顿和加强工作,抓党建由原来的软性指标发展为硬性指标,党委(党组)书记作为第一责任人,树立起"抓好党建是本职、不抓党建是失职、抓不好党建是不称职"的观念,推动党建责任的落实,党的基层组织涣散、软弱的现象得到缓解。

5. 加强党内法规建设,治党的制度体系日趋完善

党的十八大以来,党中央出台八项规定以后,先后制定和出台了新修订的《中国共产党廉洁自律准则》《中国共产党纪律处分条例》《中国共产党党内法规制定条例》《中国共产党问责条例》等多部党内法规和制度规范。以习近平同志为核心的党中央,以前所未有的力度加强党的制度建设,党的建设的制度笼子越织越密,制度体系日趋完善。

6. 重视党的干部队伍和人才队伍建设

以习近平同志为核心的党中央高度重视党的干部队伍建设。习近平总书记在2013年全国组织工作会议上的讲话明确强调,"要建设一支宏大高素质干部队伍,确保党始终成为坚强领导核心"。围绕新时代党的建设总要求,为实现坚持和加强党的全面领导这个根本目标,2018年7月3—4日,在全国组织工作会议上,习近平总书记提出新时代党的干部标准:"我们坚持德才兼备、以德为先,坚持五湖四海、任人唯贤,突出政治标准,培养造就忠诚干净担当的干部队伍。"① "我们坚持党管人才原则,以识才的慧眼、爱才的诚意、用才的胆识、容才的雅量、聚才的良方,把党内和党外、国内和国外各方面优秀人才集聚到党和人民的伟大奋斗中来。"② 这是党的历史上第一次对组织路线做出明确概括,新时期党的组织路线包括思想引领、组织体系、党管干部、集聚人才的主要内容及其内在的理论逻辑。组织路线是党开展组织工作的根本方针和原则,对"坚持党的领导、加强党的建设、做好党的组织工作具有十分重要的意义"。③

(二) 新时代党的组织路线的科学内涵

新时代党的组织路线包括指导思想、政治导向、组织体系、党管干部、集聚人才等主要内容及其内在的理论逻辑。

1. "全面贯彻新时代中国特色社会主义思想"是新时代党的组织路线的指导思想

思想理论是行动的指南,把马克思主义基本原理和中国实际相结合,是中国革命、建设和改革取得成功的关键。早在1979年,邓小平同志就在《思想路线政治路线的实现要靠组织路线来保证》一文中鲜明指出了党的组织路线的正确性来源于其指导思想的科学性。组织路线担负着为实现党的思想路线和政治路线提供组织保证的使命。要保证党的思想路线和政治路线的落实,做好党的组织工作,必须以科学理论为指导。中国共产党把马克思列宁主义确立为自己的指导思想。经过遵义会议和延安整风活动,党的七大把马克思列

---

① 《切实贯彻落实新时代党的组织路线 全党努力把党建设得更加坚强有力》,《人民日报》,2018年7月5日。

② 《切实贯彻落实新时代党的组织路线 全党努力把党建设得更加坚强有力》,《人民日报》,2018年7月5日。

③ 《切实贯彻落实新时代党的组织路线 全党努力把党建设得更加坚强有力》,《人民日报》,2018年7月5日。

宁主义理论与中国革命实践相结合的毛泽东思想确立为党的指导思想；党的十五大把邓小平理论确定为党的指导思想；2019年1月31日，《中共中央关于加强党的政治建设的意见》明确指出，习近平新时代中国特色社会主义思想是当代中国马克思主义、21世纪马克思主义，是全党全国人民为实现中华民族伟大复兴而奋斗的行动指南。

新时代中国特色社会主义思想是指引新时代中国发展走向、解决当代中国前途命运问题的指导思想。目前，我国成为世界第二大经济体，国际地位和国际影响力显著提升，正处在"由大向强"发展的关键历史阶段。与此同时，中国经济发展进入新常态，全面深化改革开始向纵深发展，中国社会阶级阶层关系和社会结构都发生了前所未有的崭新变化。如何有效治理一个现代化大国并实现中华民族伟大复兴的历史使命是中国共产党人必须面对的问题。以习近平同志为核心的党中央提出推进国家治理体系和治理能力现代化的战略布局，这是一个涉及政治、经济、文化、社会、生态等全方面的治理改革，需要制度上的顶层设计，需要在实践中逐步推进。新时代中国特色社会主义思想涵盖了党和国家事业发展的各领域，从理论与实践上系统回答了新时代我国各项事业发展的重大时代课题，是党的建设与党的组织工作发展的根本方针，全面贯彻新时代中国特色社会主义思想成为新时代党的组织路线的指导思想，这也是新时代保证党的组织路线正确的思想指引路线。

2. "两个坚持"是新时代党的组织路线的基本政治导向

坚持和加强党的全面领导，坚持党中央权威和集中统一领导是新时代党的组织路线的基本导向。党的组织路线是为党的政治路线服务的。党的政治路线决定党的组织路线，也决定党的组织建设的根本目的。党的组织建设的根本目的就是要坚持和加强党的全面领导与加强党中央权威和集中统一领导。

（1）新时代党的组织路线的根本指向在于加强党的全面领导

中国共产党是中国工人阶级的先锋队，同时是中国人民和中华民族的先锋队,是中国特色社会主义事业的领导核心。中国共产党担负着领导民族复兴和国家富强的历史使命,强有力的中国共产党领导是中国保持稳定的前提,也是中国发展的基础。习近平指出,"坚持党的领导,是党和国家的根本所在、命脉所在,是全国各族人民的利益所系、幸福所系"。[①] 党的组织路线必须以始终坚持和加强党的全面领导为政治引导。习近平总书记在第十九届中央政治局第二十一次集体学习时的讲话中,明确指出:"加强党的组织建设,根本目的是坚持和加强党的全面领导,为推进中国特色社会主义事业提供坚强保证。"[②] 在加强党的全面领导方面,中央出台了一系列政策,例如,《中共中央关于深化党和国家机构改革的决定》,深化了党的全面领导机制,建立健全了全党对重大工作的领导体制机制,更加科学、合理、有效地规范了党的领导方式、执政方式,强化了党组织在同级组织中的领导地位。

(2) 新时代党的组织路线要以加强党中央权威和集中统一领导为政治导向

坚持党中央权威和集中统一领导既是国家治理现代化的要求,又是无产阶级政党对于坚强的领导集体的要求。

坚持党中央权威和集中统一领导是国家治理现代化的一个必然要求。国家治理现代化是一个体系性的结构,实质上就是各领域体制的机制、法律法规的安排,也就是一整套紧密相连、相互协调的国家制度。国家治理现代化是一个系统化的顶层制度设计。就当代中国的国家治理改革来看,中国共产党扮演着国家领导者的角色,其中党中央尤其是中央政治局及其常委会是推动国家治理现代化概念的提出者,是国家治理现代化过程中治理现代化的推动者,因此,党中央核心层的集中统一领导是推动国家治理现代化改革的引擎和发动机,党中央核心层的集中统一领导也是推行深化改革的前提和

---

① 中共中央宣传部编:《习近平总书记系列重要讲话读本》,学习出版社、人民出版社,2016年版,第102页。

② 习近平:《贯彻落实新时代党的组织路线,不断把党建设得更加坚强有力》,《求是》,2020年第15期,第4—9页。

保障。

　　同时，坚持党中央权威和集中统一领导对于无产阶级政党尤其重要。任何政党都是由比较稳定的领袖集团来主持的。无产阶级政党对领袖集团在领导革命和建设中起到的作用认识尤其深刻。列宁同志指出："政党通常是由最有威信、最有影响、最有经验，被选出担任最重要职务而被称为领袖的人们所组成的比较稳定的集团来主持的。"邓小平同志指出："中国问题的关键在于共产党要有一个好的政治局，特别是好的政治局常委会。只要这个环节不发生问题，中国就稳如泰山。"① 可见，一个好的中央政治局常委会是中国稳定、发展乃至崛起的关键性因素。习近平总书记2018年7月3日在全国组织工作会议的讲话指出："党中央是大脑和中枢，党中央必须有定于一尊、一锤定音的权威，这样才能'如身使臂，如臂使指，叱咤变化，无有留难，则天下之势一矣'。"② 党中央要有定于一尊的绝对的权力和权威，中央的大政方针才能在执行的过程中畅行无阻，得到如身使臂的权力运行自由。

　　新时代中国共产党要加强中央权威，具备强大的领导能力，归根结底要落实到强化中央领导集体的建设和领导能力。中央政治局及其常委会是我们党的中央领导集体。要加强党中央权威，就要制度创新，就要进行中央领导集体自身的制度建设。党的十九大以来，党中央新出台了一系列新制度，如《中共中央政治局关于加强和维护党中央集中统一领导的若干规定》《中国共产党党组工作条例》等，规定中央政治局每年要向党中央和总书记述职，这是党史上前所未有的制度创新，深化落实了重大事项请示报告制度，在制度上更加强有力地维护了中央政治局常委会和总书记的权威。

　　坚持和加强党的全面领导，坚持党中央权威和集中统一领导是新时代党的组织路线的基本导向。"两个坚持"的基本导向明确了新

---

① 中央党史和文献研究院著：《中国共产党简史》，人民出版社、中共党史出版社，2021年版。
② 《习近平在全国组织工作会议上的讲话》，共产党员网，2018年7月3日，https：//www.72371.cn/2018/09/17/ARTI1537150840597467.shtml。

时代党的组织路线的出发点和落脚点，体现了党的组织路线服务于党的政治路线的基本原理，诠释了新时代党的组织工作肩负的历史使命，展现了将组织优势转化为政治优势的深刻逻辑，回应了新时代党的组织工作的归宿问题。

3. 党的组织体系建设是新时代党的组织路线的基础和重点

严密的组织体系是党的优势所在，也是实现党的全面领导和全部工作的基础。习近平总书记在全国组织工作会议上指出，"党的力量来自组织。党的全面领导，党的全部工作要靠党的坚强组织体系去实现"，科学阐释了党组织体系建设地位和作用。"以组织体系建设为重点"就是要把我们党的组织体系建设得更加坚强有力，这是新时代党的组织路线的基础和建设重点。党的组织体系建设包括健全的党组织架构体系，需要加强党的基层组织建设、加强党员队伍建设、加强以民主集中制为核心的组织制度和组织纪律建设。

（1）党的组织架构体系

组织体系是一个政党的骨骼，组织体系直接影响到党的运作能力。中国共产党是按照马克思主义的建党原则组织起来的政党，党的组织体系分为中央组织、地方组织、基层组织三个层级。这三个层级的分工、工作内容和工作重点不同，他们按照民主集中制原则共同构成党的严密的组织体系。党的中央组织是全国代表大会和它所产生的中央委员会、中央纪律检查委员会等，是党的首脑机关、最高领导部门，统摄整个体系的运行和发展。党的地方组织，包括省、自治区、直辖市、自治州和市辖区的代表大会和它们产生的各级党委员会。党的地方组织的根本任务是确保党中央决策部署贯彻落实，有令即行、有禁即止。党组是在中央和地方的国家机关、经济组织、文化组织及其他非党组织中设置的党组织，也是党组织机体的重要构成。党组在党的组织体系中具有特殊地位，要贯彻落实党中央和上级党组织决策部署，发挥好把方向、管大局、保落实的重要作用。党的基层组织是整个体系的基本单元，指在企业、学校、机关、街道和其他基层单位设置的党组织。

党的组织体系是党的领导工作开展的组织载体,党的集中统一领导优势离不开党组织体系的支撑和实施,在党的健全的组织体系的保障和支撑下,党中央的集中统一领导优势、思想引领优势、干部优势、社会号召优势等才转化为治党能力和国家治理效能。

(2) 提升组织力为重点,加强基层党组织建设

在党的组织体系建设中,党的基层组织成为了需要加强的重点。习近平总书记指出,"基层党组织是党执政大厦的地基,地基固则大厦坚,地基松则大厦倾"。[①] 党的基层组织的规范性、严密性和有效性,是我们党强大的战斗力之所在。党的基层组织是党动员社会和整合社会的基本组织资源,是党执政的重要组织基础。

在革命战争年代,党创造了"支部建在连上"的模式;中华人民共和国成立后,采用了"支部建在村委会""支部建在居委会"以及"支部建在基层单位"等模式,有力地巩固了党的执政基础,维护了国家政权的长期稳定。在发展社会主义市场经济的过程中,单位体制逐步解体,多种经济所有制形式、多种社会组织形式开始出现并成为社会的主流,党的基层组织建设工作相对滞后,以致某些地方基层党组织处于瘫痪、半瘫痪状态。各地通过创新党组织的组织结构和各种形式的独建、联建党组织的方式,通过"支部建于社会中"的基层党建方式破解新时代党的组织覆盖问题。"支部建于社会中"的基层党建方式,其特点是在无法依托行政组织和行政权力的组织中建立党组织并开展工作,探索不同于以往行政命令式的组织结构、领导体制与领导方式,从而探索新时代党对社会的领导方式。创新基层党建方式,有效加大党组织的覆盖面,这是基层组织党建过程中取得的重要成果。在以后的基层组织党建过程中,需要更加注重强化基层组织党建的系统建设和整体建设,坚持条块结合,打破条块壁垒,积极理顺条块关

---

① 《习近平在全国组织工作会议上的讲话》,共产党员网,2018 年 7 月 3 日,https://www.12371.cn/2018/09/17/ARTI1537150840597467.shtml。

系；坚持上下联动，条条和块块双向用力，通过各方合力来促进党的基层组织建设的组织覆盖面扩大。

同时，如何提高基层党组织的组织力、凝聚力，如何使基层党组织有效运转起来是当前基层党组织建设的重点和难点。党组织的功能如何定位是一个十分重要的问题。组织的活力直接取决于组织的结构与功能，而相比结构来说，功能更具有决定性意义，因为结构是依据功能的要求而形成的。因此加强基层党组织建设还需要把重心放在转换基层党组织的功能与作用方面。第一，发展党内民主，凝聚党员，形成党内向心力。基层党组织首先是党员进行活动的一个重要组织载体，基层党组织要调动广大党员的积极性，形成党内凝聚力。第二，密切联系群众，服务社会，形成社会凝聚力。基层党组织必须把建立服务型党组织作为功能调整的重要方向，彻底改变过去在计划经济时代形成的传达命令式的运作方式，把服务群众的能力，关怀社会的能力作为提高基层党组织凝聚力的一个重要标准。第三，汇聚社会意见，整合利益诉求，形成社会整合力。在利益分化时代，基层党组织的重要功能之一在于整合利益诉求，有效地进行利益表达，把社会中的基本利益诉求反映给党委。第四，参与社会治理，引导方向，形成多元社会治理中的主导力。基层党组织要对越来越多的非政府组织进行引导，党组织要发挥领导群团的功能，充分发挥基层党组织的领导核心作用，带动工会、共青团、妇联等其他基层组织建设，支持和培育服务性、公益性、娱乐性的社区组织发展，把各阶层各方面群众更加紧密地团结凝聚在党组织周围。

（3）把政治标准放在首位，确保党员的政治合格

通过讲标准，不断提高新党员的质量。党章规定的党员标准，是发展新党员的基本要求。习近平同志指出："马克思主义政党的力量和作用，既取决于党员数量，更取决于党员质量。对我们这样一个长期执政的党来说，数量应该没什么大问题，难的主要是提高质量。党组织要严格把关，把政治标准放在首位，确保政治合格。那些动机不纯、一心想借入党捞好处的人，不能吸收入党。要疏通党

员队伍出口,对那些丧失党员条件的及时进行组织处置,对那些道德败坏、蜕化变质的坚决清除出党。"①

4. 坚持以民主集中制为核心制度,严明党的组织纪律

民主集中制是无产阶级政党的根本组织原则和组织制度。民主集中制,是党的生命之所系,力量之所在。毛泽东同志说:"要党有力量,依靠实行党的民主集中制去发动全党的积极性。"中国共产党是按照民主集中制组织起来的。这一组织原则要求个人服从组织、少数服从多数,下级服从上级、全党服从中央。通过严格的纪律,确保了全党的巩固和统一。民主集中制不仅使党的各级组织和广大党员的民主权利和聪明才智得到充分发挥,也使得党和各级组织的意志得到正确的集中,是党最大的制度优势。习近平同志指出:"民主集中制是我们党的根本组织制度和领导制度,它正确规范了党内政治生活、处理党内关系的基本准则,是反映、体现全党同志和全国人民利益与愿望,保证党的路线方针政策正确制定和执行的科学的合理的有效率的制度。因此,这是我们党最大的制度优势。"②

中国共产党具有严明的组织纪律,这是无产阶级政党的一个主要特征。习近平同志指出:"我们党是靠革命理想和铁的纪律组织起来的马克思主义政党,纪律严明是党的光荣传统和独特优势。"③ 纪律规矩是完善党的组织体系的纽带桥梁,没有严明的组织纪律和组织规矩、政治纪律和政治规矩,党组织就会变成一盘散沙,就会失去凝聚力和战斗力。习近平同志指出:"我们这么大一个政党,靠什么来管好自己的队伍?靠什么来战胜风险挑战?除了正确理论和路线方针政策外,必须靠严明规范和纪律。我们提出那么多要求,要

---

① 中共中央文献研究室编:《习近平总书记重要讲话文章选编》,中央文献出版社,2016年版,第73页。
② 习近平:《始终坚持和充分发挥党的独特优势》,《求是》,2012年第15期。
③ 中共中央纪律检查委员会、中共中央文献研究室编:《习近平关于严明党的纪律和规矩论述摘编》,中央文献出版社、中国方正出版社,2016年版,第3页。

多管齐下、标本兼治来落实，光靠觉悟不够，必须有刚性约束、强制推动，这就是纪律。"[1] 通过加强党的组织纪律建设来加强党的领导和维护党中央权威。在组织纪律方面，要求各地方党组织和基层党组织及9800多万党员必须强化组织观念，牢固树立政治意识、大局意识、核心意识、看齐意识，通过强化"四个意识"使各级党组织、各个党员坚决维护党中央权威，全面贯彻执行党中央的各项决策和部署。习近平同志指出："如果党的政治纪律成了摆设，就会形成'破窗效应'，使党的章程、原则、制度、部署丧失严肃性和权威性，党就会沦为各取所需、自行其是的'私人俱乐部'。"[2]

5. 培养忠诚干净担当的高素质干部是新时代党的组织路线的关键

实现中华民族伟大复兴中国梦，需要一批又一批中国特色社会主义的坚定建设者和可靠接班人。"政治路线确定之后，干部就是决定的因素。"新时代党的组织路线为深化党的组织建设规定了正确的选人用人导向。

（1）建立了全方位的干部队伍建设体系

习近平总书记指出，贯彻新时代党的组织路线，建设忠诚干净担当的高素质干部队伍是关键，重点就是构建素质培养体系、知事识人的考核体系、干部的选拔任用体系、从严管理体系、正向激励的全方位的干部队伍建设体系。这五大体系建设基本覆盖了干部队伍建设的重要方面，既谋全局又抓重点，为做好新时代干部工作指明了方向。

（2）提出了"以德为先、任人唯贤、人事相宜"干部选拔任用标准

干部选拔与任用的选人用人导向问题，直接影响党的政治录用

---

[1] 中共中央纪律检查委员会、中共中央文献研究室编：《习近平关于严明党的纪律和规矩论述摘编》，中央文献出版社、中国方正出版社，2016年版，第5页。

[2] 《严明政治纪律，自觉维护党的团结统一》，载《十八大以来重要文献选编》（上），中央文献出版社，2014年版，第134页。

功能的实现程度。坚持"以德为先、任人唯贤、人事相宜"的干部标准与干部路线，是我们党的性质、宗旨与使命的必然体现，是党的干部工作必须恪守的根本。以德为先中的德，第一位的是政治品德。"就是要坚持好干部标准，把政治标准放在第一位。政治标准是硬杠杠。这一条不过关，其他都不过关。如果政治不合格，能耐再大也不能用。"任人唯贤指的是选拔党的干部要拓宽视野，五湖四海，广开进贤的门路。人事相宜则是指"岗位缺什么样的人就配什么样的人，不能论资排辈、平衡照顾"。通过讲政治品德、任人唯贤、人事相宜这样的标准，着力培养忠诚干净担当的高素质干部。

（3）始终坚持"党管干部"这一根本原则

我党坚持集中统一管理干部，党的干部选拔标准始终都由党来制定，始终紧紧围绕党的大政方针而调整。"党管干部"原则是中国共产党在长期的革命、建设、改革实践中一以贯之的优良传统。"党管干部"原则在干部选拔任用工作中的贯彻落实，主要表现在三个方面。其一，党要做好干部选拔任用相关制度的制定工作，推进干部选拔任用工作制度化，保证干部选拔工作有规可依、有章可循。其二，党要在实际选拔任用工作中，把好选人用人关，把好干部队伍建设的第一道关口。其三，要围绕党的路线、方针、政策，制定好干部选拔标准，将政治上靠得住、业务上立得住、人民群众信得过的干部选拔到干部队伍中来。

（4）政治标准放在极端重要的位置

从大革命时期按照"有一定马列主义理论水平和无产阶级政治觉悟"的要求培养干部，抗战时期按照"有坚定信仰"的要求选拔干部，夺取政权后确立"又红又专"的干部选拔标准，要求干部"革命化"、强调"德才兼备"标准中"德"的核心是党性，再到习近平总书记提出"政治品德"为第一位的标准，充分体现了中国共产党在干部选拔标准的过程中，始终坚持以政治标准为先。习近平总书记在党的十九大报告中提出，党在选人用人上要突出政治标准。选拔任用党的干部，首先就要进行政治考察。"看一个干部政治素质高不高，主要看是否树立'四个意识'、坚定'四个自信'，是否坚决维护党中央权威和集中统一领导，是否全面贯彻执行党的理论和路线方针政策，是否积极贯彻落实党中央重大决策部署，是否忠诚干净担当。"

（5）培养年轻的干部队伍

年轻干部是党和国家未来的接班人和领导者，做好年轻干部的培养、使用和储备是关系到党和国家未来的大事。对于接班人最为重要的考察就是政治考察，考察对党是否忠诚，对年轻干部培养的第一步也是教育他们对党忠诚。"我们挑选优秀年轻干部，千条万条，第一条就是看是否对党忠诚；我们培养优秀年轻干部，千条万条，第一条就是教育他们对党忠诚，坚决防止政治上的两面人。"[①]同时，我们要把他们放在基层工作中去磨练。

6. 优秀人才队伍建设是新时代党的组织路线的重要资源

在科学技术迅速发展的今天，各国之间的竞争日益激烈，综合国力的竞争实质上是科学技术的竞争，也就是对人才的竞争。"着力集聚爱国奉献的各方面优秀人才"就是要抓住竞争的重要人才资源。在人才队伍建设方面需要建立人才培养机制、改进和完善人才评价机制、创新人才流动机制、建立人才激励机制，聚集天下英才而用之，合力投入到实现国家富强、中华民族伟大复兴的社会主义现代化建设进程中去。

（三）新时代党的组织路线的意义

新时代党的组织路线是党的历史上第一次对组织路线做出明确概括，是对党的组织路线地位作用认识的升华，对于新时代坚持党的领导、加强党的建设、做好党的组织工作具有十分重要的意义。

---

① 《习近平在全国组织工作会议上的讲话》，共产党员网，2018年7月3日，https：//www.72371.cn/2018/09/17/ARTI1537150840597467.shtml。

1. 新时代党的组织路线的提出弥补了组织路线没有明确理论阐释的空白

在党的文献中，对党的思想路线、政治路线、群众路线的内涵一直以来都有较明确的表述，但是对党的组织路线却缺乏具体的表述，其内涵较为模糊，没有具体的概括。党的十八届六中全会提出要"坚持党的政治路线、思想路线、组织路线、群众路线"，这四大路线构成中国共产党执政兴国的路线体系，是中国共产党管党治党和治国理政的根本方针。新时代党的组织路线凝聚着革命、建设与改革的生动实践中党的组织工作和治国理政的成功经验，回答了新时代推进组织工作和党的建设工作发展的重大理论和实践问题，党的组织路线得到更加全面、深入和系统的概括和理论化，弥补了组织路线没有明确阐释的空白，形成与思想路线、政治路线、群众路线相并列的党的四大路线之一。

2. 新时代党的组织路线的提出为坚持和加强党的全面领导提供了组织保障

加强党的长期执政能力建设、先进性和纯洁性建设是新时代党的建设的重要内容，是推动党的建设和组织工作不断取得成功的核心支撑。无论是执政能力建设、还是先进性和纯洁性建设都要通过党组织和党员来开展工作，离开党组织和党员这一行为主体，党的各项建设都将无从谈起。党组织建设的好坏、党员先锋模范作用的发挥、党的干部队伍的好坏，直接决定着党的建设的优劣，决定着党能否有效动员和领导社会，决定着能否有效执掌国家政权。因此，严密的党的组织体系的建设、作风过硬的党员队伍、忠实干净担当的高质量干部队伍建设是保证党中央各项政策方针贯彻落实的前提条件和组织保障。新时代党的组织路线的提出为党的组织建设提供了路线指引和价值遵循，从而为坚持和加强党的全面领导提供了坚实的组织保障。

3. 新时代党的组织路线为党的组织工作提供了路线指导和工作遵循

党的组织路线是党的组织工作的总定调与总方向，为引导和规范党的组织工作发展提供依据和标准。首先，新时代党的组织路线蕴含着党的组织工作的思想指导、政治遵循、价值判断尺度，从原则性、系统性上规划着党的组织工作发展的基本方向，规范着党的组织工作发展的基本道路。其次，党的组织路线指明了党的组织工作的工作内容与工作重点，规定了党的组织工作要以党的组织体系建设为基础，以忠诚干净担当的高素质干部的培养为重点，以聚集爱国人才共同致力于国家现代化建设事业为重要工作内容。最后，新时代党的组织路线成为组织工作部门的重要工作遵循。组织路线的生命力在于将其基本理念付诸于组织工作实际，并使之成为党的组织部门监督执行组织路线、纠正偏移组织路线的工作坐标系，从而起到防错纠偏的调节规范作用，避免工作无原则的随意性。

第三章　全过程人民民主统领国家制度建设

国家治理的现代化，首先是国家制度的现代化。国家制度建设是政治发展的重要内容，它通过制度输出、制度整合、制度吸纳、制度更新，维系着国家的正常运转与基本秩序。新时代以习近平同志为核心的党中央领导集体，提出了"全过程人民民主"的重大论断，为建设全链条、全方位、全覆盖、最广泛、最真实、最管用的社会主义民主提供了政策指引与基本方位。在中国国家制度体系中，全国人民代表大会制度与中国共产党领导的多党合作与政治协商制度既是国家制度的核心组成部分，也是考察国家制度建设的两个关键维度。2021年的国家制度建设，正是以全过程人民民主为统领，致力于国家制度的与时俱进、精耕细作、合理有效、真正管用。

一、国家制度建设：顶层设计与总体态势

改革开放以来，中国国家制度建设通常因循着政策导向、问题导向、渐进调适的基本路径，主要是在党和国家的统一领导下展开的。因而，党中央召开的重要会议及其形成的重大决议、党和国家领导人的重要讲话、重大政策文件的出台，往往构成党和国家的顶层设计与决策部署，决定着国家制度建设的基本方向与阶段性目标。

2021年是党和国家历史上具有里程碑意义的一年，国家制度建设同样是在党和国家的政策指引与决策部署下展开的。

（一）十九届六中全会：系统总结国家制度建设的经验

2021年是中国共产党成立100周年，在这样一个特殊之年召开的党的十九届六中全会对中国政治发展具有重要的指导意义，全会通过的中国共产党第三个历史决议，开启了全面建设社会主义现代化国家、向着第二个百年奋斗目标进军的新征程，也为国家制度建设提供了政策指引。

在中国共产党领导人民革命与建设的过程中，党形成的历史决议在重大历史关头统一了全党思想和行动，对推进党和人民事业发挥了重要引领作用。比如，1945年，党的六届七中全会通过了《关于若干历史问题的决议》；1981年，党的十一届六中全会通过了《关于建国以来党的若干历史问题的决议》。这些历史决议实事求是地总结了党的重大历史事件和重要经验教训，其基本论述和结论时至今日仍具有重大指导意义。

2021年11月，党的十九届六中全会通过的《中共中央关于党的百年奋斗重大成就和历史经验的决议》（以下简称《决议》），这是党在新时代形成的又一个重要决议。《决议》总结了党的百年奋斗重大成就和历史经验，把"发展全过程人民民主"列为习近平新时代中国特色社会主义思想的重要内容，纳入党的十八大以来党和国家事业取得的历史性成就，从面向未来的战略高度作出部署，也为新时代国家制度建设提供了顶层设计与政策引领。

1. 坚定中国特色社会主义政治制度的自信

对一个国家的发展而言，政治制度关乎国家的命运与人民的幸福。世界各国的政治制度，皆来自于自身特定的社会、历史与文化，最适合自己的道路才是最好的道路。中国特色社会主义政治制度，是中国共产党领导全国人民长期探索、不懈奋斗的结果，是中国历史与中国人民的选择。改革开放以来，党领导人民坚持中国特色社会主义政治发展道路，发展社会主义民主，取得重大进展。

《决议》强调指出，党从国内外政治发展成败得失中深刻认识到，坚定中国特色社会主义制度自信首先要坚定对中国特色社会主义政治制度的自信，建设社会主义民主政治，发展社会主义政治文明，必须使中国特色社会主义政治制度深深扎根于中国社会土壤，照抄照搬他国政治制度行不通，甚至会把国家前途命运葬送掉。

2. 以人民为中心，积极发展全过程人民民主

2019年11月，习近平总书记在上海虹桥街道考察全国人大常委会法工委基层立法联系点时深刻指出："我们走的是一条中国特色社会主义政治发展道路，人民民主是一种全过程的民主。"2021年7月1日，习近平总书记在庆祝中国共产党成立100周年大会上强调要"践行以人民为中心的发展思想，发展全过程人民民主"。党的十九届六中全会通过的《决议》，把"发展全过程人民民主"作为习近平新时代中国特色社会主义思想的重要内容纳入"十个明确"之中。

《决议》提出，必须坚持党的领导、人民当家作主、依法治国有机统一，积极发展全过程人民民主，健全全面、广泛、有机衔接的人民当家作主制度体系，构建多样、畅通、有序的民主渠道，丰富民主形式，从各层次各领域扩大人民有序政治参与，使各方面制度和国家治理更好体现人民意志、保障人民权益、激发人民创造。

3. 坚持和完善中国特色社会主义制度的根本制度、基本制度、重要制度

党的十八大以来，中国社会主义民主政治制度化、规范化、程序化全面推进，中国特色社会主义政治制度优越性得到更好发挥，生动活泼、安定团结的政治局面得到巩固和发展。

《决议》着眼于党长期执政和国家长治久安，对坚持和完善中国特色社会主义制度、推进国家治理体系和治理能力现代化作出总体擘画，重点部署坚持和完善支撑中国特色社会主义制度的根本制度、基本制度、重要制度。党中央强调，必须坚持人民主体地位，保证人民依法实行民主选举、民主协商、民主决策、民主管理、民主监督。

党坚持和完善人民代表大会制度，支持和保证人民通过人民代表大会行使国家权力，支持和保证人民代表大会依法行使立法权、监督权、决定权、任免权，果断查处拉票贿选案，维护人民代表大会制度权威和尊严，发挥人民代表大会制度的根本政治制度作用。

党坚持和完善中国共产党领导的多党合作和政治协商制度，完善民主党派中央对重大决策部署贯彻落实情况实施专项监督、直接向中共中央提出建议等制度，加强人民政协专门协商机构制度建设，推进社会主义协商民主广泛多层制度化发展，形成中国特色协商民主体系。

党坚持巩固基层政权，完善基层民主制度，完善办事公开制度，保障人民知情权、参与权、表达权、监督权。按照坚持党的全面领导、坚持以人民为中心、坚持优化协同高效、坚持全面依法治国的原则，全面深化党和国家机构改革，党和国家机构职能实现系统性、整体性重构。

党坚持和完善民族区域自治制度，坚定不移走中国特色解决民族问题的正确道路，坚持把铸牢中华民族共同体意识作为党的民族工作主线，确立新时代党的治藏方略、治疆方略，巩固和发展平等团结互助和谐的社会主义民族关系，促进各民族共同团结奋斗、共同繁荣发展。

4. 坚持依法治国，不断推进社会主义法治建设

《决议》指出，改革开放以后，党坚持依法治国，不断推进社会主义法治建设。同时，有法不依、执法不严、司法不公、违法不究

等问题严重存在，司法腐败时有发生，一些执法司法人员徇私枉法，甚至充当犯罪分子的保护伞，严重损害法治权威，严重影响社会公平正义。党深刻认识到，权力是一把"双刃剑"，依法依规行使可以造福人民，违法违规行使必然祸害国家和人民。法治兴则国家兴，法治衰则国家乱；全面依法治国是中国特色社会主义的本质要求和重要保障，是国家治理的一场深刻革命；坚持依法治国首先要坚持依宪治国，坚持依法执政首先要坚持依宪执政。必须坚持中国特色社会主义法治道路，贯彻中国特色社会主义法治理论，坚持依法治国、依法执政、依法行政共同推进，坚持法治国家、法治政府、法治社会一体建设，全面增强全社会尊法学法守法用法意识和能力。

《决议》提出，全面依法治国最广泛、最深厚的基础是人民，必须把体现人民利益、反映人民愿望、维护人民权益、增进人民福祉落实到全面依法治国各领域全过程，保障和促进社会公平正义，努力让人民群众在每一项法律制度、每一个执法决定、每一宗司法案件中都感受到公平正义。党领导健全保证宪法全面实施的体制机制，确立宪法宣誓制度，弘扬社会主义法治精神，提高国家机构依法履职能力，提高各级领导干部运用法治思维和法治方式解决问题、推动发展的能力，增强全社会法治意识。通过宪法修正案，制定民法典、外商投资法、国家安全法、监察法等法律，修改立法法、国防法、环境保护法等法律，加强重点领域、新兴领域、涉外领域立法，加快完善以宪法为核心的中国特色社会主义法律体系。党领导深化以司法责任制为重点的司法体制改革，推进政法领域全面深化改革，加强对执法司法活动的监督制约，开展政法队伍教育整顿，依法纠正冤错案件，严厉惩治执法司法腐败，确保执法司法公正廉洁高效权威。

5. 坚持党的领导与人民至上

《决议》总结了中国共产党百年奋斗的历史经验，首先是坚持党的领导。中国人民和中华民族之所以能够扭转近代以后的历史命运、取得今天的伟大成就，最根本的是有中国共产党的坚强领导。历史和现实都证明，没有中国共产党，就没有新中国，就没有中华民族伟大复兴。治理好中国这个世界上拥有最大的政党和人口最多的国家，必须坚持党的全面领导特别是党中央集中统一领导，坚持民主集中制，确保党始终总揽全局、协调各方。

《决议》还强调，要坚持人民至上。党的根基在人民、血脉在人民、力量在人民，人民是党执政兴国的最大底气。民心是最大的政治，正义是最强的力量。党的最大政治优势是密切联系群众，党执政后的最大危险是脱离群众。党代表中国最广大人民根本利益，没有任何自己特殊的利益，从来不代表任何利益集团、任何权势团体、任何特权阶层的利益，这是党立于不败之地的根本所在。只要我们始终坚持全心全意为人民服务的根本宗旨，坚持党的群众路线，始终牢记江山就是人民、人民就是江山，坚持一切为了人民、一切依靠人民，坚持为人民执政、靠人民执政，坚持发展为了人民、发展依靠人民、发展成果由人民共享，坚定不移走全体人民共同富裕道路，就一定能够领导人民夺取中国特色社会主义新的更大胜利。

（二）中央人大工作会议：明确国家制度建设的任务

2021年10月13—14日，一场高规格的重要会议——中央人大工作会议在北京召开。以"中央人大工作会议"为名的会议，在党的历史上、共和国历史上、人民代表大会制度历史上都是第一次，这在中国社会主义民主政治建设进程中具有里程碑意义，体现了党中央和习近平总书记对人大工作的高度重视、坚强领导和殷切期望。在首次召开的中央人大工作会议上，习近平总书记发表的重要讲话，深刻回答了新时代发展中国特色社会主义民主政治、坚持和完善人民代表大会制度的一系列重大理论和实践问题，深刻揭示了人民代表大会制度是中国共产党百年奋斗的重大制度成果，系统论述了全过程人民民主这一重大理念，明确提出了加强和改进人大工作的指导思想、重大原则和主要任务。

1. 人民代表大会制度保证国家治理跳出治乱兴衰的历史周期律

习近平总书记在中央人大工作会议上发表重要讲话，充分肯定了人民代表大会制度为党领导人民创造经济快速发展奇迹和社会长期稳定奇迹的重要制度保障作用，指出人民代表大会制度是符合中国国情和实际、体现社会主义国家性质、保证人民当家作主、保障实现中华民族伟大复兴的好制度，是党领导人民在人类政治制度史上的伟大创造，是在我国政治发展史乃至世界政治发展史上具有重大意义的全新政治制度。这一制度，坚持中国共产党领导，坚持马克思主义国家学说的基本原则，适应人民民主专政的国体，有效保证国家沿着社会主义道路前进。这一制度，坚持国家一切权力属于人民，最大限度保障人民当家作主，把党的领导、人民当家作主、依法治国有机结合起来，有效保证国家治理跳出治乱兴衰的历史周期律。

2. 党的十八大以来人民代表大会制度的新理念新要求

习近平总书记在中央人大工作会议上的讲话指出，党的十八大以来，党中央统筹中华民族伟大复兴战略全局和世界百年未有之大变局，从坚持和完善党的领导、巩固中国特色社会主义制度的战略高度出发，继续推进人民代表大会制度理论和实践创新，提出一系列新理念新思想新要求，主要有以下几个方面。[1]

一是必须坚持中国共产党领导。坚持党总揽全局、协调各方的领导核心作用，坚决维护党中央权威和集中统一领导，保证党的理论、路线、方针、政策和决策部署在国家工作中得到全面贯彻和有效执行，支持和保证国家政权机关依照宪法法律积极主动、独立负责、协调一致开展工作。要加强和改善党的领导，善于使党的主张通过法定程序成为国家意志，善于使党组织推荐的人选通过法定程

---

[1] 习近平：《在中央人大工作会议上的讲话》，《求是》，2022年第5期。

序成为国家政权机关的领导人员，善于通过国家政权机关实施党对国家和社会的领导，维护党和国家权威、维护全党全国团结统一。

二是必须坚持用制度体系保障人民当家作主。坚持以人民为中心，坚持国家一切权力属于人民，支持和保证人民通过人民代表大会行使国家权力，健全民主制度，丰富民主形式，拓宽民主渠道，保证人民平等参与、平等发展权利，发展更加广泛、更加充分、更加健全的全过程人民民主。

三是必须坚持全面依法治国。坚持走中国特色社会主义法治道路，建设中国特色社会主义法治体系，建设社会主义法治国家，弘扬社会主义法治精神，依照宪法法律推进国家各项事业和各项工作，维护社会公平正义，尊重和保障人权，实现国家各项工作法治化。

四是必须坚持民主集中制。坚持人民通过人民代表大会统一行使国家权力，各级人民代表大会由民主选举产生，对人民负责，受人民监督；各级国家行政机关、监察机关、审判机关、检察机关都由人民代表大会产生，对人大负责，受人大监督；实行决策权、执行权、监督权既合理分工又相互协调，保证国家机关依照法定权限和程序行使职权、履行职责；坚持在党中央统一领导下，充分发挥地方主动性和积极性，保证国家统一高效组织推进各项事业。

五是必须坚持中国特色社会主义政治发展道路。坚持党的领导、人民当家作主、依法治国有机统一，核心是坚持党的领导。人民代表大会制度是坚持党的领导、人民当家作主、依法治国有机统一的根本政治制度安排，保证党领导人民依法有效治理国家。可以借鉴人类政治文明的有益成果，但绝不照搬西方政治制度模式。

六是必须坚持推进国家治理体系和治理能力现代化。人民代表大会制度是中国特色社会主义制度的重要组成部分，也是国家治理体系的重要组成部分。要坚持和完善人民当家作主的制度体系，不断推进社会主义民主政治制度化、规范化、程序化，更好把制度优势转化为治理效能。

3. 人民代表大会制度是全过程人民民主的重要制度载体

习近平总书记在中央人大工作会议上的讲话提出，民主是全人类的共同价值，是中国共产党和中国人民始终不渝坚持的重要理念。如何把民主价值和理念转化为科学有效的制度安排，转化为具体现实的民主实践，需要注重历史和现实、理论和实践、形式和内容有机统一，找到正确的体制机制和方式方法。党的十八大以来，党中央深化了对民主政治发展规律的认识，提出全过程人民民主的重大理念。

习近平总书记在中央人大工作会议上的讲话系统论述了全过程人民民主这一重大理念。我国全过程人民民主不仅有完整的制度程序，而且有完整的参与实践。我国实行工人阶级领导的、以工农联盟为基础的人民民主专政的国体，实行人民代表大会制度的政体，实行中国共产党领导的多党合作和政治协商制度、民族区域自治制度、基层群众自治制度等基本政治制度，巩固和发展最广泛的爱国统一战线，形成了全面、广泛、有机衔接的人民当家作主制度体系，构建了多样、畅通、有序的民主渠道。全体人民依法实行民主选举、民主协商、民主决策、民主管理、民主监督，依法通过各种途径和形式管理国家事务，管理经济和文化事业，管理社会事务。我国全过程人民民主实现了过程民主和成果民主、程序民主和实质民主、直接民主和间接民主、人民民主和国家意志相统一，是全链条、全方位、全覆盖的民主，是最广泛、最真实、最管用的社会主义民主。

习近平总书记在中央人大工作会议上的讲话明确指出，人民代表大会制度是实现我国全过程人民民主的重要制度载体，提出要在党的领导下，不断扩大人民有序政治参与，加强人权法治保障，保证人民依法享有广泛权利和自由。要保证人民依法行使选举权利，民主选举产生人大代表，保证人民的知情权、参与权、表达权、监督权落实到人大工作各方面各环节全过程，确保党和国家在决策、执行、监督落实各个环节都能听到来自人民的声音。要完善人大的民主民意表达平台和载体，健全吸纳民意、汇集民智的工作机制，推进人大协商、立法协商，把各方面社情民意统一于最广大人民根本利益之中。

4. 与时俱进完善人民代表大会制度，加强并改进新时代人大工作

习近平总书记在中央人大工作会议上的讲话提出了进一步完善人民代表大会制度、加强和改进新时代人大工作的具体要求。

（1）全面贯彻实施宪法，维护宪法权威和尊严

全国各族人民、一切国家机关和武装力量、各政党和各社会团体、各企业事业组织，都必须以宪法为根本活动准则，并且负有维护宪法尊严、保证宪法实施的职责。任何组织和个人都不得有超越宪法法律的特权，一切违反宪法法律的行为都必须予以追究和纠正。

坚持依法治国首先要坚持依宪治国。坚持依宪治国、依宪执政，就必须坚持宪法确定的中国共产党领导地位不动摇，坚持宪法确定的人民民主专政的国体和人民代表大会制度的政体不动摇。党领导人民制定和实施宪法法律，党自身必须在宪法法律范围内活动。各级人大、政府、监委、法院、检察院都要严格依照宪法法律积极主动、独立负责、协调一致开展工作。

全国人大及其常委会要完善宪法相关法律制度，保证宪法确立的制度、原则、规则得到全面实施；加强对宪法法律实施情况的监督检查，提高合宪性审查、备案审查工作质量，坚决纠正违宪违法行为；落实宪法解释程序机制，积极回应涉及宪法有关问题的关切。要健全中央依照宪法和特别行政区基本法对特别行政区行使全面管治权的法律制度，完善特别行政区同宪法和基本法实施相关的制度和机制，维护宪法和基本法确定的特别行政区宪制秩序和法治秩序。地方各级人大及其常委会要依法行使职权，保证宪法法律在本行政区域内得到遵守和执行，自觉维护国家法治统一。

（2）加快完善中国特色社会主义法律体系，以良法促进发展、保障善治

要加强党对立法工作的集中统一领导，完善党委领导、人大主

导、政府依托、各方参与的立法工作格局。要把改革发展决策同立法决策更好结合起来，既通过深化改革完善法治，又通过更完善的法治保障各领域改革创新，确保国家发展、重大改革于法有据。要统筹推进国内法治和涉外法治，统筹发展和安全，推动我国法域外适用的法律体系建设，用法治方式有效应对挑战、防范风险，维护国家主权、安全、发展利益。要坚持系统观念，统筹立改废释纂，全面完善法律、行政法规、监察法规、地方性法规体系。

全国人大及其常委会是国家立法机关，要在确保质量的前提下加快立法工作步伐，增强立法的系统性、整体性、协同性，使法律体系更加科学完备、统一权威。要加强重点领域、新兴领域、涉外领域立法，注重将社会主义核心价值观融入立法，健全国家治理急需、满足人民日益增长的美好生活需要必备的法律制度。要在条件成熟的立法领域继续开展法典编纂工作。

良法是善治的前提。要抓住提高立法质量这个关键，发挥好人大及其常委会在立法工作中的主导作用，坚持尊重和体现客观规律，坚持为了人民、依靠人民，坚持严格依照法定权限和法定程序，深入推进科学立法、民主立法、依法立法。要丰富立法形式，增强立法的针对性、适用性、可操作性。要严格按照法定权限和程序制定行政法规、监察法规、部门规章，保证法规、规章的质量。有立法权的地方人大要严格遵循立法权限，围绕贯彻落实党中央大政方针和决策部署，做好地方立法工作，着力解决实际问题。

（3）用好宪法赋予人大的监督权，实行正确监督、有效监督、依法监督

人民代表大会制度的重要原则和制度设计的基本要求，就是任何国家机关及其工作人员的权力都要受到监督和制约。要更好发挥人大监督在党和国家监督体系中的重要作用，让人民监督权力，让权力在阳光下运行，用制度的笼子管住权力，用法治的缰绳驾驭权力。

各级人大及其常委会要把宪法法律赋予的监督权用起来，实行正确监督、有效监督、依法监督，维护国家法治统一、尊严、权威，

确保法律法规得到有效实施,确保行政权、监察权、审判权、检察权依法正确行使。

在我国政治体制中,全国人大对于"一府一委两院"具有监督作用,推动各国家机关形成工作合力。要坚持围绕中心、服务大局、突出重点,聚焦党中央重大决策部署,聚焦人民群众所思所盼所愿,推动解决制约经济社会发展的突出矛盾和问题。人大要统筹运用法定监督方式,加强对法律法规实施情况的监督,确保各国家机关都在宪法法律范围内履行职责、开展工作。要完善人大监督制度,健全人大对执法司法工作监督的机制和方式。各级"一府一委两院"要严格执行人大及其常委会制定的法律法规和作出的决议决定,依法报告工作,自觉接受人大监督。

(4)充分发挥人大代表作用,做到民有所呼、我有所应

一切国家机关和国家工作人员必须牢固树立人民公仆意识,把人民放在心中最高位置,保持同人民的密切联系,倾听人民意见和建议,接受人民监督,努力为人民服务。要丰富人大代表联系人民群众的内容和形式,拓宽联系渠道,积极回应社会关切,更好接地气、察民情、聚民智、惠民生。各级人大常委会要加强代表工作能力建设,支持和保障代表更好依法履职,使发挥各级人大代表作用成为人民当家作主的重要体现。

人大代表肩负人民赋予的光荣职责,要忠实代表人民利益和意志,依法参加行使国家权力。要站稳政治立场,履行政治责任,加强思想、作风建设,模范遵守宪法法律,做政治上的明白人。要充分发挥来自人民、扎根人民的特点优势,密切同人民群众的联系,当好党和国家联系人民群众的桥梁,最大限度调动积极因素、化解消极因素,展现新时代人大代表的风采。

(5)强化政治机关意识,加强人大自身建设

各级人大及其常委会要增强"四个意识"、坚定"四个自信"、做到"两个维护",不断提高政治判断力、政治领悟力、政治执行力,全面加强自身建设,成为自觉坚持中国共产党领导的政治机关、保证人民当家作主的国家权力机关、全面担负宪法法律赋予的各项

职责的工作机关、始终同人民群众保持密切联系的代表机关。要优化人大常委会、专门委员会组成人员结构，打造政治坚定、服务人民、尊崇法治、发扬民主、勤勉尽责的人大工作队伍。要加强纪律作风建设，既严格履行法定职责，遵守法定程序，又坚决防止形式主义、官僚主义，提高人大工作实效。

（6）加强党对人大工作的全面领导

人民代表大会制度是党领导国家政权机关的重要制度载体，也是党在国家政权中充分发扬民主、贯彻群众路线的重要实现形式。各级党委要把人大工作摆在重要位置，完善党领导人大工作的制度，定期听取人大常委会党组工作汇报，研究解决人大工作中的重大问题。要支持人大及其常委会依法行使职权、开展工作，指导和督促"一府一委两院"自觉接受人大监督。要加强人大常委会领导班子和人大工作队伍建设，推动人大干部同党政部门、司法部门干部之间的合理交流。党的各级组织、宣传等部门要加强同人大有关方面的协调配合，形成做好新时代人大工作的强大合力。各级人大常委会党组要认真执行党的领导各项制度，落实好全面从严治党主体责任。

习近平总书记在中央人大工作会议上的重要讲话，是新时代坚持和完善人民代表大会制度、加强和改进人大工作的纲领性文献，也为新时代国家制度建设提供了根本遵循。

（三）新时代加强和改进人大工作意见：国家制度建设的新指南

为了贯彻落实中央人大工作会议精神，2021年11月，党中央印发了《关于新时代坚持和完善人民代表大会制度、加强和改进人大工作的意见》（以下简称《意见》）。《意见》强调，要紧跟党中央重大决策部署，紧贴人民美好生活需要，紧扣推进国家治理体系和治理能力现代化、全面建设社会主义现代化国家的需求，坚持以人民为中心，坚持全面依法治国，坚持民主集中制，推动人大工作高质量发展，推动人民代表大会制度更加完善更加巩固、优越性充分展现，保证人大及其常委会依法履职更加到位更具实效、职能作用充分发挥。为此，《意见》从 8 个方面作出具体部署。①

1. 发展和完善全过程人民民主

《意见》指出，人民代表大会制度是实现我国全过程人民民主的重要制度载体。要在党的领导下，不断扩大人民有序政治参与，加强人权法治保障，保证人民依法享有广泛权利和自由。保证人民依法行使选举权利，民主选举产生人大代表，通过法定和有序的途径、渠道、方式、程序，保证人民的知情权、参与权、表达权、监督权落实到人大工作各方面全过程。人大依法履职，作出决议决定等，都要通过调查研究，通过座谈、论证、咨询、听证等广泛征求和充分听取各方面意见，最大限度吸纳民意、汇集民智，科学决策。完善人大的民主民意表达平台和载体，健全吸纳民意、汇集民智的工作机制，推进人大协商、立法协商，把各方面社情民意统一于最广大人民根本利益之中。

2. 保证宪法全面贯彻实施

《意见》指出，各国家机关都必须以宪法为根本活动准则，依照宪法行使权力、履行职责。人大要履行监督宪法实施的责任，用科学有效、系统完备的制度体系保证宪法实施，落实宪法解释程序机制，推进合宪性审查工作，提高备案审查工作质量。健全各级人大常委会听取审议备案审查工作情况报告制度，加快建设和完善全国统一的备案审查信息平台，进一步加强相关法律法规的专项审查和集中清理。在全社会深入持久开展宪法法律宣传教育。坚持和完善"一国两制"制度体系，健全中央依照宪法和特别行政区基本法对特

---

① 《坚持和完善人民代表大会制度 加强和改进新时代人大工作——全国人大常委会办公厅负责人就〈中共中央关于新时代坚持和完善人民代表大会制度、加强和改进人大工作的意见〉答记者问》，新华网，2021 年 12 月 27 日。

别行政区行使全面管治权的法律制度，落实特别行政区维护国家安全的法律制度和执行机制，维护宪法和基本法确定的特别行政区宪制秩序和法治秩序。

3. 提高质量立法

《意见》指出，要坚持科学立法、民主立法、依法立法，在确保质量的前提下加快立法工作步伐。遵循立法工作规律，因需、应时、统筹、有序开展立法。增强立法的针对性、适用性、可操作性，避免立法简单化。丰富立法形式，有计划、有重点地推进国家安全、科技创新、经济发展、农业农村、公共卫生、社会保障、文化教育、生物安全、生态文明、财政税收、营商环境、反垄断、防范风险、涉外法治等重要领域立法。适时启动条件成熟的立法领域法典编纂工作。加强法律解释工作，把普法融入立法过程。加强地方立法工作和立法能力建设，注重开展"小切口"立法，从地方实际出发，彰显地方特色，着力解决实际问题。建立健全区域协同立法、流域立法、共同立法工作机制。

4. 发挥人大在立法工作中的主导作用

《意见》要求，完善党委领导、人大主导、政府依托、各方参与的立法工作格局。各级人大要找准在立法选题、评估、论证、立项、协调、起草、征求意见、审议等各个环节的定位。加强立法调研，发挥立法联系点"直通车"作用，按照程序形成立法规划和计划。人大牵头起草综合性、全局性、基础性的重要法律法规草案。对有关部门负责起草的法律法规草案要提前介入、加强协调。健全法律法规草案公开征求意见及采纳反馈机制。发挥审议环节把关作用。加强和规范部门和地方立法。建好用好国家法律法规数据库。

5. 增强人大监督的刚性和实效

《意见》指出，各级人大及其常委会要把宪法法律赋予的监督权用起来，实行正确监督、有效监督、依法监督。坚持围绕中心、突出重点、增强实效，寓支持于监督之中，确保各国家机关依法行使权力、依法落实相关工作责任，确保公民、法人和其他组织的合法权益得到有效维护。要紧扣法律规定、突出法律责任开展执法检查，逐条对照检查法定职责是否履行、法律责任是否落实、法律执行效果是否明显。不断丰富和探索监督形式，用好听取审议工作报告、开展询问、质询、特定问题调查、专题调研、办理群众线上线下来信来访等，回应社会关切，强化各方面依法履职。

《意见》强调，加强对国民经济和社会发展规划、计划的审查，进一步规范审查程序，明确审查重点，增强工作实效。深化人大预算审查监督重点向支出预算和政策拓展改革，加强全口径审查和全过程监管。加强国有资产管理情况监督，健全全口径、全覆盖的国有资产管理情况报告制度。深入推进预算、国有资产联网监督工作。加强对司法工作的监督，推动解决影响司法公正、制约司法能力的深层次问题。

《意见》强调，"一府一委两院"要增强对人大负责、受人大监督意识，严格执行人大及其常委会制定的法律法规和作出的决议决定，依法报告工作，积极配合人大常委会听取审议专项工作报告、执法检查、专题询问、专题调研等工作，认真研究处理审议意见，按时报告整改落实情况。

6. 推动讨论决定重大事项制度化常态化

《意见》指出，各级党委要支持和保证人大依法行使重大事项决定权，健全工作协调机制。各级政府要制定工作制度，落实政府重大决策出台前向本级人大报告的要求。地方各级人大及其常委会要结合实际，制定或完善讨论决定重大事项具体办法，提高讨论决定工作实效。

7. 依法做好选举任免工作

《意见》强调，坚持党管干部原则。人大及其常委会选举和任命的国家工作人员在法定任期内应保持相对稳定，确需调整的，严格按照法定程序办理。支持地方人大常委会加强对人大选举和任命人员的监督。

8. 深化拓展人大对外工作

《意见》指出，加强同外国议会和国际议会组织的交流与合作。发挥人大代表在对外交往中的作用。促进对外工作与外宣工作深度融合，积极宣介中国道路、中国制度、中国成就。充分发挥发言人机制作用。

《意见》是一个全面指导人大工作的文件，集中体现了习近平总书记关于坚持和完善人民代表大会制度的重要思想，反映了党的十八大以来人大制度建设和人大工作的理论成果、实践成果、制度成果，为新时代坚持和完善人民代表大会制度、加强和改进人大工作提供了科学指引和行动纲领。

二、人民代表大会制度：生动实践全过程人民民主

人民代表大会制度是实现全过程人民民主的重要制度载体。2021年，面对错综复杂的国内外形势、艰巨繁重的改革发展稳定任务，全国人大及其常委会坚定不移推进社会主义民主政治建设，坚持以人民为中心依法履职尽责，通过卓有成效的立法、监督、代表等工作，推动全过程人民民主理念在全国人大工作各方面各环节全过程形成生动实践。

（一）全国人大立法贯穿全过程人民民主

为了推进新时代立法工作高质量发展，为全面建设社会主义现代化国家提供强大法治动力，全国人大常委会以更丰富的民主形式、更畅通的民主渠道，把全过程人民民主贯穿于立法工作各方面各环节全过程。

1. 推进开门立法、民主立法

2021年，全国人大常委会法工委新增12个基层立法联系点，"国字号"联系点数量从最初的4个增加到22个，其"接地气""察民情""聚民智"的"直通车"作用被充分发挥出来，极大推动基层群众参与国家立法的深度和广度。[①] 同时，法律草案公开征求意见机制不断完善，人民群众的意见建议正通过多元渠道成为高质量立法的"源头活水"。

2. 立法成果丰硕、立法机制创新

2021年，全国人大及其常委会共制定法律17件，修改法律26件，做出有关法律问题和重大问题的决定决议11件，立法数量创近年新高，现行有效法律从2020年底的274件增至291件，一幅高质高效的崭新立法画卷伴随着人大笃定前行的脚步渐次铺展。[②]"小切口立法"的补充、灵活功效愈发凸显。快速出台的《中华人民共和国反食品浪费法》、2021年10月提请初审的《反电信网络诈骗法草案》，都是用"小快灵"立法解决百姓密切关注实际问题的生动典范。

[①] 张宝山等：《新征程上全面提升人大工作质量和水平》，《中国人大》，2022年第1期。
[②] 张宝山等：《新征程上全面提升人大工作质量和水平》，《中国人大》，2022年第1期。

3. 加开委员长会议

全国人大常委会进行新尝试新探索，加开委员长会议成为委员长会议组成人员带头践行立法全过程人民民主的务实之举。2021年7月9日，由栗战书委员长提议，全国人大常委会加开一次委员长会议，即第九十七次委员长会议，专题研究讨论正在进行审议的法律草案。在此之后，全国人大常委会又先后于2021年9月15日、2021年11月5日加开两次委员长会议，对相关法律草案进行专题研究审议，精雕细琢，提高立法质量。

4. "决定＋修法"完善香港特别行政区选举制度

为了让"一国两制"焕发新的生机和活力，全国人大及其常委会采用"决定＋修法"的方式完善香港特别行政区选举制度，圆满完成了党中央交付的重大政治任务和重大立法任务，彰显了全国各族人民维护国家主权、安全、发展利益，维护宪法和香港特别行政区宪制秩序的坚定决心和共同意志。

（二）《全国人民代表大会组织法》写入"坚持全过程民主"重大理念

人民代表大会制度是中国的根本政治制度，全国人民代表大会是最高国家权力机关，行使宪法和法律赋予的重要职权。1982年12月通过的《全国人民代表大会组织法》（以下简称《全国人大组织法》）和1989年4月通过的《全国人民代表大会议事规则》（以下简称《全国人大议事规则》），是全国人大及其常委会依法行使职权的重要制度保障。

党的十八大以来，以习近平总书记为核心的党中央高度重视、全面加强党对人大工作的领导，推动人大制度和人大工作取得历史性成就。习近平总书记就坚持和完善人民代表大会制度、发展社会主义民主政治发表一系列重要讲话。党的十九大和十九届四中全会决定明确提出，健全人大组织制度、工作制度和议事规则。

2020年，实施了三十多年的《全国人大组织法》和《全国人大议事规则》联袂启动首次修法程序，涉及人大组织制度、工作机制、运行模式、会议公开和信息化建设等方方面面。这次修改以习近平总书记关于坚持和完善人民代表大会制度的重要思想为指导，积极回应当前人大工作中面临的新情况新问题，是涉及全国人大及其常委会"全过程民主"的重大制度调整。

2021年3月，十三届全国人大四次会议通过新修改的《全国人大组织法》和《全国人大议事规则》，对坚持党的领导作出明确规定，将"坚持全过程民主"写入《全国人大组织法》中，加强对代表依法履职的支持和保障，完善机制全力提高大会议事质量和效率。随后，《地方组织法》《全国人大议事规则》相继驶入修法加速道，一系列法律的升级更新必将为人大制度注入更多新动能，推动其更加规范高效运行，为开辟人民当家作主新境界提供全方位的制度保障。

《全国人大组织法》的主要修改内容有六个方面。①

1. 增设"总则"一章

《全国人大组织法》制定比较早，当时没有设"总则"，此次增设"总则"一章，主要基于以下原因：一是增加规定全国人大及其常委会的性质、地位。根据宪法，规定全国人民代表大会是最高国家权力机关，全国人大常委会是其常设机关。二是贯彻坚持党的领导、人民当家作主、依法治国有机统一的精神，增加规定：全国人大及其常委会坚持中国共产党的领导，坚持以马克思列宁主义、毛泽东思想、邓小平理论、"三个代表"重要思想、科学发展观、习近

---

① 王晨：《关于〈中华人民共和国全国人民代表大会组织法（修正草案）〉的说明——2021年3月5日在第十三届全国人民代表大会第四次会议上》，新华网，2021年3月5日，http://www.xinhuanet.com//politics/2021lh/2021-03/05/c-1127174740.htm?winzoom=1。

平新时代中国特色社会主义思想为指导，依照宪法和法律规定行使职权；全国人大及其常委会坚持全过程民主，同人民保持密切联系，倾听人民的意见和建议，始终坚持体现人民意志，保障人民权益；全国人大及其常委会行使国家立法权，决定重大事项，监督宪法和法律的实施，维护社会主义法制的统一、尊严、权威，建设社会主义法治国家。三是明确全国人大及其常委会的组织和活动原则，增加规定：全国人大及其常委会实行民主集中制原则，充分发扬民主，集体行使职权。四是根据全国人大及其常委会对外交往的实践和需要，增加规定：全国人大及其常委会积极开展对外交往，加强同各国议会、国际和地区议会组织的交流与合作。

2. 完善全国人民代表大会主席团和全国人大常委会委员长会议职权相关规定

全国人民代表大会主席团、主席团常务主席和全国人大常委会委员长会议是体现坚持中国共产党的领导、实行民主集中制原则、适应人民代表大会制度特点的重要组织形式和工作制度。修正草案为此增加了以下内容：一是对大会主席团的职权集中作出规定。大会主席团主持全国人民代表大会会议，在大会进程中发挥着重要作用，但以往其职权散见于相关条文中，为进一步突出其地位，修正草案采取列举方式明确大会主席团的职权，增加规定主席团处理的具体事项，包括决定会议日程、决定会议期间代表提出议案的截止时间、决定会议期间提出的议案是否列入会议议程、决定是否将议案和决定决议草案提交会议表决、提名由大会选举的国家机构组成人员的人选和确定正式候选人名单等。二是明确主席团常务主席的职权。主席团常务主席实际上对大会的组织和运行肩负着重要的领导责任。主席团常务主席承担召集并主持主席团会议、为主席团会议做准备的重要职责，根据实践做法，增加规定：主席团常务主席就拟提请主席团审议事项听取汇报，向主席团提出建议，并可以对会议日程作必要的调整。三是进一步完善委员长会议的职权，增加规定：委员长会议决定是否将议案和决定决议草案交付常委会全体会议表决；制定常委会年度工作要点、立法工作计划、监督工作计划、代表工作计划、专项工作规划和工作规范性文件等。

3. 完善全国人大专门委员会相关规定

我国宪法规定，全国人民代表大会根据需要设立专门委员会，在全国人民代表大会闭会期间受全国人大常委会领导。为进一步推动专门委员会工作规范化制度化，修正草案补充完善了有关专门委员会设置及其职责的内容：一是根据实际情况，列明全国人大现有的 10 个专门委员会名称。二是从工作需要出发，明确规定专门委员会的每届任期与全国人民代表大会每届任期相同，履行职责到下届全国人民代表大会产生新的专门委员会为止。三是根据实践发展，增加有关专门委员会工作职责的规定，包括组织起草有关法律草案，承担全国人大常委会听取和审议专项工作报告、执法检查、专题询问有关具体工作，听取"一府一委两院"专题汇报，研究办理代表建议和有关督办工作等。四是根据《深化党和国家机构改革方案》，增加规定：宪法和法律委员会承担推动宪法实施、开展宪法解释、推进合宪性审查、加强宪法监督、配合宪法宣传等工作职责。五是增加规定财政经济委员会的相关职责，明确财政经济委员会对国务院提出的国民经济和社会发展计划草案、规划纲要草案、预算草案、中央决算草案及相关报告和调整方案进行审查，向大会主席团或者全国人大常委会提出审查结果报告，其他专门委员会可以就有关草案向财政经济委员会提出意见。

4. 适应监察体制改革需要增加相关内容

根据宪法，增加规定国家监察委员会可以向全国人大及其常委会提出议案、常委会组成人员不得担任国家监察机关的职务，增加规定对国家监察委员会及其主任的质询、罢免制度。

5. 健全全国人大常委会人事任免权

为了保证国家机构正常有序运转，根据宪法的规定和精神以及实际工作需要，增加规定：一是全国人大常委会在全国人大闭会期间，根据国务院总理的提名，可以决定国务院其他组成人员的任免；根据中央军事委员会主席的提名，可以决定中央军事委员会其他组成人员的任免。二是全国人大常委会在全国人大闭会期间，根据委员长会议、国务院总理的提请，可以决定撤销国务院其他个别组成人员的职务；根据中央军事委员会主席的提请，可以决定撤销中央军事委员会其他个别组成人员的职务。

6. 加强代表工作、密切与代表的联系

十三届全国人大常委会高度重视代表工作，提出尊重代表主体地位、更好发挥代表作用是坚持和完善人民代表大会制度的必然要求，是人大工作保持生机和活力的重要基础。为此，除在总则中增加有关规定外，根据实践发展增加规定：全国人大常委会和各专门委员会、工作委员会应当同代表保持密切联系，听取代表的意见和建议，支持和保障代表依法履职，扩大代表对各项工作的参与，充分发挥代表作用；全国人大常委会建立健全常务委员会组成人员和各专门委员会、工作委员会联系代表的工作机制。同时，完善代表建议办理工作机制，增加规定：对全国人大代表提出的建议、批评和意见，有关机关、组织应当与代表联系沟通，充分听取意见，认真研究办理，及时予以答复；负责办理代表建议、批评和意见的有关机关、组织应当及时向代表反馈办理情况；全国人大有关专门委员会和常务委员会办事机构应当加强对办理工作的督促检查；代表建议、批评和意见办理情况的报告，应当予以公开。

此外，《全国人大组织法》与《全国人大议事规则》是不同时间制定的，有些内容有重复，此次修改《全国人大组织法》，将其中属于会议程序的部分内容移至《全国人大议事规则》中规定。

(三)《全国人大议事规则》明确专题询问制度

2021年全国人大通过的《中华人民共和国全国人民代表大会常务委员会议事规则（修正草案）》，更是将近年来全国人大常委会在立法、监督、代表等工作中积极探索形成的许多行之有效的经验做法和工作机制加以吸收，及时上升为法律制度。其中，修正草案中有关专题询问的规定是一大亮点，也成为分组审议的热议点。[①]

1. 增加专题询问规定

2010年以来，全国人大常委会创新询问制度，通过专题询问加强和改善监督工作，每年选择若干重大问题，在常委会会议期间召开联组会议，开展专题询问，迄今共开展34次，其中本届人大常委会共开展10次专题询问。

作为一项创新制度，开展专题询问经过多年的实践已经比较成熟。修正草案增加规定：常委会可以结合听取和审议专项工作报告和执法检查报告，围绕改革发展稳定大局和人民切身利益、社会普遍关注的重大问题，召开联组会议，进行专题询问；根据专题询问的议题，国务院及国务院各部门和国家监察委员会、最高人民法院、最高人民检察院的负责人应当到会，听取意见，回答询问；专题询问中提出的意见送有关机关研究落实，有关部门应当及时向常委会提交整改落实情况报告，必要时，可以由委员长会议将整改落实情况报告提请常委会审议，由常委会作出决议。

2. 创新询问内容方式

人大监督有两个重要原则：一是职权法定；二是程序法定。修

[①] 《全国人大常委会议事规则修正草案有关专题询问规定引发热议 委员建议 授权专门委员会可以开展专题询问》，《法治日报》，2021年12月27日。

正草案增加专题询问的相关内容,为常委会开展专题询问提供了充分的法律依据。

3. 建议授权专门委员会开展

2014年12月,经中央政治局常委会讨论并原则通过的人大常委会党组关于改进完善专题询问工作若干意见提出"尝试全国人大相关专门委员会依法开展专题询问,推进专题询问的常态化"。2021年通过的修正草案中,增加了有关"受常委会委托,相关专门委员会可以开展专题询问"的规定,提高了人大工作的权威性、及时性、直接性、针对性和影响力。

(四)全国人大监督践行全过程人民民主

习近平总书记在中央人大工作会议上强调,要用好宪法赋予人大的监督权,实行正确监督、有效监督、依法监督。2021年,全国人大及其常委会紧跟党中央重大决策部署,聚焦人民群众所思所想所盼所愿,共听取审议24个有关监督工作报告,检查6部法律实施情况,开展2次专题询问,完成7项专题调研,推动解决制约经济社会发展的突出矛盾和问题。①

1. 创新监督方式方法、吸纳人民参与监督

2021年,全国人大常委会不断创新完善监督方式方法,扩大人民群众对监督工作的参与度。全国人大常委会围绕人民群众普遍关注的教育、医疗、环保等民生领域,及时确定执法检查、听取审议工作报告、专题询问等监督项目,特别是2021年就《中华人民共和国固体废物污染环境防治法》开展执法检查,是本届全国人大常委

---

① 栗战书:《在第十三届全国人大常委会第三十二次会议上的讲话(2021年12月24日)》,《中国人大》,2022年第1期。

会连续第四年开展生态环境法律实施情况的检查，为助力打好污染防治攻坚战贡献人大力量。此次执法检查将实地检查与随机抽查相结合，广泛听取各方面意见建议，深入查找突出问题，结合审议执法检查报告开展专题询问，用"全链条式"监督推动减污、降碳，积极回应人民群众对优美生态环境的热切期盼。

2. 规范与完善执法检查工作机制

2021年，全国人大常委会还对中医药法、消防法、畜牧法、公证法、企业破产法实施情况开展执法检查。为进一步规范和完善工作机制，全国人大常委会制定了全国人大常委会执法检查工作办法。全国人大常委会还听取审议了国务院关于教师队伍建设和教师法实施情况、文物工作和文物保护法实施情况、"七五"普法决议贯彻落实情况等报告，推动新时代各项事业蓬勃发展。

3. 审议工作报告注重跟踪问效

2021年，全国人大常委会听取审议了国务院关于2020年度环境状况和环境保护目标完成情况、研究处理土壤污染防治法执法检查报告及审议意见情况、依法打好污染防治攻坚战工作情况的报告、长江流域生态环境保护工作情况的报告、雄安新区和白洋淀生态保护工作情况的报告、研究处理野生动物保护"一决定一法"执法检查报告及审议意见情况的报告，通过跟踪问效，让监督力度持续推进，相关整改落地有声。

4. 进一步发力预算审查监督

2021年，全国人大常委会贯彻落实党中央关于加强人大对预算决算、国有资产管理监督职能的决策部署，以人大预算审查监督重点向支出预算和政策拓展改革为抓手，对政府预算开展全口径审查、全过程监管。

2021年4月，全国人大常委会审议通过并颁布实施了修订后的

《全国人民代表大会常务委员会关于加强中央预算审查监督的决定》（本章简称《决定》），全口径审查、全过程监管、"事前""事中""事后"审查监督、专题审议、预算联网监督等做法，正式上升为法律规定。

依照新修订的《决定》，全国人大常委会加强对中央预算审查监督，于2021年8月听取审议了国务院关于当年预算执行情况的报告。财政收入呈现恢复性增长，积极的财政政策的效能不断提升，政府过紧日子要求全面落实，基层"三保"底线兜牢兜实，财税体制改革持续深化，财会监督力度不断加强，表明我国经济恢复取得明显成效，常委会给这次预算执行情况的"期中考"打出了高分。[①]

加强国有资产监督是党中央赋予人大的重要职责，是宪法法律赋予人大的法定职责。中共中央印发关于建立国务院向全国人大常委会报告国有资产管理情况制度的意见后，全国人大常委会连续第四年审议国有资产管理情况的综合报告。2021年10月，全国人大常委会首次听取审议了国务院关于2020年度国有自然资源资产管理情况的专项报告，实现了四类主要国有资产管理情况专项报告的全覆盖。

5. 增强备案审查制度刚性

备案审查是对规范性文件进行的全面"质检"。一年来，全国人大常委会办公厅共收到报送备案的行政法规、监察法规、地方性法规、自治条例和单行条例、经济特区法规、司法解释、特别行政区法律1921件。全国人大常委会有关部门增强备案审查制度刚性，就法规、司法解释等规范性文件中的合宪性、合法性、适当性等问题开展审查研究，对存在不符合宪法法律规定、明显不适当等问题的，督促制定机关予以改正，维护国家法治统一。[②]

[①] 张宝山等：《镌刻不负人民的时代印记——全国人大常委会2021年监督工会回眸》，《中国人大》，2022年第3期。

[②] 张宝山等：《新征程上全面提升人大工作质量和水平》，《中国人大》，2022年第1期。

三、社会主义政治协商制度：贯彻全过程协商民主

社会主义政治协商制度是实践全过程人民民主的又一重要制度载体。人民政协作为具有中国特色的制度安排，是推进协商民主实践的重要力量，在构建社会主义协商民主体系、发展全过程人民民主中具有重要地位。2021年，在中国共产党坚强领导下，全国政协及其常委会坚持政协性质定位，以庆祝中国共产党成立100周年为主线强化思想政治引领，以促进"十四五"规划良好开局为重点认真履职尽责，以提高政协制度效能为目标推进专门协商机构建设，不断增强提案督办实效，全面提高提案办理协商质量。

（一）政治协商力度进一步加大

2021年，全国政协克服新冠疫情影响，全年举办重要协商活动25次，开展视察考察调研82项，立案提案5039件，编发大会发言867篇，有效服务决策施策。

2021年，全国政协聚焦推动高质量发展，召开构建新发展格局专题议政性常委会会议，就坚持扩大内需战略基点、打通制约经济循环的关键堵点、保护利用农业种质资源、加快启动新的国家科技重大专项、强化国家战略科技力量、粤港澳大湾区发展规划纲要落实、长江中游城市群协同发展、系统布局新型基础设施、推进多式联运高质量发展、促进互联网游戏产业健康发展等调研议政。

全国政协还紧扣民生关注，召开建设更高水平的平安中国专题议政性常委会会议，围绕巩固拓展脱贫攻坚成果、应对人口老龄化等召开专题协商会，就推进新时代兴边富民行动、建设高质量教育体系、国家公共卫生防护网、中医药资源发掘保护、加强乡村卫生院室建设和管理、社会救助法的制定、边疆地区发展与安全等视察

建言。

全国政协着眼生态文明建设，开展加强青藏高原生态环境保护与气候变化适应重点提案督办，就黄河流域生态文明建设、碳达峰碳中和、国家重点湖泊生态环境保护、城镇污水处理等组织协商座谈。为助力高水平对外开放，全国政协还围绕"十四五"规划对外开放重大举措落实、增强对外贸易综合竞争力、海南自由贸易港建设、提高涉外执法司法质效等协商座谈。

除了传统的专题协商会、双周协商座谈会、提案办理协商会，网络议政远程协商会也成为近年来全国政协开展政治协商的重要机制。

2021年3月26日，全国政协在北京召开"全民义务植树行动的优化提升"网络议政远程协商会，12位政协委员在全国政协机关和北京、湖南、广东4个会场以及通过手机视频连线方式发言，近200位委员在移动履职平台上发表意见。大家认为，持续开展40年的全民义务植树取得了历史性成就，有力促进了森林资源增长，改善了城乡生态环境，提升了全民生态意识。当前全民义务植树也面临植树场地不足、尽责形式单一、工作方法不科学、责任落实不到位等新问题。

2021年6月11日，全国政协在北京召开"推进多式联运高质量发展"网络议政远程协商会，11位政协委员和特邀代表在全国政协机关和湖北、重庆、青岛4个会场以及通过手机视频连线方式发言，近60位委员在移动履职平台上发表意见。大家认为，近年来，各方面认真贯彻党中央决策部署，围绕发展多式联运做了大量探索，取得了积极成效，但仍存在体制机制不完善、基础设施衔接不顺畅、信息数据不共享、规则标准不协同等深层次问题，需要予以重视。

2021年12月13日，全国政协在北京召开"全面加强新时代中小学劳动教育"网络议政远程协商会，9位政协委员和特邀代表在全国政协机关和天津、江苏、海南4个会场以及通过手机视频连线方式发言，近80位委员在移动履职平台上发表意见。大家认为，近年来，各方面对劳动教育的认识逐步深化、探索积极推进、措施不断完善，劳动教育边缘化的局面正在发生改变，但总体来看劳动教育仍是一块短板，工作中面临不少困难和障碍，需要持续用力、久久为功。

（二）政治协商效能进一步提升

2021年，全国政协采取多种举措以提升政治协商的实际效能：一是强化专门委员会基础性作用，创新协商方式载体，拓展协商深度，提高履职质量。二是创设专家协商会，组织跨界别、跨学科、跨领域的专家委员和有关学者，进行小范围、多轮次深度协商，全年围绕科技创新与科学普及、农业农村现代化指标体系研究等战略性前瞻性议题召开36次会议，一些重要成果得到肯定和采用。三是制订民主监督工作计划，召开"加强和改进新时代人民政协民主监督工作"主席会议成员务虚会。四是突出协商式监督特色，把协商贯穿于确定监督议题、调研了解情况、形成监督意见等全过程，由主席会议成员牵头，10个专门委员会围绕各领域工作重点持续跟踪监督，向中共中央、国务院报送加快推进社会适老化改造等民主监督报告，起到了以协商促改进、以监督助落实的作用。五是发挥自主调研灵活便利、务实高效优势，以全国政协领导人自主调研带动委员自主调研深入推进，共组织开展120余项。六是拓宽社情民意信息反映渠道，精准报送重点调研协商成果，全年编报各类信息3010期。

（三）不断增强提案督办实效

2021年，全国政协注重增强提案督办实效，完善制度体系，深化提案办理协商。十三届四次会议的77个重点提案题目，由全国政协主席与14位副主席分别率队开展督办。全国政协主席连续3年领衔督办重点提案，在中国气象局主持召开"加强青藏高原生态环境保护与气候变化适应"重点提案办理协商会。这是全国政协主席第一次在提案承办单位召开重点提案督办会议。全国政协提案委员会负责督办39个重点提案题目，其中以调研形式督办7个，提案办理协商会督办4个，走访督办6个，重要提案摘报督办22个。①

为了提案工作提质增效，全国政协提案智能管理系统的研发与使用，实现了网络征集提案、统计等智能化管理。近几年来，全国政协提案委员会一直在稳步推进提案工作信息化智能化建设，致力于建造政协提案智能管理系统，以实现网络征集提案、在线提案提交、立案受理、分类、承办、流程追踪、提案办理、办理回复、提案信息发布、查询、分类、统计等一体化管理，开通了委员远程酝酿提案、提交提案、查询提案内容及办理复文、反馈对提案办理的意见建议等功能。2022年初，新版的提案智能管理系统已与新版委员履职平台同步上线，极大地提高了提案工作的服务效率和质量，让委员获得更加便利、快捷、智能化的履职体验。

总的来看，2021年全国政协重点提案督办工作有四个方面的新亮点。②

一是形式更加丰富。比如首次将党外委员专题视察与重点提案督办结合起来，由政协副主席率队，围绕"加快推进长江中游城市群一体化发展"开展视察和调研，以协商督办成果带动增进共识促进团结成果，双向发力成效更加凸显。

二是机制不断健全。制定《提案办理协商会工作规则》《闭会期间提案工作规程（试行）》。首次将闭会期间提案纳入重点提案遴选与督办，及时将"尽快建立统一的新冠疫情防控标准"闭会期间提案经审查列入重点提案。

三是跟踪持续发力。比如聚焦"推进农产品质量安全追溯体系建设"连续三年跟踪督办，一年一个主题，层层递进推动落实。

四是协商更加深入。比如就建设中国世界级寒地冰雪经济高质

---

① 王玮：《专访李智勇：去年政协重点提案全办复，评出年度好提案60件》，《南方都市报》，2022年3月2日。
② 王玮：《专访李智勇：去年政协重点提案全办复，评出年度好提案60件》，《南方都市报》，2022年3月2日。

量发展试验区、推动海南自由贸易港全岛封关运作等重点提案，相关专门委员会组织提案者和承办单位沟通协商 10 余次。围绕设置农业农村现代化评价指标体系重点提案，相关专委会召开 6 次专题研讨会，反复协商，达成共识。

（四）提案办理协商质量全面提高

提案办理协商，与专题协商、对口协商、界别协商等一起构成政协协商民主的重要形式，是贯穿提案工作全过程的民主形式。深入开展提案办理协商，是深化政协协商民主建设的需要，是践行全过程人民民主理论的内在要求，也是提案工作提质增效的根本保证。十三届全国政协以来，全国政协提案委员会在坚持用好以往提案办理协商经验基础上，又立足新时代提案工作新要求新任务，积极探索深化提案办理协商的新路径新举措。[①]

1. 把协商贯穿提案工作全过程

提案提出环节，提案委和承办部门协商，及时发布提案参考选题，为提案者选准提案题目提供有力支持；提案者加强沟通协商，就共同关注的问题联合开展调研，联名提出提案。提案审查环节，对不予立案或并案的，加强与提案者沟通协商，做好解释说明工作。提案交办环节，落实联合交办机制，做好"落实责任"的协商。提案办理环节，各承办单位把沟通协商作为提案办理必经环节，做好"解决问题"的协商。

2. 把提案办理协商与政协其他协商形式有机融合

围绕中医药资源发掘和保护、持续优化营商环境等主题，将提案办理协商与专题议政性常委会会议、双周协商座谈会、专题协商

---

① 李智勇：《全面提高提案办理协商质量和水平》，《中国政协》，2022 年第 6 期。

会、专家协商会等有机融合，不断挖掘协商深度。

3. 坚持做到"协商就要真协商"

全国政协主席汪洋多次强调，要在协商中鼓励进行争论，协商不是要说了算，而是要说得对；通过协商推动了工作是成效，了解了政策、增进了共识也同样是成效。比如，2020年6月19日，全国政协主席汪洋主持召开的"完善外卖食品安全监管"双周协商座谈会，与会委员和基层代表结合各自所长从不同角度阐述自己的观点，发言观点鲜明、见解独到，与会人员多次形成观点碰撞交锋，协商氛围大大增强。

4. 重视开展现场协商

在做好"请进来"协商的基础上，还积极"走出去"，更多地在提案办理现场、承办单位现场进行提案办理实时协商。比如，2020年，汪洋主席率队到甘肃临夏开展重点提案督办调研并主持召开现场督办协商会，这在全国政协历史上是首次。2021年，汪洋主席在中国气象局主持召开"加强青藏高原生态环境保护与气候变化适应"重点提案督办协商会上发言，这在全国政协历史上也是首次。

5. 扩大协商参与面

综合运用视频座谈、视频调研、委托调研、联合调研等多种方式，以灵活丰富的协商形式促进各界广泛参与。比如，围绕推进多式联运高质量发展等主题，提案者、提案承办单位、专家学者、基层代表等各方积极参与，增进和传播了共识。

6. 推进协商式提案监督

有效发挥提案工作民主监督作用，特别是在重点提案中增加民主监督性提案比重。紧扣"十四五"规划实施中的重点问题，结合重点提案督办，围绕"推进退役军人保障政策措施贯彻落实"主题制定五年的民主监督工作方案，积极促进政策措施完善，推动工作水平提升。

7. 健全完善协商制度体系

面对提案办理协商新形势新要求，提案委在全面梳理总结历史经验基础上，强化制度建设，重新制定或修订《中国人民政治协商会议全国委员会提案办理协商办法》《提案办理协商会工作规则》等制度文件，为深入开展提案办理协商提供制度保障。

第四章　国家行政体系持续完善

　　新时代党和国家机构改革通过广泛的制度参与系统性地提升国家行政效能。政府职能优化继续以简政放权为主要抓手，促进政府由"全能型"向"服务型"转变，主要表现在四个方面：一是行政审批局试点首先在中央政府推动下开展。简政放权构建立体式现代审批新模式，增强改革系统性、整体性、协同性。二是法治深化放管服改革完善营商环境。市场监管体系日益完善，营商环境不断优化，法治推动放管服改革纵深发展。三是信息技术嵌入政府组织，并推动政府职能与服务协同一体化的转型，是这一轮机构改革创新的亮点之一。四是完善国家行政体系，各级政府作为国家权力机关的执行机关，承担着实施法律法规的重要职责，这一轮改革中，依法行政和规范执法一起推进法治政府建设。

一、系统性提升国家行政效能

　　新时代党和国家机构改革是党和国家组织结构的一次系统性重构。党的十九届四中全会通过的《中共中央关于坚持和完善中国特色社会主义制度　推进国家治理体系和治理能力现代化若干重大问题的决定》指出："我国国家治理一切工作和活动都依照中国特色社会主义制度展开，我国国家治理体系和治理能力是中国特色社会主义制度及其执行能力的集中体现。"制度的广泛参与，国家治理的现代化很大程度上取决于中国特色社会主义制度优势能否充分发挥。党的十九届六中全会审议通过了《中共中央关于党的百年奋斗重大成就和历史经验的决议》，其中明确全面深化改革总目标是完善和发展中国特色社会主义制度、推进国家治理体系和治理能力现代化，并且提出了更好发挥政府作用。可以说推动党和国家机构发生重大改革必须追溯到中国特色社会主义的制度根源上，也需要明确在以后改革时期党和国家机构改革坚守和推进的路径，也是激发中国特色社会主义的制度优势，全面落实制度的执行力，推进制度优势转化为治理效能的重大战略部署。

完善国家行政体系与提升国家治理效能。按照党的十八大提出的"深化行政体制改革"总体思路，2013年《国务院机构改革和职能转变方案》提出："以职能转变为核心，继续简政放权、推进机构改革、完善制度机制、提高行政效能，加快完善社会主义市场经济体制，为全面建成小康社会提供制度保障。"该方案明确提出："注重完善制度机制，加快形成权界清晰、分工合理、权责一致、运转高效、法治保障的国务院机构职能体系。加强基础性制度建设。推进国务院组织机构、职能配置、运行方式法治化。"这次机构改革进一步加大政府组织机构系统整合力度，推进大部门体制改革。大部制改革主要解决的是政府内部职能分工碎片化的问题，也即在既定职能分工下，解决部门林立、协调成本过高等管理问题，关注机构间的职能匹配合理，建立政务综合管理的组织体制，形成大职能、宽领域、少机构的政府管理结构。[1] 经过七次改革，总体来说对于行政组织自身的调整是有成效的，机构体系趋于完整，并在一定程度上减少了组织冗余。党的十九届三中全会审议通过《中共中央关于深化党和国家机构改革的决定》和《深化党和国家机构改革方案》，揭示了新一轮机构改革的全貌。此次改革的特点是"以加强党的全面领导为统领，以国家治理体系和治理能力现代化为导向"，目标是构建系统完备、科学规范、运行高效的党和国家机构职能体系。把

---

[1] 黄小勇：《机构改革的历程及其内在逻辑》，《行政管理改革》，2018年第5期。

机构改革从单维度的行政体系改革推向整个治理体系拓展，是系统性、整体性、重构性的重大变革。党的十九届五中全会明确提出，在"十四五"时期，要进一步提升国家治理效能，使"国家行政体系更加完善，政府作用更好发挥，行政效率和公信力显著提升"。十九届五中全会关于"十四五"时期经济社会发展目标的提出，为全面加强政府建设、完善国家行政体系，推进国家治理体系和治理能力现代化，进一步明确了前进方向，提供了强大的思想动力，其中在"国家治理效能得到新提升"中明确提出了"国家行政体系更加完善"。① 国家行政体系是国家治理体系建设的基本组成部分，是彰显国家治理能力、提升国家治理效能的重要保障。从国家治理历史演进来看，国家治理效能的高低，直接反映这个国家治理体系和治理能力的现代化水平，所以提升国家治理效能，既是推进国家治理现代化的重要内容，也是其所要达到的重要目标，对坚持和完善中国特色社会主义制度具有重大意义。②

整体性重构成为完善国家行政体系的建设重点。从党的十八大以来，围绕国内政府职能转变的研究主要包括政府职能转变的具体路径、建构服务型政府的经验以及探讨简政放权与政府职能转变的关系。③ 从各地实践情况看，包括地方政府审批制度改革、政府公信力提升、互联网政府、依法行政等多重多向改革等成为党的十九大以来政府改革可以观察到的变化。从整体而言，随着政府改革从单向度的职能转变，逐渐过渡到综合性的"放管服"改革，且改革的深度也从简单地提高效能提升到系统集成与协同高效为完善国家行政体系建设的重点。特别是党和国家机构改革深刻地推动了党和国家组织结构和管理体制改革，这两个重点可以从"简政放权与政府职能优化""法治深化放管服改革""技术赋能与地方改革""全面贯彻依法治国转变政府职能"等四个方面观察。这些改革也为进一

---

① 肖捷：《加快转变政府职能》，《人民日报》，2020 年 12 月 3 日。
② 靳诺：《把我国制度优势更好转化为国家治理效能》，《人民日报》，2021 年 1 月 13 日。
③ 陈笑飞：《近十年我国政府职能转变研究的回顾与展望》，《党政论坛》，2021 年第 1 期。

步完善行政体制，健全政府各部门与层级间的协调配合，不断创新行政管理和服务方式，推动国家行政体系更加成熟，也促使政府治理效能进一步得到全面提升。

二、简政放权与政府职能优化

（一）简政放权的整体态势

2021年是简政放权理念提出和践行的第八年。八年来，简政放权改革已经取得了巨大成效，政府职能发生深刻转变，长期存在的重审批、轻监管、弱服务得到明显改观。各类行政审批大幅压缩，中央层面核准的企业投资项目压减90%，非行政许可审批退出历史舞台，市场准入负面清单管理制度全面实施。事中事后监管得到加强，改革和理顺市场监管体制，严格规范行政执法，"双随机、一公开"成为日常监管的基本方式。各地结合实际探索出许多值得推广的经验做法，政务服务基本实现"一站式"和"网上办理"。企业开办原来耗时费力，现在不到5个工作日就能办成。工程建设项目审批以前用时一两年甚至几年，曾有人称之为审批的"万里长征"，如今不超过120个工作日就能办成。市场主体和人民群众切身体会到"放管服"改革带来的便利和实惠。改善营商环境、"筑巢引凤"，已经成为地区之间竞相推动高质量发展的自觉行动。

从中央层面看，中央始终坚持把行政审批制度改革向纵深推进，在促进政府由"全能型"向"服务型"转变上下功夫，把能精简的政府权限再次精简。在常态化疫情防控下，"放管服"改革在促进全面复工复产、复市复业方面发挥了重要作用。2021年6月2日，国务院召开全国深化"放管服"改革着力培育和激发市场主体活力电视电话会议,①特别强调直面市场主体需求,创新实施宏观政策,推进简政放权、放管结合、优化服务改革,助企纾困与激发活力并举,对稳住就业和经济基本盘形成有力支撑;要求进一步深化"放管服"等重点改革,助力市场主体进一步恢复元气、增强经济发展动力,保持经济运行在合理区间,为今后发展打下坚实基础。2021年12月22日,《国家发展改革委关于进一步推进投资项目审批制度改革的若干意见》强调,要规范有序深化投资项目审批制度改革,为充分激发社会投资活力和动力,继续发挥投资对稳定经济增长的关键作用提供有力支撑。②简政放权的后半阶段,从2019年到2021年印发文件中可以看出,按照自贸区试点、全国复制推广的步骤,将中央层面523项涉企经营许可事项在自贸区按照直接取消审批、审批改为备案、实行告知承诺、优化审批服务四种方式分类改革,在全国范围内全覆盖涉企行政许可按照进"前三扇门"改革事项达120项。这是简政放权工作取得的重大成效。③

在地方上,继续减少行政审批事项仍然是改革的主基调。比如2021年7月,广州市佛冈县全面试行施工许可证告知承诺制办理,住建部门颁发首张全面试行告知承诺制建筑工程施工许可证,最大限度地简化工程审批流程、提高审批效率,获企业赠锦旗点赞。④2022年4月,天津市新一批市级政务服务事项正式下放到滨海新区。经积极沟通对接,生态城将承接建筑活动从业企业资质许可等5项市级行政权力事项,可进一步提高区域行政服务能力和审批效率。江苏省自2013年以来取消、下放、调整行政权力事项1048项,2021年又将273项省级管理事项精准赋予自贸试验区,努力打造审

---

① 《李克强在全国深化"放管服"改革着力培育和激发市场主体活力电视电话会议上发表重要讲话》,中国政府网,http://www.gov.cn/xinwen/2021-06/02/content_5615018.htm。
② 郁红:《国家发改委推进投资审批制度改革》,《中国石油和化工》,2022年第1期。
③ 张安定等:《深化行政审批制度改革 推进政府治理现代化》,《中国行政管理》,2022年第7期。
④ 《简化审批流程 提升服务水平》,《南方日报》,2022年10月21日。

批事项最少、办事效率最高、创新创业活力最强的区域。①

(二) 行政审批模式的创新改革

行政审批局试点首先在中央政府推动下开展。行政审批局于2008年在成都市武侯区成立,其他地方的行政审批局在2014年以后陆续成立。2015年3月15日,中央机构编制委员会办公室、国务院法制办公室印发《关于相对集中行政许可权试点工作方案的通知》(中央编办发〔2015年〕16号),提出在全国8个省市组织试点市县或开发区,就相对集中行政许可权实现形式进行探索。在8个省市试点地区的探索实现过程中,"一枚印章管审批"的行政审批模式实际上成为主流改革的模式。

中共中央为进一步推动集中行政许可权改革,2016年6月21日,中央机构编制委员会办公室、国务院法制办公室印发《关于相对集中行政许可权试点工作方案的通知》(中央编办发〔2016年〕20号),将试点地区进一步扩大,并明确其他省份如需开展试点或适当扩大试点范围可参照先前经验。2016年的这份文件赋予了各省自主选择开展试点地区的权力,在中央推动下,行政审批局模式得到了进一步的扩散发展。2018年5月,中共中央办公厅、国务院办公厅印发《〈关于深入推进审批服务便民化的指导意见〉的通知》,提出全国范围内有条件的市、县和开发区,可以设立行政审批局并将行政审批局这一模式,同其他5种行政许可权相对集中办法一并向全国推荐。至此,行政审批局模式经历了从初探、试点到扩散的整个过程。从目前统计情况看,天津市政府在全部市辖区内推动普遍设立行政审批局,河北、山东、陕西、山西和海南5个省份主要是由省政府推动,在全国县两级政府设立行政审批局,也是基本达到了省域的全覆盖。行政审批局的进一步扩展主要集中在2014年到

---

① 《江苏简政放权持续发力 取消57项行政权力事项》,新华网,http://www.js.xinhuanet.com/2021-01/09/c_1126962582.htm。

2018年之间，在地级市、县级政府及开发区和功能区都有大幅扩散。另外一些地方还在探索在乡镇级别设立行政审批事务集中管理。

目前以建立"行政审批局"为主的地方行政审批制度改革呈现两种不同的改革形态：一种是"保守"模式，以上海、广州、浙江等地为代表。这类改革的主要特点是，地区经济比较发达，所以改革的目的并不在于改变政府组织结构，进行政府职能整合，改革的重点放在"互联网+政务服务"本身的优化上，注重流程优化，以流程优化促进政府结构改革。另一种是"改革"模式，以山东、河北、天津、宁夏等地为代表。这类地区改革的主要特点是，经济和电子政务基础相对落后，但是改革意愿较强。他们认为行政审批局作为政府部门，不仅是集中行政许可权的"物理场所"，而且能通过整合分散的审批权、倒逼审管责任关系调整等真正促进政府内部权力结构的"化学变化"。[1]

党的十九大以来政府针对处理好"审"与"管"的关系问题，重新厘清审批服务局和行业主管部门之间的职责关系，明确划转事项在审批和监管中的配合方式、双方责任等。针对"审"和"管"的双重问题，地方政府也开展了多轮基于实践、基于基层需求的创新，更加关注政府部门之间的协同性调整。比如，邯郸市行政审批局从行政审批局责任和"审—管"责任关系两个方面进行了探索。在行政审批局的审批责任方面，它建立了内部、外部、纵向三维监督保障体系。首先，实行内部解剖式监督，行政审批局法制处定期定量抽查审批卷宗，做到审批环节严把关。其次，实行全方位外部监督。一方面从市人大代表、政协委员中聘请特邀监督员，结合新闻媒体进行专业监督；另一方面开通短信、电话、网站等线上投诉平台，建立"局长面对面"的线下机制，为监督提供多种渠道。最后，在纵向上建立市、区（县）联动机制。截至2019年5月，共对县级审批局督导检查7次，组织业务轮训30余次，组织审批业务经

---

[1] 赵志远等：《非对等结构中地方政府创新的横向扩散——以行政审批制度改革为例》，《中国行政管理》，2021年第7期。

验交流会 3 场，不仅在审批技术方面形成了上下贯通的体系，而且上级指导作用也明显加强。① 山西省重新建构了系统协同体系，克服了行政审批管理局中的条块管理问题。2020 年 12 月，山西省发布《山西省人民政府办公厅关于建立省、市、县审批服务协同联动机制的通知》，通知要求持续巩固和扩大全省、市、县"一枚印章管审批"改革成果，进一步理顺各级各部门审批服务协同联动关系，全面提升审批服务规范化、标准化水平，建立健全市、县原审批部门与市、县审批局之间"多对一"，省、市、县行政审批服务管理局之间"一对一"和省审批服务管理局与省直审批部门之间"一对多"的审批服务协同联动机制，形成渠道顺畅、高效运转、纵向统筹协调、横向密切配合的审批服务新模式，全力打造"六最"营商环境。② 2021 年湖北省黄冈市浠水县以推动"高效办成一件事"为目标优化政务服务环境。一是职能归并集成化，合理设置政务服务股室。县委编办通过电话网络沟通、上门走访座谈、书面沟通等形式进行深入调研论证，对全县 22 家部门的高频审批、服务事项进行梳理，在深入研判法规及有关文件的基础上，对股室名称和职责进行调整，使部门内部审批和服务职责分工更加明晰，实现部门政务服务（包括行政权力事项和公共服务事项）职能向政务服务股室集中。职责分工重组政务服务股。对县科技和经信局等 12 家部门分散在不同股室的政务服务事项，整合至一个内设股室，整合后的股室负责职权事项的集中受理、审核（或内部分办审核）、办结出件。单独设置政务服务股。对县林业局等 2 家政务服务事项较多的部门采取"撤一建一"的方式，在不增加内设机构总数的前提下，调整相关股室职责，单独设置政务服务股，承担本部门政务服务受理、办理

---

① 赵志远等：《放管服改革视角下行政审批局模式的再思考——基于邯郸市市县两级行政审批局的实践》，《中国机构改革与管理》，2021 年第 7 期。
② 《山西省人民政府办公厅 关于建立省、市、县审批服务协同联动机制的通知》，山西省政府网，http://www.shanxi.gov.cn/sxszfxxgk/sxsrmzfzcbm/sxszfbgt/flfg_7203/bgtgfxwj_7206/202012/t20201217_869692.shtml。

职责。①

地方政府职能部门处于条块关系的双重管理体制中，这是难以实质性推进行政审批制度改革的重要原因，而行政审批局作为横向型、跨部门组织，恰恰能够承载放管服改革的多项改革目标，能够作为破除"条块关系"束缚的尝试性选择。从纵向条线看，行政审批局具有块的属性，集中了许多许可主体，而其他行政部门是按照业务领域设计的，行政审批局确实是有"夺权"问题，导致少数部门对相对集中行政许可权改革认识不统一，甚至对行政审批局机构的法律地位存在疑惑，使得行政审批局经常处于"找不到门"或"不让进门"的尴尬境地，信息沟通不畅的情况时有发生。② 过去几年，许多政府部门把工作精力主要放在审批项目的清理精简上，而对保留的审批项目如何强化监管、优化服务等方面明显重视不足，重审批、轻监管、轻服务的问题依然突出，使得简政放权改革的效果大打折扣。行政审批局的权责问题也成为日后改革的重点。③ 另外一个突出问题是县域行政审批制度改革的困境。县域行政审批制度改革是行政审批制度改革的重要组成部分。作为改革的"最后一公里"，县级政府既是顶层设计的执行者，又是基层社会的接触者。理论上，县级政府能全面感知改革中的堵点、难点并捕捉改革的最新动向，却因为行政级别低、权限弱在改革中面临诸多难题与困境，推进改革的过程相对曲折。④

---

① 《湖北省黄冈市浠水县以推动"高效办成一件事"为目标 优化政务服务环境》，中国机构与编制网，http://www.scopsr.gov.cn/shgg/spfw/202109/t20210924_382170.html。
② 袁雪石：《相对集中行政许可权改革的挑战与发展方向》，《中国行政管理》，2020年第1期。
③ 唐晓阳：《新时代简政放权改革取得的成效、问题及对策》，《岭南学刊》，2019年第3期。
④ 凌争：《权力整合：县域行政审批制度改革的演进逻辑》，《中国行政管理》，2022年第5期。

(三) 简政放权的主要成就

行政审批制度改革是转变政府职能，完善行政管理体制的重要改革。改革进行到现阶段已经取得了阶段性成果，行政审批改革日益科学化、法治化、服务化、透明化与责任化，通过大量行政审批事项的减少，已建立使市场发挥决定性作用而又能弥补市场缺陷。改革的主要成效可以表现为以下几个方面。

一是构建立体式现代审批新模式。2014年天津滨海新区用一枚行政审批专用章替代18个部门的109枚印章，在全国实现了"一枚公章管审批"的模式，建立了行政审批局的模式，标志着我国行政审批改革进入了新阶段。2018年5月，中共中央办公厅、国务院办公厅在《关于深入推进审批服务便民化的指导意见》中要求深化和扩大相对集中行政许可权改革试点，整合优化审批服务机构和职责，有条件的市、县和开发区可设立行政审批局，实行"一枚印章管审批"的模式。自此，地方进入行政审批整合时代，多地进行了"最多跑一次"改革，积极实行"一次不跑"或"只跑一次"的全覆盖，所有民生事项和企业事项"一次办结"。① 到2019年底，各级地方政府基本都进行了审批权力重新配置，行政效能不断增强。2020年行政审批局建设从组织架构的搭建，转向效能的提升。这与党的十九大提出的提效增能，注重系统性、协同性的精神是一致的。"所有项目审批都集中在这一个地方，进了这一扇门就能办完所有事"，通过流程再造实现审批事项的整合和缩减，最大限度节省企业办事的各方面成本。全国各地进行国家级改革试点，坚持依法改革、问题导向、务求实效、协同配合、稳步推进的原则，将涉及市场准入、建设投资和权证办理等行政许可事项集中至行政审批局，实现"一枚印章管审批"，构建简约便民的审批服务体系和科学有效的监管

---

① 《百姓少跑腿、政府有效率、企业更安心，看2018年各地落实"简政放权"有良方》，新华网，https://www.xinhuanet.com/politics/2018-12/21/c_1210021845.htm。

体系。

二是行政审批改革与机构改革相配套，增强改革系统性、整体性、协同性。党的十九大报告再次强调"坚持全面深化改革"，并把"着力增强改革系统性、整体性、协同性"作为改革取得重大突破的宝贵经验。机构改革为"放管服"改革奠定了良好的基础，从根本上解决了职能配置碎片化的问题，避免了职能交叉、互相扯皮的痼疾，重塑了协同整体的政府。"放管服"改革是以调整政府职能为核心的。回应本轮机构改革，简政放权重在实现政府在市场、社会中的职能调整，加强和完善政府经济调节、市场监管、社会管理、公共服务、生态环境保护职能，构建职责明确、运行高效、系统完备的职能体系。通过审改简化整合职能流程，动态调整职能清单，释放市场空间，保障市场自由，以提高效率、优化服务。各级政府行政改革的统筹谋划、整体推进，机构科学设置，职能合理配置，对改革中出现的不协同、不配套、不衔接问题及时应对解决。近五年来，1500多项改革举措有序有力有效落实，重要领域和关键环节改革取得突破性进展。取消、停征、减免1100多项中央和省级政府行政事业性收费，推动降低用能、物流、电信等成本，累计减轻市场主体负担超过3万亿元。[①]

三、"法治"助力"放管服"改革

2021年8月11日，中共中央、国务院印发了《法治政府建设实施纲要（2021—2025年）》（以下简称《纲要》），确立了建设法治政府的总目标，指明了法治政府的发展方向。《纲要》紧紧围绕贯彻新发展理念，构建新发展格局，打造稳定公平透明，可预期的法治

---

① 张占斌等：《改革开放40年：中国"放管服"改革的理论逻辑与实践探索》，《中国行政管理》，2019年第8期。

化营商环境展开，为进一步深化"放管服"改革，优化营商环境的各方面提出了明确而具体的要求。

党的十九届五中全会对构建以国内大循环为主体、国内国际双循环相互促进的新发展格局作出重要战略部署，国家行政体系建设要紧密围绕加快构建新发展格局有序展开，抓住加快转变政府职能这个关键，深化"放管服"改革，尊重市场经济内在运行规律，破除深层次体制机制障碍，全面实行政府权责清单制度，以简政放权更大激发市场活力和社会创造力，最大限度减少政府对市场资源的直接配置和对微观经济活动的直接干预，探索对新产业新业态实行包容审慎监管。同时要继续创新和完善宏观调控，加强法治政府建设，加强事中事后监管，有效弥补市场失灵，以"放管结合"切实维护公平竞争市场秩序，打造市场化法治化国际化营商环境，加快构建以国内大循环为主体、国内国际双循环相互促进的新发展格局。[①]

（一）市场监管体系完善

组建市场监管总局是中国特色社会主义进入新时代，在继续加快完善社会主义市场经济体制的进程中，完善市场监管体制的重要举措。实行统一的市场监管，是建立统一开放竞争有序的现代市场体系的关键环节。

1. 建立高效现代化的市场监管体系

党的十八届三中全会提出"改革市场监管体系，实行统一的市场监管"，提出建立大市场监管体系的思路。2013年地方政府开始对新一轮市场监管体制改革进行探索与试点，大幅提升市场监管部门监管效率。2014年，国务院要求"加快县级政府市场监管体制改

---

① 肖捷：《加快转变政府职能》，《人民日报》，2020年12月3日。

革，探索综合设立市场监管机构，原则上不另设执法队伍"。2015年5月，国务院召开全国推进简政放权放管结合职能转变工作电视电话会议，首次提出了"放管服"改革的概念。"放管服"作为转变政府职能的重大举措，围绕处理好政府与市场关系，简政放权、放管结合、优化服务三管齐下推动政府职能转变、优化营商环境、激发市场活力和社会创造力。2017年1月23日，国务院印发《"十三五"市场监管规划》，提出树立现代市场监管理念，改革市场监管体制，创新市场监管机制，强化市场综合监管，提升市场监管的科学性和有效性，促进经济社会持续健康发展。这不仅涉及政府监管模式的改变，还涉及深层次的行政权力结构调整和政府理念变革。2018年3月，第十三届全国人民代表大会第一次会议通过批准的《国务院机构改革方案》，组建国家市场监督管理总局，原国家工商总局、质检总局、食药总局撤销，组建国家市场监督管理总局。作为中央级别的国家监管总局，不仅是继续加快完善社会主义市场经济体制进程，完善市场监管体制的重要举措，也是大市场监管体制搭建的初步探索。作为新一轮的政府机构的优化，国家市场监管进入权威体系与大整合的综合改革状态。大监管将工商、质监、食药监的相关产品监管和标准化职能囊括其中，而且还将国家发展和改革委员会、商务部等部门物价监管和反垄断的职能并入，以及知识产权保护等职能，成为事实意义上的一个综合的市场监管机构。这次改革也是历次市场监管体制改革中力度最大的一次，也是自2013年起为期最长、争议最多的新一轮机构改革。2018年中共中央办公厅、国务院办公厅印发了《海南省机构改革方案》，海南省由此成为全国第一个进行机构改革的省份，也成立了全国首个省级市场监管局。从海南省开始，根据《深化党和国家机构改革方案》的明确要求，所有地方机构改革任务在2019年3月底前基本完成。截至2019年11月，各级市场监管部门按照中央部署和地方党委的安排，积极做好各项机构改革工作，各省、市、县、乡镇等地方政府的市场监管机构已先后完成挂牌和领导任命工作。全国绝大部分县区级"三合一"已经完成。"三合一"后的市场监管部门作为一个整体，力量延伸到乡镇,从这个层面而言,监管的整体力量得到了加强。2020年11月12日,为进一步深化机构改革,优化营商环境,提升监管效能,国家市场监管总局起草了《国家市场监督管理总局关于废止和修改部分规章的决定(征求意见稿)》,现向社会公开征求意见,为进一步实现市场监督法治化奠定基础。

至此,从中央系统、地方系统和基层系统三个层面建立了大监管思路的市场监管体系。在中央层面,建立了国家市场监督管理总局,其主要职责是提供中央层面的制度设计,把握市场监管总体方向。在地方层面,建构了地方市场监督管理总局和最基层的县与乡市场监督管理总局,其主要职责分别是,根据中央的政策要求建立符合本地区发展和情况的监管部门,基层乡镇层面要落实辖区内的市场监管事务的落实。整个大市场监管体系,通过政府间系统的协调机制,比如决策机制、监督机制和执行机制进行落实。[①]五年来,市场监管体制实现重大改革,实现了分段、分领域监管向统一、综合监管的转变;商事制度改革纵深推进,激发了各类市场主体活力,年均净增市场主体1247.7万户,营商环境国际排名从84名上升到31名;市场监管基础性制度与时俱进,市场监管四梁八柱性的重大制度相继建立;食品药品等安全基础不断巩固向好;质量提升行动深入开展,制造业产品质量合格率稳定在90%以上,市场秩序和消费环境持续改善,知识产权保护进一步加强。[②]

(二) 营商环境不断优化

"放管服"改革以来,我国营商环境不断优化,企业领取营业执照、从事一般经营项目的便利化程度有了很大改善。世界银行发布的《2020营商环境报告》显示,在全球190个经济体中,中国营商

---

① 宋林霖等:《深化地方市场监管机构改革的目标与路径》,《行政管理改革》,2019年第9期。
② 《全国市场监管工作会议在京召开》,国家市场监督管理总局网站,http://www.samr.gov.cn/xw/zj/202101/t20210118_325310.html。

环境总体排名跃居全球第 31 位,比上一年提升 15 位,其中"开办企业"便利度排名第 27 位。商事制度改革后,中国是东亚及太平洋地区唯一一个进入 2019 年世界银行营商环境报告 10 大最佳改革者名单的经济体。[①]

中国商事制度改革取得的显著成效主要表现在持续深入实行证照改革。从证照改革的历史看,国家证照分离改革试点始自 2015 年底。2017 年国务院开始推广上海经验,在全国 10 个自贸区进行经验试点推广上海市浦东新区"证照分离"改革试点经验。到 2018 年在全国推开"证照分离"改革,推动"照后减证",做到各类审批事项能减则减、能合则合,进一步清理"证照"关系,区分"证照"功能。2019 年国务院正式印发《关于在自由贸易试验区开展"证照分离"改革全覆盖试点的通知》,明确从 2019 年底前在自由贸易试验区启动"证照分离"改革全覆盖试点工作,将在已经实施的 100 多项涉企经营许可事项基础上,进一步扩大到中央层面设定的全部 523 项涉企经营许可事项,将中央层面和地方层面设定的涉企经营许可事项全部纳入改革范围。2020 年"证照分离"改革下半年在全国推开。

"证照分离"改革在地方得到了广泛认可和推广。推进"证照分离",破解"准入不准营",有助于打造市场化法治化国际化营商环境,也是稳就业的有力措施。由于"证照分离"改革有效降低了企业制度性交易成本,取得了显著成效。比如,2020 年以来,山东省市场监管局聚焦"一业一证"改革,在全国省级层面率先突破,全省 186 个市、县及功能区 20 个改革行业实现全覆盖。该局聚焦"九大改革攻坚行动",持续优化企业开办服务,积极探索"一业一证"改革,营造宽松便捷的市场准入环境;多方位提升企业开办便利度,上线运行新版"一窗通"平台,实现一次登录、一表填报、一日办结,企业开办跑出加速度。北京市深化"证照

---

① 《〈中国知识产权保护与营商环境新进展报告(2019)〉发布会》,商务部网站,http://www.mofcom.gov.cn/article/i/jyjl/l/202005/20200502961298.shtml。

分离"改革,为加快"双自贸区"建设,推进"证照分离"改革全覆盖。①

(三) 法治推动"放管服"改革纵深发展

党的十八大以来,"放管服"改革不断向纵深推进,现存审批事项数量大幅降低,以信用监管为基础的新型监管机制已基本成型,改革成果及其深远意义逐渐显现。为了进一步深化改革,中国政府开始将法治建设作为"放管服"改革的重点内容,充分发挥法治固根本、稳预期、利长远的作用,通过修改《行政许可法》,制定《行政程序法》等法律,将日益成熟的"放管服"改革成果用法治方式固定下来,确保在法治轨道上推进"放管服"改革,加快构建现代政府治理体系。②

强化许可实施的法治化、标准化要求。各地积极探索建立行政审批与监管协调联动工作机制,推出"审—管"互动的信息交流制度,在行政审批系统中建立了审批与监管信息交换平台,行政审批局将审批结果信息按照部门分类及时告知监管部门,监管部门将监管中实施行政处罚的情况随时反馈给行政审批局,全面提升审管工作的整体性。有学者提出应对行政许可的实施申请与发放条件进行细化,落实《行政许可法》规定的公开、公平、公正、非歧视原则,规范和约束行政许可实施裁量权,使行政许可权力的运行更加稳定、透明,为市场主体和民众提供更加公平和可预期的竞争环境。

全面实行行政许可事项清单管理。在前期清单制度探索经验基础上,2022年1月10日,国务院办公厅印发《关于全面实行行政许可事项清单管理的通知》,积极推进全国统筹、分级负责、事项统

---

① 《北京大兴深化"放管服"改革服务"双自贸区"经济建设》,http://www.samr.gov.cn/xw/df/202102/t20210223_326232.html。

② 马怀德:《深刻认识"放管服"改革的意义 加快建构现代政府治理体系》,《中国行政管理》,2022年第6期。

一、权责清晰的行政许可事项清单管理制度体系。与此相配套,《市场准入负面清单》和《外商投资准入特别管理措施(负面清单)(2021年版)》也在持续更新完善中。

地方政府如何完成协同监管,成为"放管服"改革落地要解决的问题。2020年各地方政府开始全面推动部门联合"双随机、一公开"监管工作落实落地,切实减少对市场主体正常经营活动的干扰,进一步优化营商环境。许多地方政府通过"互联网+监管"平台,完成联合检查,并通过"双随机、一公开"监管平台依法依规向社会公布。在这种模式下,各级地方政府开始打造更规范更精准的监管营商环境,比如,武汉市2021年出台《武汉市市场监管领域部门联合"双随机、一公开"监管办法》,市场监管领域部门联合"双随机、一公开"监管应当遵循"依法实施、全面覆盖、公开透明、问题导向、协同推进"的原则,确保部门联合抽查检查工作依法有序开展,也使多部门联合进行随机检查更规范、形成常态化。[1] 内蒙古自治区人民政府出台了联合"双随机、一公开"监管实施办法,推行以"依法行政""协同监管""权责一致"为原则,分别细化自治区、盟市、旗县级(包括市场监督管理所)三级的监管执法事权和责任,理顺了内蒙古全区各级市场监督监管部门监管执法事权关系,明确了职责与责任。[2]

四、技术赋能地方治理创新实践

目前制度运行需要解决的问题之一就是如何协调整合后的大部门内部的权责关系,包括条块之间的磨合、资源的重新配置等。

---

[1]《武汉市人民政府关于印发武汉市市场监管领域部门联合"双随机、一公开"监管办法的通知》,武汉市人民政府网站,http://www.wuhan.gov.cn。

[2]《内蒙古自治区市场监管领域部门联合"双随机、一公开"监管实施办法》,内蒙古自治区市场监督管理局网站,http://www.creditmz.gov.cn/cms/news/content/611233091041624064。

"组织间整合后,给予相关部门管理者更大协调权力,如何统筹协调整合后的大部门内部权责关系,如何有效解决大部门的行政资源和权力约束问题,需要政治智慧、系统思维和管理战略。"这就是碎片化治理和自上而下改革供给需要面对的协同与整合问题。在解决问题的创新实践中,信息技术如何嵌入政府组织,并推动政府职能与服务协同一体化的转型,是这一轮机构改革创新的亮点之一。

当前全国各地按照中央部署、结合自身特点开展了形式多样的"互联网+政务服务"的实践探索,取得了很大成效,通过政务服务网破解效率困局并通过政策规定倒逼政府改革。实践证明,互联网技术、数字技术等是"放管服"改革取得成功的关键。从现有"互联网+政务服务"发展情况看,以一体化政务服务平台为代表的系列改革举措都在探索如何以互联网技术触发各级政府"放管服",为创新创业加油助力。各级地方政府都在努力建成"应上尽上、全程在线"新平台,通过开通在线办理,提高政务网门户建设覆盖率,逐步形成涵盖政务服务"全事项、全过程、各环节"的全流程智能化服务平台,进一步提升了市场准入和投资审批便利度,进一步提高政府效能。[①] 发展"互联网+政务服务"是党中央、国务院深化"放管服"改革的重大决策部署,当前地方政府"互联网+政务服务"发展取得了很大成绩,但也面临着一些严峻挑战。比如,目前各地方政务服务体系呈现多种线上线下渠道并存、各自独立发展的既有格局,很多地方政府为完成中央指标,在缺乏顶层设计和完整规划的背景下为上网而上网,回避真正难以理顺的利益关系、打通办事堵点痛点的项目,造成网上服务范围局限,也是今后改革的重点内容。

党的十八大以来,地处长三角地区的浙江、江苏、安徽和上海

---

① 《数字化转型促简政放权——访国务院发展研究中心创新发展研究部研究室副主任龙海波》,中央纪委国家监委网站,http://www.ccdi.gov.cn/yaowen/202002/t20200225_212181.html。

"三省一市"掀起了一场"互联网+政务服务"的改革浪潮。[①] 早在2013年底,浙江省就开始启动"四张清单一张网"的改革,建设省、市、县统一架构、三级联动的政务服务网站集成系统,通过政务服务网这一平台实现全省政务服务"一站式"在线办理和一体化在线服务。2017年初,浙江省全面启动了"最多跑一次"改革,并作为全省政府改革的"一号工程"。在省政府的强力主导下,全面推动各部门、各层级权力责任的梳理和规范,推动办事目录的标准化,推动流程全面再造,深化信息共享,构建起协调沟通机制,实现在线联结与实时合作,有效地降低了政府部门间的合作成本,引发了全国高度关注。

与浙江省几乎同步的是,2014年江苏省就启动了推进"互联网+政务服务"的"517"改革,即建立5张清单、搭建1个平台、推进7项相关改革。在此基础上,2016年底以来,江苏省开始系统地推进"互联网+政务服务"建设,着力打造"不见面审批"改革品牌。

同样,上海市早在2013年就启动了厘清政府权力清单、推进"互联网+政务服务"的改革,启动了以全面提升政务服务一体化为核心内容的一网(政务外网)、一云(电子政务云)、一窗(网上政务大厅)体系建设。2021年7月27日,上海市政府新闻发布会上介绍了历时三年的"一网通办"改革,并表示其已取得了十分显著的成效。对于上海市"一网通办"与"一网统管"这"两张网",很有必要总结其在推进城市治理现代化过程中的绩效与不足。2019年习近平总书记在上海考察时指出,要牢牢抓好"政务服务一网通办""城市运行一网统管"这两个"牛鼻子",坚持从群众需求和城市治理突出问题出发,做到实战中管用、基层干部爱用、群众感到受用。"一网通办"重在更高效、更便捷、更精准上下功夫,"高效办成一件事";"一网统管"重在强化应用为要、管用为王,建强三级平

[①] 钟伟军:《地方政府的分散创新与中央主导下的创新整合——长三角政务服务"一网通办"的实践路径》,《江苏社会科学》,2022年第1期。

台、五级应用,"高效处置一件事"。这"两网"构成上海智慧城市建设的"一体两翼",践行"让数据增值、为城市赋能"理念,借助技术之手,直面城市治理中的难点、堵点、痛点、盲点,为城市治理转型提速增效,使城市运行一览无余、一网管全城成为现实,更好地提升上海超大城市治理现代化水平。2018年6月,安徽省在总结学习其他地方先进经验的基础上,提出了"一门一网一次"改革目标,"只上一张网、只进一扇门、最多跑一次"。长三角地区各省、市在这种创新实践中因地制宜、因时制宜地展开了差异化的探索,呈现了自身特色。浙江省强调减少公民和企业"跑路"的次数,强调"只跑一次"的刚性约束;江苏省则强调政务服务办理过程的形式,最大限度地减少直接"见面"的必要性;上海市则强调不同部门的无缝对接"全流程在线",在推进便民服务、企业商事登记、项目投资等政务事项实现一体化的某些具体环节,各省、市也不尽相同。

五、加强法治政府建设,提高依法行政能力

各级政府作为国家权力机关的执行机关,承担着实施法律法规的重要职责,必须坚持依法行政,推进法治政府建设,让权力在阳光下运行。这就要求加快转变政府职能,推进机构、职能、权限、程序、责任法定化,推进各级政府事权规范化、法律化,强化对行政权力的制约和监督,进一步提高政府工作人员依法行政能力,做到法定职责必须为、法无授权不可为,坚决纠正不作为、乱作为,坚决克服懒政、怠政,确保政府各项工作在法治轨道上全面推进。

（一）依法行政

党的十八大以来，法治政府建设步履铿锵有力。2020年6月9日，中央全面依法治国委员会办公室（以下简称"中央依法治国办"）先后部署开展了法治政府建设督察和第一批全国法治政府建设示范创建活动，共有1847个市、县政府自愿申报参加，其中市级政府469个，县级政府1378个。督察和示范创建"两手抓"的推进机制初步形成。[①] 2021年8月，中央依法治国办启动了第二批全国法治政府建设示范创建活动。各地区高度重视，积极参与，经自愿申报、省级初审，各地方共向中央依法治国办推荐了87个综合候选地区和149个单项候选项目。中央依法治国办根据《关于开展2021年全国法治政府建设示范创建活动的实施方案》和《市县法治政府建设示范指标体系》（2021年版），按照客观公正、公开透明、杜绝形式主义、务求实效的原则，通过公开招投标，委托第三方机构对候选地区开展书面评审、实地评估和人民群众满意度测评。按照各项评估加权后的综合成绩排名，根据整体协同推进各地区法治政府建设的需要，确定了第二批拟命名的全国法治政府建设示范地区和项目名单。[②]

2016年12月30日，习近平总书记主持召开中央全面深化改革领导小组第三十一次会议。审议通过行政执法"三项制度"试点工作方案。2017年1月，国务院办公厅印发《关于推行行政执法公示制度执法全过程记录制度重大执法决定法制审核制度试点工作方案的通知》（国办发〔2017〕14号）公布实施。决定在全国32个单位开展为期1年的试点工作。2018年4月，司法部研究起草了向党中央、国务院报送的试点工作情况报告。同时，根据中央深改委有关

[①]《中央依法治国办关于第一批全国法治政府建设示范地区和项目名单的公示》，司法部网站，http://www.moj.gov.cn/pub/sfbgw/qmyfzg/202006/t20200619_150396.html。

[②]《关于第二批全国法治政府建设示范地区和项目名单的公示》，司法部网站，http://www.moj.gov.cn/pub/sfbgw/qmyfzg/202210/t20221010_464940.html。

要求，在总结试点工作的基础上，研究起草了全面推行行政执法"三项制度"的指导意见。2018年11月14日，习近平总书记主持召开中央全面深化改革委员会第五次会议，审议通过了《国务院办公厅关于全面推行行政执法公示制度执法全过程记录制度重大执法决定法制审核制度的指导意见》（国办发〔2018〕118号），国务院办公厅于12月5日印发。2019年12月31日，司法部印发《司法部全面推行行政执法公示制度执法全过程记录制度重大执法决定法制审核制度实施办法》，推进全面依法治国，推进政府治理能力现代化，坚持执法为民，实现部本级行政执法严格、规范、公正、文明，切实提高执法能力和水平，全面提升执法效能，充分发挥司法部在全面推行"三项制度"方面对司法行政系统的引领和示范作用，显著提高行政执法社会满意度。各地都开始推行并落实行政执法"三项制度"。2021年司法部继续推行行政执法"三项制度"，加强执法标准化规范化建设，着力提升严格规范公正文明执法水平，加快行政执法监督工作体系建设；组织开展省、市、县、乡四级行政执法协调监督工作体系建设试点，起草《国务院关于进一步贯彻实施〈中华人民共和国行政处罚法〉的通知》。根据国务院工作部署，组织开展涉及行政处罚内容以及不合理罚款规定的专项清理工作。

深圳市较早建立了行政执法制度规范体系。从20世纪90年代开始，陆续出台了《深圳市行政执法主体公告管理规定》《深圳市行政执法证件管理办法》《深圳市人民政府行政执法协调办法（试行）》等规章，对行政执法主体、人员、争议协调、处罚裁量权等进行制度规范。为推进行政执法"三项制度"落地，深圳市司法局印发《深圳市推行行政执法公示制度工作方案》《深圳市行政执法全过程记录工作指引》；为进一步优化法治化营商环境，印发《深圳市司法局关于优化营商环境规范涉企行政检查、行政处罚、行政强制的指导意见》《深圳市财政局关于优化营商环境组织梳理轻微行政违法行为不予处罚清单的函》等若干文件，引导各级行政执法部门在城市治理过程中把握好执法的"力度"与"温度"。2021年，结合新行政处罚法的出台，深圳市司法局印发《深圳市司法局关于贯彻落实行政处罚法进一步强化行政执法队伍执法能力建设的通知》，要求结合新行政处罚法的实施，进一步提升队伍的法治意识、专业能力和服务群众的水平。①

(二) 规范执法

2021年8月，中共中央、国务院印发的《法治政府建设实施纲要（2021—2025年）》面世，法治政府建设全面提速。中国从20世纪80年代末开始进行基层民主政治建设，中国社会主义民主政治建设一直在不断完善，但在操作的过程中仍存在领导干部决策"拍脑袋"、一些部门政令形式不统一、相关部门之间不能充分配合等问题。②党的十九大报告特别强调推进社会主义民主政治制度化、规范化、程序化。2020年12月中共中央印发了《法治社会建设实施纲要（2020—2025年）》，要求各地区各部门结合实际认真贯彻落实。法治社会是构筑法治国家的基础，法治社会建设是实现国家治理体系和治理能力现代化的重要组成部分。建设信仰法治、公平正义、保障权利、守法诚信、充满活力、和谐有序的社会主义法治社会，是增强人民群众获得感、幸福感、安全感的重要举措。党的十九大把法治社会基本建成确立为到2035年基本实现社会主义现代化的重要目标之一，意义重大，影响深远，任务艰巨。

实践中，一些地方和部门存在行政处罚流程不规范、处理过程不透明、结果告知不及时等问题，影响执法公信力。对此，国务院开展行政执法"三项制度"改革，全面建立行政执法公示、执法全过程记录和重大执法决定法制审核制度。上海市应急管理系统自2021年起在钢铁、炼化、粉尘涉爆、铝加工（深井铸造）等重点行业领域全面实施"三位一体"执法工作模式。在规范执法方面，通

---

① 《深圳多措并举提升行政执法品质》，《法制日报》，2021年10月25日。
② 赵振宇：《治理之道：推进社会主义民主政治程序化》，《人民日报》，2018年3月5日。

过"执法告知、现场检查、交流反馈"等法定形式要件的固化，大力推动严格规范公正文明执法；在说理执法方面，通过"企业负责人、安全管理人员、岗位操作员工"全过程在场，进行"说理式执法"，增强企业全员风险管控和隐患排查治理的能力水平；在精准执法方面，通过"执法＋专家"力量配备，坚持严格执法与指导服务相结合，注重适用法律答疑解惑，提供专业化、精准化的安全咨询和整改指导。安徽省法治政府建设持续推进，深化"放管服"改革、行政审批制度改革和"全省一单"权责清单制度体系建设，推深做实"四送一服"专项行动、7×24不打烊"随时办"服务，试点开展公共政策兑现清理专项行动，建立健全政府失信责任追究制度，着力打造"四最"营商环境。在全国首创省级政府权责清单制度，推行行政执法"三项制度"改革，率先开展相对集中行政处罚权改革试点，合法性审查工作实现各级政府部门全覆盖，省级权责事项由1717项精简至1339项，保留行政审批事项190项。[①]

近年来，各地不断强化依法行政，建设法治政府，其中，深化行政执法体制改革，推动行政执法领域法治化建设取得了重要进展。我国已初步完成市场监管、生态环境保护、文化市场、交通运输、农业等领域综合行政执法改革；行政执法人员管理制度日益健全，严格实行行政执法人员持证上岗和资格管理制度；行政执法公示制度、执法全过程记录制度、重大执法决定法制审核制度在全国推行，对促进严格规范公正文明执法发挥了基础性、整体性、突破性作用。2021年7月15日新修订的《中华人民共和国行政处罚法》正式施行，行政执法将更加严格规范公正文明。

2021年8月，《法治政府建设实施纲要（2021—2025年）》明确提出："全面建设职能科学、权责法定、执法严明、公开公正、智能高效、廉洁诚信、人民满意的法治政府"。与2015年的《法治政府建设实施纲要（2015—2020年）》相比，此版的《纲要》进一步突出对建设数字法治政府和提高人民群众满意度的要求。各级政府承

---

① 《安徽推进全面依法治省工作服务经济社会发展》，《法制日报》，2021年7月9日。

担着推动经济社会发展、管理社会事务、服务人民群众的重要职责,建设法治政府是建设法治中国的基本要求,是推进国家治理体系和治理能力现代化的重要抓手。只有坚持以人民为中心,着力解决人民群众关心的重点问题,根据新情况新问题推出新举措,不断增强人民群众对法治政府建设的获得感、满意度,才能更好推动法治政府建设率先突破、创新发展。

第五章　全面依法治国一体推进

　　2021年是中国共产党成立100周年，也是"十四五"规划实施和2035年远景目标的开局之年，立法、执法、司法和法治社会齐头并进。"继往开来"是2021年法治进程的基本特点：一方面，在基本方向和重点领域继续深化2020年法治建设成果，即加强党对依法治国的全面领导，规制资本和信息技术，建设法治社会；另一方面，作为法治中国建设元年，2021年法治进程在基本目标和指导精神上又有开创性，集中体现在推进共同富裕和全过程人民民主理论的提出。总体来看，2021年法治进程主要围绕三大主题展开：从严治党、民主立法与法治政府建设。

一、从严治党

　　党的十八届四中全会以来，加强党对依法治国的全面领导就是我国法治建设的核心主题。我国是中国共产党领导下的社会主义国家，从严治党本身就是依法治国的内在要求，但在2021年法治进程中二者的密切联系表现的尤其明显，随着"大政法"传统在我国法律实施体系中的回归，从严治党与依法治国进一步紧密结合。整体看来，2021年法治进程中从严治党的举措主要包括以下两方面内容。

（一）完善党内法规体系

2021年中共中央印发了强化党组织建设的一系列制度文件，主要是《中国共产党组织工作条例》《中国共产党组织处理规定（试行）》，规范党组织处理程序，严肃处理对党不忠、从政不廉、为官不正和品行不端等问题。为加强对主要领导干部等"关键少数"的有效监督，2021年3月27日，中共中央印发了《关于加强对"一把手"和领导班子监督的意见》。2021年2月，中央全面依法治国委员会印发《关于党政主要负责人履行推进法治建设第一责任人职责情况列入年终述职内容工作的意见》，要求县级以上地方党政主要负责人年终述职，报告当年度履行推进法治建设的情况。中央依法治国办根据中央全面依法治国委员会的安排，负责对该意见的落实情况进行督查和反馈。同时，加强组织部门对公务员的直接管理，以党的组织建设的形式推进国家权力行使的规范化，完善国家治理体系和治理能力。2021年，中共中央组织部制定了《公务员初任培训办法（试行）》《公务员录用考察办法（试行）》等系列文件，对《公务员公开遴选办法》进行了修订。

（二）政法队伍教育整顿

法律是社会正义的底线，政法队伍是维护这一底线的主体。政法队伍的廉洁和素质，直接关系到社会公平正义的实现，并影响到群众对党和国家形象的认知。改革开放以来，随着我国经济社会的迅猛发展，一些权钱交易等腐败现象在政法队伍中蔓延，甚至很多政法干部成为地方黑恶势力的保护伞，严重损害了党的领导威信。在2020年的扫黑除恶专项斗争中，"打伞破网"清理出很多党员干部涉黑、涉恶问题。为建设一支忠诚、担当、廉洁的政法队伍，推进扫黑除恶常态化，2021年党中央决定开展全国政法队伍教育整顿。2021年1月，政法队伍教育整顿正式开始。2月27日，全国政法队伍第一批教育整顿工作首先在市县两级政法队伍展开，共计处理违纪违法政法干警17.8万余人。2021年8月16日，全国第二批政法队伍教育整顿工作在中央和省级政法机关展开，在排查具体问题的同时进行针对性的建章立制工作。此次教育整顿不是例行检查，而是与政法领域全面深化改革相结合，通过教育整顿推进司法责任制和执法监督两大制度性改革的落实。因此，此次政法队伍教育整顿工作不是运动式治理，而是在清理违规现象的同时，根据清查出的各类突出问题建立长效化治理机制，主要包括以下四个方面的措施。

一是建立法律职业共同体交往负面清单制度。2021年11月2日，最高人民法院、最高人民检察院、司法部联合印发了《关于建立健全禁止法官、检察官与律师不正当接触交往制度机制的意见》，《关于进一步规范法院、检察院离任人员从事律师职业的意见》两个规范性文件，其中明确了法官、检察官等司法职业人员与律师交往的负面清单并进行了细化规定。两个意见是落实从严管党治警的客观要求，是全国政法队伍教育整顿的重要制度成果。

二是建立司法人员及其亲属的禁业制度。最高人民检察院和司法部都制定了相关文件，明确司法人员及其直系亲属的禁业清单。司法部颁布的文件中，禁业范围主要包括司法行政干警所在单位管辖和业务范围可能影响干警公正履职的经营行为。最高人民检察院则制定了《检察人员配偶、子女及其配偶禁业清单》，除了法定的诉讼回避范围，即三代以内直系亲属，还将子女的配偶列入。

三是深入排查违规违法减刑、假释和暂予监外执行现象，并进行制度性约束。减刑、假释和暂予监外执行本来是刑法规定的刑罚实施遇到特殊情形时，为保障人权和刑罚的适当实施、更好发挥刑罚的教育功能而设置的，但在实践中却成为了很多犯罪分子逃脱法律制裁的投机渠道，更是许多政法干部腐败行为的高发领域。党的十八大以来，在反腐败和扫黑除恶的斗争中，清理出一批违法减刑、提前释放和暂予监外执行的违法违纪行为，尤其是在2019年扫黑除恶的经典案例"孙小果案"中，主犯孙小果在数度被判处死刑的情况下，都得以通过减刑等方式长期逃脱法律制裁，改名换姓成为地方黑恶势力。随着"孙小果案"在全国引起广泛关注，"纸面服刑"的问题也在社会上引起极大民愤。为彻底清除这一现象，2021年，政法机关对三十年来的"减假暂"裁定进行全面深入的审查，重点审核相关裁定中是否存在频繁加分、多次调动服刑地点，以及服刑期间严重违反监规纪律却未依法处理等现象。结果显示，在1524万件减刑、假释和暂予监外执行的案件中，通过大数据智能化筛查，对160万件重点案件进行了审核，最后认定问题案件8.7万件。针对排查中发现的问题，在总结其规律基础上，司法部制定了《监狱计分考核罪犯工作规定》，对相关行为进行制度性规范。

四是完善司法人员的考核机制。司法人员的专业素质和工作状态对实现司法维护社会公平正义的功能至关重要，因此，各个法治国家都建立了一套精密严格的司法人员从业准入资格和科学合理的考核制度。我国的司法队伍建设要走一条中国特色的法治道路，不能照搬西方国家法官的终身任职等管理体制。同时，近年来在反腐败治理中暴露出的一系列枉法裁判、刑讯逼供等制造冤假错案的行为，已经成为了人民群众深恶痛绝的司法腐败现象。很多制造了冤假错案、导致当事人被错误执行刑罚，甚至失去生命的法官检察官，却能够继续行使司法权，在职业生涯结束后安然退休。这一明显不公的现象引起了社会的高度关注。制造冤假错案、枉法裁判却无需承担责任的现状，会造成司法权行使的任意性，损害了司法的公信力和社会的公平正义。因此，建立完善的司法人员考核制度，是提升我国司法队伍职业素养和司法权行使质量的现实需要，也是执政党切实加强对政法队伍管理的必要举措。2021年11月最高人民法院发布了《关于加强和完善法官考核工作的指导意见》，2021年11月最高人民检察院发布了《检察人员考核工作指引》，两个重磅文件对法官和检察官这两大司法权行使主体的考核内容、考核方式、考核标准和结果运用等方面进行了全面规范，建立起体系化的司法人员考核机制。

二、民主立法

2021年我国立法体系发展的关键词是民主立法。全过程人民民主理论是新时代中国特色社会主义思想的重要内容，是2021年立法工作的重要指导思想。与传统立法机关所秉承的选举民主理念不同，全过程人民民主超越了选举民主、间接民主的局限，倡导在国家立法工作中体现实质民主和直接民主的精神。

（一）践行全过程人民民主理论和"小切口"立法模式的兴起

在全过程人民民主的指导下，2021年我国的立法体系建设更注重引导公民参与立法，全国人大及其常委会门户网站开通了就法律草案公开征求意见的线上渠道。同时，在全国增设多个基层立法联系点，作为线下民众直接参与立法的基本制度载体。2021年新增北京市朝阳区、天津市和平区小白楼街道办、陕西省汉中市人大常委会等12个基层立法联系点，就法律草案、年度立法计划等重要立法工作广泛征求人民群众的意见，充分体现了中国特色人民民主的精神。但从统计数据看，我国立法中的公众参与程度还有待于进一步提升，无论是参与人数还是意见数量占比都不高。2021年公众参与最多的法律草案是《反电信网络诈骗法（草案）》，其参与率只有十万分之一，即十万人中约有一个人参与提出意见和讨论。而更为专业的《湿地保护法（草案）》《期货和衍生品法（草案）》，社会关注度更低，只有几十人参与讨论。除了增设立法联系点，全国人大还通过修改《全国人民代表大会组织法》的方式，将践行全过程人民民主写入法律，明确规定"全国人民代表大会及其常务委员会坚持全过程民主"。

与此同时,随着中国特色社会主义法律体系的基本成型,我国各个法律部门的基本规则体系建构完成,立法开始由体系立法进入到"小切口"立法时代,这一转型特点在2021年的立法成果中充分凸显了出来。所谓"小切口"立法,指的是条文数量少,立法围绕、解决特殊问题,针对性强而体系性弱。我国在改革开放四十多年里进行了大规模高速度的立法工作,先后补齐了刑法、民法、行政法和诉讼法律制度等基本部门法的立法空白,形成了完整的国家法律体系。随着《民法典》的制定,我国大规模体系立法的进程基本完成,因此2021年的立法中成体系立法的数量和频次都明显下降,"小切口"立法成为中央和地方立法的新选择。早在2018年,时任全国人大常委会委员长栗战书就在立法工作会议中指出,地方立法可以聚焦要解决的问题,确定一些小的题目进行专门立法。2020年,习近平总书记在中央全面依法治国工作会议上正式提出,要研究丰富立法形式,可以搞一些"大块头",也要搞一些"小快灵"。

近年来,我国立法工作向"小切口"立法与体系立法并存模式转型的趋势明显,这也是我国迈向成熟法治国家的标志之一。在2021年度制定的法律和行政法规中,体系立法只有国家监察委员会制定的《中华人民共和国监察法实施条例》,在体系框架上包括9章共计287条,其他的大部分是条文数量精简、问题领域具体的"小切口"立法。2021年比较典型的"小切口"立法有《反外国制裁法》(16条)、《反食品浪费法》(32条)、《印花税法》(20条)、《防范和处置非法集资条例》(40条)。从条文数据统计来看,2021年所制定的法律、行政法规和监察法规,条文数量在40条以下的有5部,在41—60条的有8部,在61—80条的有11部,占比达到80%以上。与体系立法相比,"小切口"立法是在条件尚不成熟,但又有具体问题需要法律法规进行调节的情况下采取的立法措施,与体系立法相结合可以有效兼顾法律体系的稳定性和灵活性,充分发挥立法对社会发展的引导作用。但这种立法模式也有导致法律体系碎片化、政府过度干预社会生活和削弱法律权威性的风险,需要在使用中构建相应的制度性约束来制约行政机关扩大部门立法的权力扩张冲动。

(二) 2021年立法重点

2021年我国的立法工作快节奏进行,产生了大量的立法成果。2021年现行有效法律从2020年的274件增加到291件,立法数量和立法节奏都有所提升。2021年制定法律17件,修改法律26件,废止法律2件,制定行政法规9件,修改行政法规6件,制定监察法规1件。数字经济、互联网金融等新兴领域依旧是潜力巨大的立法重点,传统立法领域如国家安全、生态文明和涉外法治方面也补齐了很多短板。具体看来,2021年我国立法工作的重点主要包括以下几点。

1.《民法典》实施配套

2021年1月1日,《民法典》正式实施,与之配套的立法工作是2021年民事法律工作的重点。首先是全国人大常委会对《物权法》《合同法》《婚姻法》等民事领域的单行法及其配套的法规、规章、司法解释等规范性文件进行清理。其次是为《民法典》的实施进行配套的司法解释。2021年1月,最高人民法院颁布了7件司法解释,涉及物权、婚姻家庭、建设工程和劳动争议等多个领域,以及适用《民法典》的诉讼时效问题。新的《民事案件案由规定》与《民法典》同时生效施行,在民事审判中增加声音保护、个人信息保护、申请人格权侵害禁令和居住权等新案由,将《民法典》对个人权利的保护落到实处。再次是推进商事制度规则调整。我国民事立法采取的是民商合一的立法体例,总则、物权、合同编等部分都包含有大量的商法内容。《民法典》的实施必然推动商事规则的调整,比较典型的在破产法和资本市场两个领域。十三届全国人大常委会2021年年度立法计划将《企业破产法》修订纳入其中,《企业破产法》的修订被提上日程。与此同时，个人破产制度开始以地方法规的形式，在深圳进行试点。2021年3月1日，中国首部个人破产法规《深圳经济特区个人破产条例》颁布施行，并成立中国首家个人破产事务管理机构——深圳市破产事务管理署。《深圳经济特区个人破产条例》借鉴了发达市场经济国家在个人破产制度方面的先进经验，对于救济"诚实而不幸"的债务人，激励个体的市场创业创新精神具有重要作用。

2. 数据治理

数字信息技术在我国的蓬勃发展，不仅带来了经济社会的全面转型，也缔造了全新的权利义务关系，带来了一系列新的国家和社会安全的风险，迫切需要进行立法以调节。在2020年基础上，2021年中国立法在数字经济和个人信息保护等领域的法律建制加速推进。2021年，制定了《数据安全法》和《个人信息保护法》两部法律，一部行政法规《关键信息基础设施安全保护条例》，出台了《网络交易监督管理办法》《网络直播营销管理办法（试行）》《常见类型移动互联网应用程序必要个人信息范围规定》等7部部门规章和《上海市数据条例》等4部地方性法规。从立法内容来看，近年来我国的数据立法主导目标是维护数据安全，这属于数据治理立法中基础性的目标。从立法形式上看，以全国人大制定的基本法律为基础，以部门规章和地方性法规调节具体问题，初步形成了分层次的法律体系。整体来看，我国的数据治理立法还有很多现实问题尚未进行系统性回应，距离优化数据生产要素的目标和形成全国性综合的数据立法还有很多空间。

3. 纪检监察

与从严治党、深度推进腐败治理的法治重点相呼应，纪检监察是2021年立法工作的重点。本年度两部体系性立法都是纪检监察领域：一部是全国人大常委会制定的《监察官法》，这是继《监察法》

之后监察领域的又一部基本法律。在体系结构上，该法律共分为九章，分别是：总则、监察官的职责、义务和权利、监察官的条件和选用、监察官的任免、监察官的管理、监察官的考核和奖励、监察官的监督和惩戒、监察官的职业保障和附则，总计68条。由全国人大常委会在2021年8月20日审议通过，于2022年1月1日正式实施。该法的制定，为我国建设高素质、专业化的监察官队伍建设提供了法律保障，是推进反腐败工作法治化的重要举措。另一部是国家监察委员会制定的《监察法实施条例》，体系结构上分为九章，分别是：总则、监察机关及其职责、监察规范和管辖、监察权限、监察程序、反腐败国际合作、对监察机关和监察人员的监督、法律责任、附则，共计287条。

4. 生态环境保护

党的十八大以来，我国确立了"五位一体"的中国特色社会主义总体布局，其中强调生态环境保护的重要性和迫切性。改革开放以来，尤其是改革开放前三十年我国的现代化发展比较强调经济建设和生产效率，生态环境保护是我国法治的短板。环境保护属于传统立法领域，在1989年全国人大常委会就颁布了《环境保护法》，奠定了我国生态环境保护立法的基础规则和制度框架。随着我国现代化发展的深入推进，生态环境保护方面的新问题也层出不穷，生态破坏和环境污染甚至有加剧的趋势，还出现了很多新的污染类型，如噪声污染，都迫切需要我国的生态环保立法进行回应。推动生态文明建设是2021年法治建设的重点内容，全国人大常委会修订了《动物防疫法》《草原法》，审议通过了《反食品浪费法》《噪声污染防治法》和《湿地保护法》。2021年4月15日生效的《生物安全法》将生物安全纳入国家安全体系，《乡村振兴促进法》中设专章规定生态保护，加强乡村地区生态环境的修护，改善乡村人居环境。其中，《噪声污染防治法》以单独的污染类型进行立法治理，标志着我国环境污染防治法律制度建设进入新阶段。

除了以上几个重要领域的立法之外，2021年全国人大及其常委会还持续关注教育、医疗等民生领域，制定了《家庭教育促进法》和《医师法》。教育问题是近年来社会热议、民众关注度最高的领域之一，在2021年政府采取措施重点治理校外教辅培训行业乱象之外，全国人大常委会专门制定了《家庭教育促进法》，于2021年10月23日正式通过。这是我国首次就家庭与教育的关系问题制定立法，将家庭教育与学校教育提高到同等重要的地位，为促进未成年人全面健康成长提供了进一步的法律保障。为助力乡村振兴工作，全国人大常委会制定颁布了《乡村振兴促进法》。这一法律具有典型的政策立法的特点，即将执政党的政策直接转化为国家法律，这也是社会主义国家立法的一个鲜明特点。《反外国制裁法》是为了坚决维护国家主权和核心利益，针对近年来西方国家对我国频繁采取经济制裁措施而制定的一部专门法律，为我国反制外国歧视性措施提供了有力的法治保障。

三、法治政府

2021年8月2日，中共中央、国务院印发《法治政府建设实施纲要（2021—2025年）》，将"加快形成职责明确、依法行政的政府治理体系"作为主线，从职权法定、行政决策、科技保障等八个方面突出体系建设，注重法治政府的全面推进和依法行政能力的整体提升。《法治政府建设实施纲要（2021—2025年）》与《法治中国建设规划（2020—2025年）》《法治社会建设实施纲要（2020—2025年）》共同形成"一规划两纲要"的格局，是"十四五"时期法治建设的顶层设计。整体来看，2021年法治进程中法治政府建设的主要面向是提升政府依法行政能力，但为避免政府权力滥用，又要加强对行政权力监督的措施，因此2021年法治政府建设的主要内容涉及两个主题：加强执法能力和行政监督体系建设。

（一）规范高效执法体系建设

行政执法权威高效是一国政府行政能力建设的基础，而我国行政执法的部门和地域分割是一个长期困扰我国行政能力建设并被社会诟病的重点问题。党的十八大以来我国就开始了一系列政府体制改革举措，力求破除政出多门、执法标准不统一的问题。2021年政府体制改革的重点正是针对这一问题所进行的深入推进，围绕跨部门、跨区域执法难问题和基层执法体系权责利不匹配的问题，采取了多项系统措施，主要包括以下几方面内容。

1. 打通政务服务体系

2021年，国家发展改革委联合20个部门发布了《国家基本公共服务标准（2021年版）》，对教育、医疗和卫生等9个方面的国家基本公共服务标准进行了统一明确规范。同时，国务院颁布指导意见，要求进一步优化地方政府服务热线，提升公共服务的便捷程度，改变传统印象中政府部门"门难进、事难办"的行政风格。中央政府发布意见和指南，推动各地方政府和各个部门线上政务平台标准化、规范化建设。随着互联网信息技术在政务中的广泛应用，各地政务数据和政府服务的联通有了现实的技术基础。2021年，"一网通办"等形式的政务联通改革成为行政执法体系建设的重要方面。不仅各地方政府在本级政府下属部门业务之间实现了"一网通办"，很多国务院下属部门在全国层面的政务通办也逐渐铺开。例如，公安部在2021年试点开展了户籍类业务的"跨省通办"，北京市建立各区企业一站式服务平台，上海建立的长三角一体化政务通办等。整体来看，省级以下四级行政业务中的行政许可、行政确认等依法申请办理的行政事项在大部分省份基本都开始了省内通办的改革进程。

2. 综合执法体制改革

2021年，综合执法体制改革在部门（条线）和基层政府（块）两个领域同时展开。在部门，重点针对交通和农林业等政出多门的碎片化较为严重的领域进行综合执法能力建设。农业农村部发布《农业综合行政执法人员依法履职管理规定》，确定了农业综合行政执法标识，并在全国开展提高农业综合行政执法能力的专项行动。截至2021年年底，全国绝大多数省份，省市县三级农业综合行政执法机构已经基本建立完成。文化和旅游部也制定了《文化市场综合执法行政处罚裁量权适用办法》等文件，逐步推进文化市场管理领域的统一综合执法体系建设。比起部门执法综合体系建设，地方政府的综合执法体制改革因事关基层治理体系、治理能力现代化和人民群众的获得感而更为引人关注。我国条块分割体制下长期形成的基层执法力量匮乏，无法匹配治理任务剧增的现实，呈现"小马拉大车"的状态。为解决这一问题，近年来中央推进地方综合执法体系改革，在"块整合条"的大方向之下，将行政执法力量向基层下沉。如深圳市发布了《深圳市人民政府关于街道综合行政执法的公告》，明确将城市管理涉及的十几项行政执法事项下沉到街道。北京市推进"街乡吹哨，部门报到"的综合执法体系改革，其实质是力求转变过去条块体系下，作为条线的部门和基层治理实体之间在执法资源上分配不均的问题，以街道和乡镇的基层治理一线统领条线部门，从而减少执法权的部门分割，增强基层执法能力。

3. 重点问题专项治理

为整治一些长期存在的监管不足造成的乱象，2021年行政执法开展了几项重点领域的专项治理行动，主要是针对校外教育培训、平台经济垄断和大数据"杀熟"等社会上关注度高、群众意见较大的问题。校外教辅培训机构长期处于监管薄弱地带，其野蛮生长已经成为了一个严重的社会问题，尤其是2020年许多线上教辅机构借充值课时费等方式变相进行非法集资活动，在暴雷后卷款走人导致大量家长蒙受巨大损失，引发了政府对加强课外培训机构规范整顿的重视。2021年，中共中央办公厅、国务院办公厅印发《关于进一步减轻义务教育阶段学生作业负担和校外培训负担的意见》，教育部成立校外教育培训监管司，其他部门就上市公司清理整顿和加强应急风险处置等方面发布了多项文件。地方教育行政部门与市场监管部门联合执法，进行了对校外培训政府指导定价和关停一批不合规机构的专项整治任务。

伴随着互联网经济的迅速发展，平台经济已经成为民众社会生活中不可或缺的元素，但一些平台滥用其行业支配地位，产生了一些侵害消费者权益和扰乱公平竞争秩序的行为。近年来对平台经济不正当竞争行为和随意收集个人信息的不正当行为的规制是我国行政执法的重点之一。2021年，随着国务院关于平台经济反垄断指南的发布，国家市场监督管理总局在全国范围内开展重点领域反垄断、反不正当竞争执法专项整治，包括一些平台强制入驻商家"二选一"等滥用支配地位的行为，以及直播带货虚假宣传等不正当竞争行为。在此次专项行动中，美团被国家市场监督管理总局罚款34.42亿，并发出行政指导书，要求其全面整改并连续三年向市场监督管理总局提交合规自查报告。2021年11月，国家反垄断局成立，这是我国第一个反垄断执法的专职部门，体现了我国在法治政府建设中会长期采取节制资本、治理垄断的方向。

（二）监察法律规范体系建设

监察制度的建设是党的十八大以来我国法治政府建设的重要方向，经过近十年的发展历程，我国已经基本形成了立法权、执法权、司法权和监察权四权并立，分工合作的法治体系。2021年监察体系建设的重点内容在于监察法律体系在行政法规层面的进一步完善，为法律层面监察制度的具体实施提供配套机制。

一是对行政权力法律监察体系的规范建设。出台了两部重要法律法规《监察官法》和《监察法实施条例》，细化监察法规定的监察对象和管辖范围，以及具体的职务犯罪的罪名。至此，我国的监察法律规范体系已经基本完备，为监察系统更好地监督行政权力的运行提供了坚实的法制基础。

二是常态化督查的建立。为充分发挥督查在行政权监督中的重要作用，中央提出了建立以人民为中心的常态化督查的法治政府建设目标。2021年2月1日，《政府工作督查条例》实施，进一步提升了政务督查工作的规范化水平。常态化督查的一项重要制度设计是线上与线下督查相结合，将线上平台作为收集督查信息来源的重要渠道，线上举报发现问题，线下查处问题。国务院围绕减税降费、深化"放管服"改革优化营商环境等专题进行了8次专项督查工作，对16个省级行政单位进行了实地督查。

三是政府信息公开建设的深化，主要包括执法信息公开、政府网站一体化建设和政务数据联通三个方面。政府信息公开是有效监督的基础，尤其是在现代公共管理日益专业化和复杂化的情况下，政府与行政相对人之间的信息不对称进一步加剧，政府信息公开正是弥补这一信息不对称造成的监督困境的有效办法。政府信息公开制度的建设在21世纪初期就开始了，近年来已经进入了深化推进的阶段。2019年修订了《政府信息公开条例》，2021年国务院统一了政府部门信息公开年报的格式要求，以规范性提升其信息有效性，避免信息公开流于形式的问题。2021年，国家市场监管总局制定了《市场监督管理行政处罚信息公示规定》，对公示期限、公示范围和行政相对人进行行政救济的途径等进行了明确，确立了我国市场监管领域行政处罚常态化公开机制。2021年，中国市场监管行政处罚文书公开的处罚文件数量高达35万件。

（三）行政复议体制改革方案

行政复议制度是现在行政法中约束行政权力滥用，对具体行政行为进行纠错，维护行政相对人合法权益最直接的制度设计。公民、法人或其他组织认为具体行政行为侵犯其合法权益的，有权依据行政复议法的规定向行政机关提出行政复议申请。行政复议机关对具体行政行为的合法性和合理性进行审查，并做出行政复议决定。1999年4月29日，全国人大常务委员会第九次会议通过的《行政复议法》对行政复议受理的规定实行上一级行政部门主管的原则，且分为地方政府和条线部门两个系统。即1999年版《行政复议法》第十二条、十三条和第十四条规定的内容：对县级以上地方各级人民政府工作部门的行政行为不服的，由申请人选择，可以向该部门本级人民政府申请行政复议，也可以向上一级主管部门申请进行行政复议；对于地方各级人民政府做出的具体行政行为不服的，向上一级地方人民政府申请行政复议；对海关、金融和国税、外汇管理等实施垂直领导的行政机关和国家机关的具体行政行为不服的，向上一级主管部门申请行政复议。也就是说，在1999年版《行政复议法》制度设计中，行政复议申请受理和具体处理复议并做出决定的权力是分散的。依据1999年版《行政复议法》做出具体行政行为的行政机关的业务管辖权进行分配处理，是一种"多头复议"模式。

2020年2月5日，中央全面依法治国委员会第三次会议审议通过的《行政复议体制改革方案》将分散在政府部门的行政复议职责整合到政府统一行使，实现一级政府只设立一个行政复议机关，受理行政复议案件采取"一口对外"的模式，优化了行政复议资源配置，也为行政当事人申请行政复议提供了更为便捷的渠道。为配合行政复议体制改革，地方对行政复议机构进行重组，按照"事编匹配、优化节约、按需调剂"的原则，为政府行政复议机构合理调配编制，力求建立一个统一、专业和高效的行政复议机构。目前，30个省、自治区、直辖市出台了行政复议改革实施方案，其中，23个省、自治区、直辖市实现省市县三级行政复议职责集中。在此基础上，多个地方政府探索建立行政复议抄告制度和行政复议事项一次办理等进一步的改革措施。

四、公正司法

（一）诉讼制度改革

党的十八大以来，我国在司法建设路径上更加突出强调要建设中国特色的司法体系，摒弃西方程序至上的司法理念。同时，伴随着我国经济社会快速发展，各类社会主体之间的矛盾激增，每年诉讼案件的数量都在持续快速增长，案件审理不及时、执行困难等问题给司法系统尤其是基层法院带来了沉重的压力。与此同时，司法的地方化等体制问题，破坏了法律的统一性，也影响了人民群众对社会公平正义的感知。无论从理论还是实践视角来看，20世纪90年代以来建立起的司法体制已经很难适应新时代社会矛盾化解和纠纷解决的现实需要，因此，中央部署进行司法体制的综合配套改革，采取了四项基础性改革措施，分别是：建立司法责任制、健全司法人员职业保障、人员分类管理和省级以下地方法院人财物统一管理。在这四项基础改革的基础上，2021年司法体制改革的重点工程在进一步推进诉讼体制改革，主要包括以下几项内容。

1. 惩治虚假诉讼

虚假诉讼指的是当事人出于非法动机和目的，采取虚构主体、捏造事实等方法提起民事诉讼，使法院做出错误判决和裁定的行为。现行民事诉讼法明确规定：当事人之间恶意串通，企图通过诉讼、调解等方式侵害他人合法权益的，人民法院应当驳回其请求，并根据情节轻重予以罚款、拘留；构成犯罪的，依法追究刑事责任。近年来，在我国的司法实践中，虚假诉讼呈现愈演愈烈的趋势，这一问题出现的规范性原因在于民事案件的双方合意性质，证据由当事人举证而非侦查机关采集，给双方合谋制造虚假诉讼提供了很大空间，但更为重要的现实原因是经济利益驱使下产生虚假诉讼的动机。虚假诉讼的案件类型比较集中，除了传统的为逃避债务而采取虚假离婚协议的方式转移家庭财产之外，近十年来出现了很多个体和组织合谋骗取拆迁补偿款，采取假离婚等方式骗取购房政策优惠的新案件类型，这主要是因为2000年之后房地产经济的兴起，导致不动产及其相关法律行为牵涉金额巨大。因城市不动产交易标的额巨大，为规避税费的虚假房屋买卖合同也频繁出现。因此，虚假诉讼惩治的重点在涉及不动产的领域，这样的虚假诉讼不仅损害了第三人的合法权益，而且对国家、集体和公共利益造成损害。

治理虚假诉讼关键是加强审判机关、检察机关之间在民事程序上的衔接，否则单靠法官很难识别虚假诉讼。2021年3月，最高人民法院、最高人民检察院和公安部、司法部联合印发了《关于进一步加强虚假诉讼犯罪惩治工作的意见》（法发〔2021〕10号），强调公检法司应当按照法定职责分工负责、配合协作，建立虚假诉讼犯罪惩治配合和程序衔接机制。同年11月，最高人民法院印发了《关于深入开展虚假诉讼整治工作的意见》（法〔2021〕281号），并发布10件惩治虚假诉讼的典型案例作为指导。2020年最高检与最高院就通过联合发布司法解释的方式，明确了7种司法实践中认定为虚假诉讼的典型方式，包括：冒用他人名义；隐瞒债务已清偿事实再次提起诉讼的；虚假离婚协议以逃避执行的；虚构劳动债权的；捏造债权债务关系提起诉讼的；骗取民事调解书申请参与执行财产分配的；"套路贷"虚假诉讼。在发布的指导案例中，除了指出认定为虚假诉讼的典型形式，还专门明确了对律师和法院工作人员参与制造虚假诉讼行为加重处罚的规定，以及当事人因虚假诉讼行为被追究刑事责任后，仍应当为其侵权行为承担民事赔偿责任的规定。虚假诉讼的治理已经成为我国司法体制改革的一个重点，未来还会通过修改刑法的方式加大对其惩治力度，维护司法尊严和权威。

2. 民事诉讼程序简易化改革

为有效应对经济社会发展带来的民事诉讼量激增问题，优化司法资源配置，最高人民法院提出了"繁简分流、轻重分离、快慢分道"的应对思路，进行民事诉讼简易化改革的应对措施。2020年1月15日，最高人民法院印发《民事诉讼程序繁简分流改革试点方案》和《民事诉讼程序繁简分流改革试点实施办法》，正式启动为期两年的试点工作。分流改革试点将在北京、上海、江苏、福建、广东等15个省、自治区、直辖市试点的中级法院、专门法院及基层法院展开。试点改革的主要内容包括五个方面：优化司法确认程序，完善小额诉讼程序，完善简易程序规则，扩大独任制的适用范围，健全电子诉讼适用规则。试点法院根据全国人大常委会授权决定，调整适用相关法律规定。2021年12月31日，为期两年的改革试点结束，实践证明，文件所采取的繁简分流的五项改革措施对于提升法院在民事诉讼方面的司法效率，缓解近十年存在的"案多人少"的突出矛盾具有实际效果。统计数据显示：试点法院在2019年诉前委派调解化解纠纷数量为339523件，2020年诉前委派调解化解纠纷数量迅速增加到543437件。司法确认案件的受理数量也从2019年的79743件，增加到2020年的133091件，裁定确认的调解协议数量从2019年的78628件，增加到2020年的129107件，2021年前三个季度的数字为114613件。在试点法院，简易程序的适用率接近案件受理数量的2/3，案件平均审理期限为48天，较其他非试点法院缩短了近一半[①]。

2021年，全国人大常委会按照试点成果对《民事诉讼法》的相关条款进行了修订，修订的条款内容主要涉及线上诉讼程序的使用、独任审理和小额诉讼程序的使用等，具体包括两方面内容。

第一，一审普通程序和二审程序在审判组织和裁判文书送达上

---

① 相关数据参见最高人民法院：《关于民事诉讼程序繁简分流改革试点情况的中期报告》，第十三届全国人民代表大会常委会第二十六次会议，2021年2月27日。

的简化。按照原民事诉讼法的规定，一审普通程序和二审程序只能采用合议制审理。修改后的民事诉讼法增加了一个条款，将基层人民法院审理的一审普通程序中基本事实清楚、权利义务关系明确的案件纳入了可以采用独任审理的范围；中级人民法院、专门法院对适用简易程序审理结案或者不服民事裁定提起上诉的第二审民事案件，事实清楚、权利义务关系明确的，可采用独任制审理。对于裁判文书的送达，原民事诉讼法排除了判决书、裁定书和调解书采用电子方式送达的可能。但随着新冠疫情防控的常态化，线上诉讼成为一个普遍现象，为适应这一变化，并且为将来进一步的"智慧司法"等信息技术进入民事诉讼程序相配合，修改后的民事诉讼法删除了这一但书排除的内容，同时将公告送达的期限由六十日缩短为三十日。

第二，扩大简易程序和小额诉讼程序的适用范围，简化小额诉讼的审理。原民事诉讼法关于简易程序适用标准的规定是满足三点：争议不大、事实清楚和权利义务关系明确。修改后的民事诉讼法去掉了"争议不大"的要求，对简易程序的适用仅采用"事实清楚"和"权利义务关系明确"这一相对模糊的标准。由此，法官在是否适用简易程序上的自由裁量权就扩大了。关于小额诉讼程序的适用范围，原民事诉讼法规定"标的额为各省、自治区、直辖市上年度就业人员年平均工资百分之三十以下"，修改后的法条调整为"年平均工资百分之五十以下"，而且规定即便超出这一额度但是在各省、自治区、直辖市上年度就业人员年平均工资三倍以下的，当事人约定适用小额诉讼程序的，也可以适用。原民事诉讼法关于小额诉讼程序的规定只有一个条款，修改后的民事诉讼法增加了小额诉讼简化的条款，规定一般应当一次开庭审理并当庭宣判，同时，进一步缩短审理期限。

民事诉讼法修改的内容主要是从两种方向去简化诉讼程序：一是将程序本身要素简易化，如可以由法官自由裁量在审判、裁判文书送达等各环节进行简化；二是通过扩大简易程序适用范围的方式将更多的民事纠纷分流到简易程序。一方面，按照目前修改的条款内容来看，主要还是依靠机械的简化诉讼程序，而不是在甄别案件类型和适用的程序类型上下功夫。这样的改革方式很容易造成实践中法官为了简化程序而简化，并且由于法条规定对于普通程序和简易程序的同质化，除了审判组织和期限这些硬性标准，其他方面法官享有高度自由裁量权，很容易导致程序正义的不合理流失。另一方面，按照世界主要国家法治发展的经验来看，诉讼程序的简易化虽然能提高诉讼效率，但也可能引发因司法成本降低而导致更多的案件涌向法院，从而导致司法系统的负荷进一步增加的悖论。为此，此次诉讼制度改革，除了繁简分流之外，还针对诉讼源头进行治理，强化非诉讼机制在化解社会矛盾纠纷中的作用。

3. 加强诉讼源头治理，强化非诉讼纠纷解决机制

2021年司法体制改革的一项重要内容是加强对诉讼源头的治理，实质上是通过发挥基层社区组织、社会组织和行政机关等非司法渠道在化解社会纠纷方面的作用，减少法院的受案压力。早在十年前，最高人民法院就发布了规范性文件，提出建立健全诉讼与非诉讼相衔接的矛盾纠纷解决机制的司法改革目标。这种目标提出的原因一方面是因为司法负荷压力过大，"案多人少"矛盾突出；另一方面，是源自21世纪初期形式主义法治思想对我国司法队伍的影响，使司法队伍对很多矛盾纠纷的处理追求形式合法，忽视了纠纷的客观社会环境和案件情况，依法一判了之，不仅无法解决纠纷，还可能因为判决裁定实际无法执行而引发新的矛盾冲突，损害司法公信力。为此，中央在司法体制改革中更加注重纠纷化解的实质效果，倡导多元化的纠纷解决机制，重提"枫桥经验"等注重调解的司法文化。

2021年制度建设的重点是强化诉讼和调解的对接。2021年2月19日，中央全面深化改革委员会第十八次会议审议通过《关于加强诉源治理，推动矛盾纠纷源头化解的意见》，要求加强预防性制度建设，从源头减少诉讼增量。2021年4月，最高人民法院公布《关于

〈民事立案诉调对接及网上立案的意见〉的答复情况》，规定在当事人同意的前提下，在立案阶段人民法院可将案件委派给调解组织进行诉前调解。最高人民法院还出台了《关于加快推进人民法院调解平台进乡村、进社区、进网格工作的指导意见》，推进诉讼和调解对接机制真正进入基层社会而不是仅仅停留在法院立案环节，构建分层递进的源头预防和化解纠纷的体系。

2021年法治进程中诉讼体制改革的主线逻辑是化解司法压力，缓解经济社会快速发展带来的纠纷解决需求剧增的问题，三项改革措施集中于减少诉讼数量和提升诉讼效率两大基本目标。社会纠纷解决中的过度司法化是世界主要法治国家发展过程中都曾遇到过的问题，2021年司法体制改革中此项改革的主线逻辑，在未来一段时间会长期贯穿于中国法治国家建设的进程中。除此之外，线上诉讼的迅速推进，也是2021年司法体制建设的一个特点。加快司法系统的信息化建设本来就是近年来我国司法体制改革的既定目标，特别是受到疫情防控常态化的现实因素刺激，2021年我国跨域网上立案和平台一站式多元化纠纷化解服务体系所办理的案件数量都迅速增长。

（二）强化知识产权司法保护

近年来，因西方国家接连对我国实施技术制裁，我国的发展遭遇了高新技术"卡脖子"的问题。为此，中央将鼓励科技创新、营造有利于创新的制度环境定为我国现代化发展的一个重要任务。2021年9月，中共中央、国务院发布《知识产权强国建设纲要（2021—2035年）》，确立了"建立公正高效、管辖科学，权力界限清晰，系统完备的知识产权司法保护体制"。就法治环境来讲，知识产权制度是现代国家科技创新制度的核心，我国的知识产权立法体系完整，实践中比较薄弱的点主要在司法实践和行政执法的实践环节，因此，加强对知识产权的司法保护成为了2021年法治进程的重点内容。为落实"十四五"规划，最高人民法院出台了《人民法院知识产权司法保护规划（2021—2025年）》，提出不断强化知识产权的司法保护，不断优化知识产权法治环境，为建设知识产权强国和全面建设社会主义现代化国家提供坚实司法服务和保障的整体目标。

第一，统一知识产权法律适用标准。2021年，最高法发布了《关于审理侵犯专利权纠纷案件应用法律若干问题的解释（二）》等一系列涉及知识产权的司法解释。同时，最高法发布了《关于审理侵害知识产权民事案件适用惩罚性赔偿的解释》《关于知识产权侵权诉讼中被告以原告滥用权利为由请求赔偿合理开支问题的批复》，这些司法解释明确加大对侵犯知识产权行为的惩治力度，降低知识产权人维护合法权益所承担的诉讼成本。第二，改革知识产权的审判机制。知识产权的侵权责任视情节轻重而构成比较复杂，除了民事责任，还可能涉及行政和刑事责任。因此，为提高知识产权侵权行为的救济效率，进行知识产权审判民事、刑事和行政三合一的改革，2021年，这一改革措施已经在21家高级人民法院和164家中级人民法院实施。

（三）生态环境保护公益诉讼

公益诉讼是社会进步和法治发展的重要标志，是整个社会法治理念和公益理念提升的重要表现。我国最早的公益诉讼出现在20世纪90年代，发端于消费者权益保护领域，往往以消费者个人为原告主体。1996年，邱建东因福建省龙岩市邮电局多收0.8元话费的行为以侵犯消费者合法权益为由提起民事诉讼，被视为我国法治进程中公益诉讼的第一案。那一时期中国社会中还没有公益诉讼的理念，社会舆论往往将此类个人提起消费者权益保护公益诉讼的行为称为"轴"，即为了较真不计成本，而没有看到公益诉讼在减少"公地悲剧"、维护公共利益方面所具有的巨大功能。伴随着经济社会的进步，中国社会的法治理念和公共规则意识也在显著提升。进入21世纪之后，公益诉讼在我国发展迅速，社会组织和检察机关取代个人成为公益诉讼最主要的提起主体。公益诉讼的类型也从早期的消费者权益保护领域扩展到政府信息公开、环境生态保护、反垄断等多个领域。

2017年3月，环保组织——"野性中国"在云南恐龙河自然保护区附近进行野外调查时发现，正在建设的红河干流戛洒江一级水电站将毁掉绿孔雀最后一片完整的栖息地。为此，"自然之友"以社会组织的身份于2017年7月12日向云南省楚雄彝族自治州中级人民法院提起公益诉讼，请求判令"中国水电顾问集团新平开发有限公司和中国电建集团昆明勘测设计研究院有限公司共同消除云南省红河（元江）干流戛洒江水电站建设对绿孔雀、苏铁等珍稀濒危野生动植物以及热带季雨林和热带雨林侵害的危险，立即停止该水电站建设，不得截流蓄水，不得对该水电站淹没区域内植被进行砍伐等"[①]。该案立案受理之后，经云南省高级人民法院裁定，由昆明市中级人民法院环境资源审判庭审理。2018年8月28日，云南"绿孔雀栖息地保护案"在昆明市中级人民法院环境资源审判庭开庭。2020年3月20日，昆明市中级人民法院对云南"绿孔雀栖息地保护案"公益诉讼作出一审判决：被告新平公司立即停止基于现有环境影响评价下的戛洒江一级水电站建设项目，不得截流蓄水，不得对该水电站淹没区域内植被进行砍伐。同时，由被告新平公司向原告"自然之友"支付为诉讼产生的合理费用8万元。

云南"绿孔雀栖息地保护案"是我国首例珍惜野生动植物保护预防性环境民事公益诉讼，并被世界环境司法大会评为全球十大生物多样性案例之首。本案之所以能够成为中国环境保护公益诉讼的典型案例，并被评为影响中国法治进程的十大经典案例之一，源于其在多方面所表现出的指导性意义。

云南"绿孔雀栖息地保护案"体现了《环境保护法》中"预防性保护"原则的适用。在民事侵权领域，侵权损害救济的一般原则是"无损害即无救济"，无论是否存在过错，损害的客观存在是救济的前提。而以风险预防为导向的预防性公益诉讼对这一理念进行了

---

① 《云南"绿孔雀案"开庭审理》，《中国青年报》，2018年8月28日。

突破。该"突破"的必要性及合理性体现在：与民商事主体会积极保护自己的私人利益不同，环境生态利益作为一种公共利益，由于其在权益保护中的搭便车现象，导致私人主体很少会积极奔走于保护环境生态免受损害，因此这种公共利益更易受到侵害。因此，法律制度的设计应当对环境利益保护进行倾斜，否则，生态环境保护领域就很容易出现"公地悲剧"。另外，环境生态作为一种法益，与民事侵权中的受损法益的救济不同。物权等私人权益易于救济和恢复，环境利益一旦遭受被破坏就难以恢复到破坏前的状态，或恢复成本极大。因此，环境保护只有将救济措施提前到事中甚至事前，才能达到有效防范风险、减少诸多不可逆生态损害后果之目的。

预防性保护是我国《环境保护法》确立的基本原则之一，但其在司法实践中实现度不高。在2010年之前的环境公益诉讼大多数被法院以原告资格不适格为理由而不予立案。此次云南"绿孔雀栖息地保护案"中，水电站正在建设，对生态的破坏尚未实际发生，原被告双方对危害是否会发生，以及危害程度还有争议。但法院秉持预防性保护的原则，在综合各项证据和专业性意见之后，认定重大风险的存在，这是中国环境保护公益诉讼在司法实践中的巨大突破。由此，1989年就制定颁布的《环境保护法》才真正开始在实践中表现出法律的刚性特征。

2009年之前，环保公益诉讼胜诉的概率不高，此次云南"绿孔雀栖息地保护案"能够胜诉，标志着我国社会发展和法治进程都进入了一个新的阶段。作为后发现代化国家，为实现赶超型发展，经济效益是改革开放之后我国社会发展的核心标准，也注定了我国改革开放前三十年的发展是经济利益压倒环保需求的。先污染后治理，是很多国家在工业化发展早期选择的路线，但这种方式被实践证明代价极大，并且很多环境生态损害是不可逆的。党的十八大以来，伴随我国经济实力和社会物质生活水平整体性的提升，环境保护的重要性也逐渐得以凸显，生态文明建设纳入到"五位一体"总体布局中。中央这一明确的政策重点转向，对我国环境保护公益诉讼的指导性意义不言而喻。从法理上看，法律本身固有的滞后性以及环境利益风险的不确定性和变化性共同决定了完全依靠事后救济难以实现环境诉讼的根本价值。从人类社会发展的全球经验来看，以风险规制为导向，在环保生态领域确立事前预防为主、事后救济为辅的诉讼制度是全球法治的大势所趋，已在许多发达国家的司法理念中确立为基本原则。

（四）证券纠纷特别代表人诉讼制度

伴随着共同富裕目标的提出，如何节制资本、规范资本市场秩序、依法保护中小投资者的权益成为了中国法治建设的重点内容之一。《证券法》虽然早就确立了保护投资者权益的基本原则，但在司法实践中由于中小投资者与集团之间力量对比的悬殊，因此在发生虚假陈述等违法行为时，中小投资者的权益往往很难得到有效救济。为此，2019年在修订《证券法》的过程中，对投资者的民事赔偿权利的实现做出了一项颇具中国特色的制度探索，新增证券纠纷特别代表人诉讼制度。

所谓证券纠纷特别代表人诉讼制度，即现行《证券法》第九十五条第三款之规定：投资者保护机构受五十名以上投资者委托，可以作为代表人参加诉讼，并为经证券登记结算机构确认的权利人依照前款规定向人民法院登记，但投资者明确表示不愿意参加该诉讼的除外。这款内容确立了诉讼代表人"默示加入、明示退出"的诉讼参与方式，即证券纠纷特别代表人诉讼启动后，经证券登记结算机构确认的权利人名单中的投资者，除明确向法院表示不参加该诉讼的，都将自动成为案件原告，分享诉讼取得的赔偿等依法救济成果。

在《证券法》确立了特别代表人诉讼制度的基础上，最高人民法院紧随其后发布了相关制度应用的司法解释《关于证券纠纷代表人诉讼若干问题的规定》，证监会在2020年7月31日颁布《关于做好投资者保护机构参加证券纠纷特别代表人诉讼相关工作的通知》，中证中小投资者服务中心有限责任公司（以下简称"投服中心"）

发布的《特别代表人诉讼业务规则》，进一步明确了司法实践中此项制度的操作性规则，搭建起我国证券纠纷特别代表人诉讼制度的完整框架。

证券纠纷特别代表人诉讼制度的优势主要体现在三个方面：第一，是有助于减少投资者尤其是中小投资者的诉讼成本，以更为便捷高效的方式维护投资者的合法权益；第二，从司法机关的角度看，将众多分散的投资者的诉讼合并在一个诉讼中解决，提高了司法效率，降低了案件数量。而且投资者默认均为原告，这样就减少了判决之后，其他未参加诉讼的当事人因要求参与赔偿金额分配而引发的次生纠纷；第三，这种制度能够最大限度增加原告的人数，将原本分散的、很难联合行动的中小投资者以法律规则的方式集合为原告，集团诉讼和赔偿金额的累积所形成的巨大压力，提高了违法成本，会对证券违法行为形成有效震慑。

证券纠纷特别代表人诉讼制度是在借鉴美国等西方国家证券集团诉讼构造的基础上，结合我国国情制定的具有中国特色的投资者司法保护制度。应用此项制度的典型案例是康美药业虚假陈述民事赔偿案。2020年5月，康美药业股份有限公司公告收到证监会《行政处罚决定书》和《市场禁入决定书》，认定康美药业自2016年以来长期实施财务造假等欺诈行为，涉案金额高达300亿元。2021年4月16日，投服中心接受56名康美药业投资者的委托，申请作为其代表人参加对康美药业虚假陈述民事赔偿案件的诉讼，普通代表人诉讼转为特别代表人诉讼。2021年11月12日，广州中级人民法院对康美药业虚假陈述民事赔偿案作出一审判决，投服中心代表的52037名投资者共获得赔偿款总计约为24.59亿元。康美药业虚假陈述民事赔偿案是我国证券纠纷特别代表人诉讼制度的第一案，是中华人民共和国成立以来我国法院审理的原告人数最多、赔偿金额最高的上市公司虚假陈述民事赔偿案件。该案件的诉讼模式对我国依法规制资本市场秩序、保护投资者利益的法治进程具有指导性意义。

五、法治社会

《法治社会建设实施纲要（2020—2025）》为我国新时代法治社会建设指明了基本方向和主要内容。2021年中国法治社会建设进程中，两项重点任务的实施在全社会引起了广泛关注，即扫黑除恶常态化和依法治理网络空间乱象，这两项重点任务的实施对于建设平安中国、提升人民群众的幸福感和获得感都产生了直接显著的效果。

（一）扫黑除恶常态化

扫黑除恶是党的十九大以来我国政法领域的重大任务，也是新时代我国法治社会建设的关键行动之一。习近平总书记在党的十九大报告中指出，"加快社会治安防控体系建设，依法打击和惩治黄赌毒黑拐骗等违法犯罪活动，保护人民人身权、财产权、人格权"。黑恶势力作为社会发展的毒瘤，在基层社会已经成为侵害公民合法权益、破坏社会秩序、腐蚀政法干部滋生腐败的重大问题。因此，要从巩固党的执政基础、维护基本社会秩序的高度上认识扫黑除恶的重大意义。2018—2020年我国进行了长达三年的扫黑除恶专项行动，通过"除恶务尽、打伞破网"，在全国掀起了一场扫黑风暴。为巩固党的十九大以来三年扫黑除恶专项行动的成果，2021年1月，中央政法工作会议明确提出了将扫黑除恶常态化作为政法工作的重要内容。

常态化建设的核心，是挖断黑恶势力的根系、铲除黑社会组织犯罪的土壤。一方面，对涉黑涉恶势力犯罪行为高发的工程建设、市场流通、文化旅游和社会治安等领域，秉承源头预防、打早打小的工作原则开展专项强化监管；另一方面，通过腐败治理，对地方一些领导干部充当黑恶势力"保护伞"的行为进行严厉打击，尤其是加强对政法队伍的整顿教育,真正铲除黑恶势力成长的土壤。建立风清气正的地方政治生态,建立一支廉洁忠诚的政法队伍,才是铲除地方黑恶势力滋生土壤的治本之策。正是因为自20世纪90年代黑恶势力抬头以来,我国进行了多次扫黑行动,打掉了许多震惊全国的黑恶组织犯罪团伙。但由于过去的多次打黑行动只打"黑"、不打"伞",或侧重于打击黑恶势力,没有对地方政治生态进行彻底清理整顿,才导致黑恶势力在基层社会去而复来。如果要彻底杜绝黑恶势力的滋生,改变过去打黑行动运动式治理的有限性,实现扫黑除恶的常态化,就必须从整顿干部队伍、严惩涉黑涉恶腐败入手。2021年,中央纪委办公厅印发了《关于纪检监察机关常态化开展惩治涉黑涉恶腐败和"保护伞"工作的实施意见》,将清除涉黑涉恶"保护伞"作为扫黑除恶常态化的关键举措。这也说明了我国能够正视有组织犯罪滋生的客观现实原因,通过从严治党实现依法治国和建设法治社会。

(二) 依法治理网络空间

依法治理网络空间是我国2021年法治社会建设的重点内容之一。随着我国进入信息时代,互联网在我国经济和社会生活中的角色越来越重要,网络空间已经成为我国社会空间的一部分,但与此同时,各种利用互联网的违法行为也大量出现,诸如电信诈骗、直播带货假冒伪劣产品等。同时,大量不违法但败坏社会风气、违背社会公序良俗的现象也在网络上不断涌现,典型如"饭圈"乱象,这些歪风邪气利用互联网的辐射效应对青少年的心理健康产生了巨大的影响。因此,2021年依法治理网络空间的主要目标是,依法规制有害信息在网络上的传播,营造风清气正的网络舆论空间。为引导青少年安全理性上网,2021年6月,中央网信办启动了针对"饭圈"乱象的专项整治行动。同年8月,中央网信办发布了《关于进一步加强"饭圈"乱象治理的通知》,明确提出了十项针对性措施。9月,中共中央办公厅、国务院办公厅发布《关于加强网络文明建设的意见》，要求深入推进整治"饭圈"乱象的行动，禁止低俗炒作、恶意刷单等行为，并建立负面清单制度。

保证公民依法安全用网，维护互联网平台的个人信息安全也是此次依法治理网络空间的重点内容。针对近年来一些平台利用其行业支配地位，变相强迫用户向其提交个人信息等社会反映热烈的问题，工信部等部门联合发布了《常见类型移动互联网应用程序必要个人信息范围规定》。2021年7月，国家网信办对"滴滴出行"和"美团外卖"等一批存在的严重违规收集个人信息行为的APP进行行政处罚，责令其下架整改并处以巨额罚金。这样的重拳治理无疑给其他平台企业提供了执法范例，对肆意侵犯个人信息安全的行为起到了震慑作用。

法治社会的建设是一项长期性系统工程，需要久久为功。随着改革开放四十多年我国经济社会的发展，人民群众的法治意识得到了极大提升，权利观念和规则意识在各类群体中开始确立。这意味着新时代法治社会的建设与20世纪八九十年代有着完全不同的基础条件，法治社会建设的重点任务和路径也随之发生了变化。未来我国的法治社会建设会紧扣人民群众最关心的现实问题，紧紧围绕建设社会主义法治国家的总体目标，循序渐进地走出一条有中国特色的法治道路。

第六章　城乡基层治理继往开来

基层社会的稳定和发展关系到国家的根本。党的十八大以来，以习近平同志为核心的党中央坚持把抓基层打基础作为长远之计和固本之策，对城乡社区治理提出了一系列新理念、新思想、新要求，全面推进基层治理体系和治理能力的现代化建设。从维护基层社会秩序、构建基层社会体制，到配置基本公共服务、分配基础性公共资源，再到凝聚多元利益、促进政治文化和政治社会化，基层治理成为国家与市场、社会互动最为密切的重要场域。

中国的国家治理体系和治理能力现代化，是物的现代化与人的现代化的辩证统一，是以经济建设为中心和以人民为中心的有机结合。在中国特色社会主义进入新时代的宏大历史背景下，通过治理理念人本化来提高公共服务效能、通过治理体系科学化来构建社会治理格局、通过治理方式规范化来优化纠纷调解机制，才能不断提高制度软实力、持续增强人民获得感。

在基层治理不断扩展的国家功能之中，有三个要素最为基础：第一，国家认同与基础秩序维护；第二，民情表达与公共参与；第三，公共服务供给与社会福利配置。这也构成当前评估城市基层治理得失和变革策略的关键议题。2021年，基层治理理念、治理体系、治理方法与治理过程的人民中心立场逐渐凸显，全过程人民民主在完善基层群众自治制度的过程中获得了生动实践。在乡村振兴中"新乡贤"不断深入参与乡村治理，为乡村基层社会塑造了良好的社会风气与道德模范，增强了农村基层群众对基础秩序的认同与维护。大数据与新科技赋能智慧社区服务能力建设，公共服务供给水平与社会福利配置不断提高。随着《民法典》的生效、基层公共法律服务体系日渐扩展至基层细胞，以及新型村规民约与社区公约的制定，基层治理主体的法治素养不断提高，基层治理规范化、法治化进入新高度。

一、顶层设计筑新篇

党的十八以来，以习近平同志为核心的党中央坚持把抓基层打基础作为长远之计和固本之策，从巩固党的执政基础和维护国家政权安全的高度，扎实推进基层治理体系和治理能力现代化建设，推动社会治理重心向基层下移，构建党组织领导的共建共治共享的城乡基层治理格局，确保人民安居乐业、社会安定有序，人民群众获得感、幸福感、安全感不断提升，夯实了党的执政根基，彰显了制度优势和治理效能。

十年来，中央高度关切城乡基层治理，连续出台城乡社区服务体系建设规划和政策措施，切实加强基层治理顶层设计，构筑起中国特色社会主义社区治理制度体系的"四梁八柱"。2015年中共中央办公厅、国务院办公厅联合出台《关于深入推进农村社区建设试点工作的指导意见》，推动农村人口结构加剧变化、村庄空心化现象严重等问题得到进一步解决。同年印发的《关于加强城乡社区协商的意见》，为稳步推进社区协商指明了方向。2017年6月，中共中央、国务院《关于加强和完善城乡社区治理的意见》正式实施，这一城乡社区治理的纲领性文件为开创城乡社区治理新局面提供了根本遵循。

进入新时代，社区治理被提到更加重要的位置。党的十九大报告指出要"打造共建共治共享的社会治理格局"；2020年5月审议通过的《民法典》中，规定了基层群众性自治组织法人为特别法人；"十四五"规划提出要"健全党组织领导的自治、法治、德治相结合的城乡基层社会治理体系",构建基层社会治理新格局。

新冠疫情发生以来,习近平总书记多次视察基层,肯定基层防控和治理的重要作用。他指出,要加强和创新基层社会治理,使每个社会细胞都健康活跃,将矛盾纠纷化解在基层,将和谐稳定创建在基层。习近平总书记关于基层治理的重要指示,为推进新时代基层治理现代化建设提供了根本遵循和行动指南。为贯彻落实习近平总书记重要指示精神,2021年7月,中共中央、国务院正式印发《关于加强基层治理体系和治理能力现代化建设的意见》。作为指导新时代基层治理现代化建设的纲领性文件,《关于加强基层治理体系和治理能力现代化建设的意见》提出,力争用5年左右的时间,建立起党组织统一领导、政府依法履责、各类组织积极协同、群众广泛参与,自治、法治、德治相结合的基层治理体系。

二、基层治理中的全过程人民民主

党的二十大报告指出,"全过程人民民主是社会主义民主政治的本质属性,是最广泛、最真实、最管用的民主"。该报告还强调,"基层民主是全过程人民民主的重要体现",凸显了基层民主在全面发展全过程人民民主、保障人民当家作主方面既不可或缺又不可替代的重要地位和作用。

基层群众自治制度是基层民主的重要载体。根据《关于加强基层治理体系和治理能力现代化建设的意见》,现代化基层治理体系的建设中,基层群众自治制度不可或缺。基层群众自治制度是我国的一项基本政治制度,是保障人民依法直接行使民主权利,在城乡基层治理中依法自我管理、自我服务、自我教育、自我监督的重要保证。中国的民主是人民民主,人民当家作主是中国民主的本质和核心,健全基层群众自治制度是坚持以人民为中心的生动实践。基层群众自治制度以坚持党的领导为前提,以多元合作共治为基础,以畅通和拓宽利益诉求表达渠道为手段，着力推进基层直接民主制度化、规范化、程序化，所有重大政策的出台都依照程序，经过民主酝酿，通过科学决策、民主决策产生。在基层群众自治实践中，广大人民群众是基层治理的建设者、参与者、维护者和最大受益者，自始至终都能感受到自身民主权利的行使与维护，体现了人民民主覆盖的广泛性、过程的完整性、内容的全面性，有效实现了基层群众的各项民主权利，把人民当家作主真正落到实处。

党的十八大以来，全过程人民民主的内涵在基层治理中日益彰显，全国城乡基层民主创新创造比以往任何时候都更加活跃，基层民主活力也得到进一步增强。基层群众自治制度不断健全、基层各类群体参与基层治理的渠道不断拓宽，主要体现在以下几个方面。

（一）基层协商议事制度创新

基层协商包括乡镇（街道）协商、行政村（社区）协商、企事业单位协商。习近平总书记指出，涉及人民群众利益的大量决策和工作，主要发生在基层。要按照协商于民、协商为民的要求，大力发展基层协商民主，重点在基层群众中开展协商。基层民主协商是人民民主中民主协商的一部分，也是基层民主的重要环节。

民主的本意是"人民的权力"，人民在国家政治生活和广泛社会生活中的参与程度，是衡量真实民主还是虚假民主的重要标志。发展全过程人民民主，就是要不断扩大人民政治参与的范围与程度，保障人民享有真实的知情权、参与权、表达权和监督权。[1] 各种制度化协商平台能够使人民群众经常地广泛地参与民主决策、民主管理、民主监督。根据《关于加强基层治理体系治理能力现代化建设的意见》的指导，全国各地在协商议事委员会、民主恳谈会、民主听证会等既有实践的基础上，不断探索建立健全基层协商机构，摸索创

---

[1] 包心鉴：《论协商民主在发展全过程人民民主中的特有功能和制度优势》，《光明日报》，2021年12月18日。

造基层协商民主新形式。例如，建立社会公众列席乡镇（街道）有关会议制度，设立"社区协商议事厅""小院议事厅"，党代表、人大代表、政协委员联袂进社区，从线下"圆桌会"到线上"议事群"。人民群众围绕涉及自身切身利益的实际问题，积极发表意见建议、持续进行广泛协商，使利益得到协调、矛盾被有效化解、合理化建议被及时采纳，促进了基层社会稳定与和谐安宁。

广东省佛山市南海沥雄社区是一个老旧社区，在经济发展与城市建设过程中遇到了许多难以调和的居民矛盾和难以解决的诉求。为此，沥雄社区党委搭建居民表达诉求平台，调动更多人参与社区治理。[①] 基层党组织和行政机关充分发挥统合与引领功能，整合各方资源，打造基层公共空间，使社区内各方主体能够进行基层事务的信息共享、沟通协调、决策听证和有效监督。在规则方面，以法律形式固定基层民主协商的规则，确定协商的主体、内容、形式和程序，使基层民主协商有章可循，在协商主体之间形成相互支持、相互监督的良性互动关系。沥雄社区的协商议事平台取得了良好的治理效果。例如在解决电线乱拉挂问题上，通过前后召开20余场的"议事决事厅"，社区拿出了有效解决方案。目前，1.48平方千米的老旧社区路面已经完成"三线改造"，剩余部分将于2023年底全部完成。

（二）村（居）民自治实践汇入基层治理总体进程

实现人民群众对美好生活的向往，是评价新时代基层治理现代化建设成效的最终标准；实现共建共治共享的社会治理是建设现代化基层治理体系的最大目的；充分体现党对全体人民参与社会治理权利的保障和享有治理成果权益的维护，是推进社会治理现代化的重要制度保障。习近平总书记指出："要完善基层群众自治机制，调动城乡群众、企事业单位、社会组织自主自治的积极性，打造人人

[①] 邓君：《"创熟"工作法激发居民自治力》，《法治日报》，2022年1月30日。

有责、人人尽责的社会治理共同体。"《关于加强基层治理体系和治理能力现代化建设的意见》强调,要加强村(居)民委员会规范化建设,健全村(居)民自治机制,并明确提出坚持党组织领导基层群众性自治组织的制度,建立基层群众性自治组织法人备案制度。我国《民法典》赋予基层群众性自治组织法人资格,使其有权从事履行职能所需的民事活动,为其在基层社会治理中发挥应有作用提供了法律保障。

在基层治理体系与治理能力现代化的议题下,村民自治与城市居民自治应当成为社会治理体系的一个组成部分,应该扩展到乡村社会治理和国家基层治理领域,民主和自治范畴由此进入到基层治理体系当中。

在基层群众自治的实践中,"枫桥经验"一直广为流传。"枫桥经验"是指20世纪60年代初,浙江省诸暨县枫桥镇干部群众创造的"发动和依靠群众,坚持矛盾不上交,就地解决,实现捕人少,治安好"的"经验"。多年来,"枫桥经验"不仅形成了党建统领、人民中心、自治法治德治"三治融合"、共建共治共享的基层社会治理格局,还特别重视治理的过程和细节。比如,诸暨县一些地区,把20世纪六七十年代的村级档案完整保留到了今天。村支部和村委员研究、讨论、处理问题的会议记录,村民交往中的重要事项以及达成的书面协议,村委会和村民及其他组织签订的协议以及履行的结果等,都被分门别类装订成册,保存在村档案室里。[1]

近年来,面对碎片化的管理单元、淡漠的社会关系、多发的矛盾冲突、不足的归属感等棘手问题,广东省佛山市委政法委深入探索市域社会治理新路径,其中南海区委政法委打造了以党建为引领,以"创建熟人社区"(以下简称"创熟")工作法为手段,唤醒居民公共精神,引导居民互信共治的新模式[2]。南海区委政法委坚持党建引领,向社区党组织放权赋能,建立了"社区党委—小区党组织—

---

[1] 汪世荣:《把"枫桥经验"的种子播撒得更广》,《光明日报》,2022年1月18日。
[2] 邓君:《"创熟"工作法激发居民自治力》,《法治日报》,2022年1月30日。

街坊志愿互助会党小组—楼道小组—居民"党群共建体，以社区党员、社团领袖居民骨干为主力，组建社区治理队伍。在这个治理队伍中，社区居民担任治理主角，在楼长、巷长、街长"三长"的带动下，不少居民一改袖手旁观的态度，逐渐自愿参与到小区治理活动中。

（三）民主立法

2015年党的十八届四中全会提出建立基层立法联系点制度的重要要求，全国人大常委会法工委先后分三批在全国设立了22个基层立法联系点，一种全新的、立足基层人民群众参与国家立法的民主立法形式应运而生。基层立法联系点作为国家立法"直通车"，一头连着最高国家权力机关，一头系着基层群众，为百姓参与国家立法提供了有效途径。

2015年7月，上海虹桥街道成为全国人大常委会法制工作委员会在全国设立的4个基层立法联系点之一。面对疫情常态化防控带来的困难，基层立法联系点也没有被荒废，而是以线上的方式继续发挥作用。除了常规的视频连线外，虹桥街道的基层立法联系点还面向具体法律的受益群体或相关群体开展直播。在对一些专业性较强的法律征询意见时，为了保证意见质量，虹桥街道创设性地提出了"立法意见深度协商制度"，比如针对民事诉讼法修正草案，主动联合区域内司法资源，携手上海第一中级人民法院资深法官，邀请提意见的代表、专家学者召开座谈会，坚持"不屏蔽、不曲解"原则，对收集到的法律意见进行深度讨论，并在此基础上，保留了合情合理合法的意见建议。该措施既找准了立法要解决的主要问题，也加强了审判、法律适用和立法环节之间的有效互动，使制定的法规更具有针对性和可操作性。[①]

[①] 包永婷：《老百姓的建议被写入法条 虹桥街道基层立法联系点催生更多民主实践》，东方网，2022年6月22日。

三、乡村振兴中的"新乡贤"

在我国传统社会中,乡贤一般是指本乡本土有德行、有才能、有声望,因而被本地民众所尊重的贤人。进入新的历史阶段,乡贤演变为"新乡贤",主要指农村优秀基层干部、道德模范、身边好人等先进个人典型。乡贤文化是中华民族优秀传统文化的重要组成部分,是一个地域的精神文化标志,是连接故土、维系乡情的精神纽带。在新的时代背景下,"新乡贤"是乡村振兴战略不可或缺的重要力量已成共识。各地积极响应中央号召,将新时代乡贤工作作为推进乡村振兴、弘扬乡贤文化、创新基层治理的重要举措,创新"新乡贤"协同培育机制。

浙江省为破解乡村精英流失问题,唤起乡贤回报家乡的激情,采用多样化的手段以鼓励"新乡贤"参与新农村建设和乡村治理,形成兼具乡土性与现代性的现代乡村治理模式。首先,畅通乡贤回村任职渠道。鼓励和引导符合条件的致富能手、外出务工经商人员、大中专毕业生等乡贤回村,参选村"两委"干部,推行优秀乡贤挂职村官、任乡镇长顾问等制度,为其搭建施展本领的舞台。浙江省丽水市实施"乡贤回归"工程,建立村级后备干部信息库,鼓励在外优秀乡贤回村参选村干部,促使 673 名乡贤回村当选书记,为村级发展注入新的活力。其次,建立乡贤名录。浙江省绍兴市建立乡贤信息库,组织开展乡贤普查,全面收集和掌握外出乡贤信息资料,对乡贤进行分类管理。最后,搭建乡贤参事议事平台。秉承因地制宜原则与可持续发展理念,采用建制村单建、跨村联建、村企(片区)联建、总会分会等多种形式,组建县、乡、村三级乡贤参事会、乡贤研究会、乡贤顾问等组织,打通乡贤参事议事途径。[1]

---

[1] 蒋伟峰、方杰、何斐:《从乡贤回归 走向乡村善治》,《农村工作通讯》,2017 年 12 月 1 日。

为响应国家乡村振兴的号召、充分发挥新乡贤助力农业农村现代化的作用，广西壮族自治区钦州市以大力推行"乡贤+"行动，以"乡土、乡情、乡愁"为纽带，以"乡贤回乡治乡建乡"为抓手，构建新乡贤培育的协同机制，凝聚多元主体力量，协同培育新乡贤，积极探索乡村治理新格局[①]。"新乡贤"从哪里来？钦州市建立乡贤名录，把本土本乡有德行、有才能、口碑好、威望高的机关企业事业单位离退休干部、本村致富能人、外出务工经商返乡人员等纳入乡贤名录。为鼓励推进在外乡贤回乡建乡，切实服务乡贤，提升乡贤的荣誉感，广西钦州市建立"新乡贤"荣誉表彰激励机制，从源头上刺激人才源源不断地向农村输入，保障"新乡贤"的数量。2020年12月，广西集中表彰了第一届"新时代乡贤"，对10人授予"钦州市第一届新时代乡贤"称号，有力提升了"新乡贤"的荣誉感、归属感和幸福感。同时，乡村自治组织发挥了桥梁作用，主动联系、沟通本地新乡贤，充分利用春节、清明节等召开座谈会，宣传乡贤回乡建设优惠政策，通过邀请在外乡贤回乡考察、召开乡贤联谊会、建立社交APP交流群等方式，传递家乡经济社会发展信息，畅通"新乡贤"参与家乡建设和治理渠道，加强联系唤起和提升"新乡贤"对家乡的认同感、归属感。

塑造普通村民与乡贤间的良好互动关系同样重要，村民是"新乡贤"培育的主体之一，也是"新乡贤"最牢固的根基。一方面，村民要扮演好信息员角色，精准搜集"新乡贤"的成长故事、优势领域、行业发展等信息；另一方面，村民还需担当起讲解员角色，为"少小离家"的"新乡贤"讲述本村的村情、发展、变化等。另外，村民来自本乡本土，应注重加强自身修养、提高素质，如通过政府搭建的文化服务、知识共享等各类学习平台以及社会网络资源，开展自我学习。

[①] 张伟涛、李炜霞：《乡土乡情乡愁 回乡治乡建乡——钦州市"乡贤+"提升乡村治理水平》，《中国社会报》，2021年8月18日。

（一）"新乡贤"引领现代乡风民风家风的文明价值建设

乡贤文化深深扎根于中华传统文化之中。在我国传统社会，乡贤在促进宗族自治、民风淳化、伦理维系以及乡土认同等方面起着无可替代的作用。在宗族关系解体的现代社会，结合时代需要建构"新乡贤文化"，对于推动新农村建设具有重要意义。

"新乡贤文化"本身是一种有着榜样力量的文化，"新乡贤"作为乡村中先进生产力的代表，大多受教育程度很高，具有较高的文化水平，是崇德向善、致力于公益事业、弘扬社会主义核心价值观的践行者、先导者。在快速的市场化进程中，中国乡村社会不但面临人才流失、老年人口占比大的问题，还出现了乡村社会的道德水准下降、信任危机、公共精神所需要的社会资本存量不足、村民的乡村归属感降低、乡村认同感下降等问题。加强农村精神文明建设是全面推进乡村振兴的重要内容。在中央农村工作会议上，习近平总书记强调要加强社会主义精神文明建设，加强农村思想道德建设，弘扬和践行社会主义核心价值观，普及科学知识，推进农村移风易俗，推动形成文明乡风、良好家风、淳朴民风。

因此，在实施乡村振兴战略的过程中不仅需要"知识精英"和"财富精英"的智力、有效运用财富的能力，而且需要"道德精英"维系文化传承和维护社会和谐。"新乡贤"是"道德精英"中重要组成部分，在当地有德行、有才能、有声望、口碑好，深受民众尊崇，一直在乡村振兴中承担着弘扬传统美德和培育文明乡风民风家风等重要责任，扮演着重要角色。建构"新乡贤文化"，有利于营造"新乡贤"参与家乡建设的氛围，提高村民参与乡村事务的积极性，增强基层群众的向心力和自治能力。"新乡贤"身上的文化道德力量可以教化乡民、反哺桑梓、泽被乡里，在乡村振兴战略实施中有利于凝聚人心、促进和谐、重构传统乡村文化，更有利于乡村治理和精神文明建设。

山东省邹城市唐村镇积极发挥"新乡贤"传承优秀文化、涵育文明乡风、化解矛盾纠纷、带动农村发展等作用，以乡贤文化助推社会主义核心价值观在乡村落地生根，加快推进乡村治理现代化。①从2016年起，唐村镇启动"儒风唐韵""新乡贤"文明行动，各村都设立了乡贤工作室，开展了丰富多彩的乡贤活动，营造崇德向善和见贤思齐的良好氛围。其打造邹鲁礼乐传承队伍，以"乡饮酒礼"推动尊贤崇德深入人心；举办"开笔礼"仪式，开展尊师重道启蒙教育；开设乡贤讲堂，通过讲村史扬善举，让乡贤的嘉言懿行潜移默化地影响乡里；在中小学中开展了"小乡贤"阅读工程，引导中小学生"读乡贤书、做乡贤人"。以乡情和文化为纽带，唐村镇充分发挥乡贤的作用，传家风、转民风、保平安、促发展、惠民生，推动乡村治理再上台阶。

浙江省黄岩区联群村老龄化严重，打麻将成为老人们的主要娱乐方式，当地乡贤、兽医潘深河看到这种情况甚为忧虑，他自己掏钱在村里办讲堂，向村民传播文化知识、文明乡风以及党的惠民政策，不仅讲天文地理、养老保健知识，还讲道德典范、时事热点，听课的老人越来越多。德清县雷甸镇双溪村由乡贤参事会推动修订村规民约，弘扬好家风好家训，通过漫画宣传、长廊展示等多种途径助推农村文明新风尚；乾元镇联合村乡贤参事会以乡贤为原型，将村规民约提炼改编成"三字经"版本，用精简通俗的好乡风好家风好家训潜移默化地影响每一个村民的言行。浙江省绍兴市发动乡贤带头清理乱搭乱建，搞好环境卫生，创建庭院整洁户、花卉示范户等，并试点成立由乡贤组成的乡风文明督导组，开展乡风文明监督评议②。

（二）"新乡贤"凝聚乡村共识，形成乡村治理合力

乡村振兴的基础条件是在乡村建立一个良性、文明、现代的治

---

① 李冰：《打造乡贤文化 推进乡村治理》，《济宁晚报》，2018年1月18日。
② 蒋伟峰、方杰、何斐：《从乡贤回归 走向乡村善治》，《农村工作通讯》，2017年12月1日。

理结构。乡村秩序和谐的实现单靠外力干预难以持久,村庄的内生性才是实现乡村秩序和谐的动力之源。内生的村庄秩序是通过村庄内部人与人的联系而形成的行动能力,为乡村社会提供秩序基础。"新乡贤"的参与发挥了乡村"黏合剂"的作用,把家乡的人重新"黏合"起来、凝聚认同,形成乡村治理合力。从完善乡村治理手段看,在一些乡村出现"空心化"等现象的情况下,"新乡贤"在乡村治理中的参与方式多种多样,但主要是在村党组织的领导下搭建"新乡贤"与乡村社会结构有机融合的平台,利用熟人社会的集聚效应,推动基层组织协商民主,形成法治、德治和自治"三位一体"的基层治理新模式。"新乡贤"具有强沟通、软约束、善治理的优势,是行政治理的有效补充,对于提高村居凝聚力和自治能力、夯实基层组织基础具有重要意义。

在广西壮族自治区钦州市,"新乡贤"已成为基层自治的重要参与力量,各自然村在村党支部的引领下,成立乡贤理事会、乡贤议事会,强化"村两委+自然村党支部+乡贤会"村级治理模式,充实了基层自治网格。借助地缘人情的优势,钦州市"新乡贤"在推动解决群众关切的难点热点问题、有效化解各类邻里纠纷和信访积案起着突出作用。钦州市借助司法部门"法律下乡"活动,把乡贤培养成"法律明白人",同时,乡贤理事会可与户主会一同搭建村级协商议事平台,积极指导帮助完善村规民约和家规家训,以村级"小制度"推动村民自治,教育引导村民守法崇善,以"乡贤情"破解治理难题。目前,各村矛盾纠纷中有94%在社工站—村—自然村三级解决,实现了"小事不出村"。①

无独有偶,浙江省进一步探索矛盾纠纷多元化解工作机制,完善"新乡贤"参与基层社会治理的制度化渠道。绍兴市建立乡贤调解室、乡贤接待室、乡贤法律援助室,试点设立乡贤帮扶组、"乡贤老娘舅",发挥亲缘、人缘、地缘优势,协助化解矛盾纠纷,促进农

---

① 张伟涛、李炜霞:《乡土乡情乡愁 回乡治乡建乡——钦州市"乡贤+"提升乡村治理水平》,《中国社会报》,2021年8月18日。

村和谐稳定；诸暨市店口镇20余个由"新乡贤"组成的民间调解组织近3年参与矛盾纠纷调处1000余起，调处成功率96.4%；柯桥区马鞍镇在镇信访接待中心专门设立乡贤接待室，组织"新乡贤"参与信访接待。浙江省临海市建立基层民主协调议事制度，鼓励"新乡贤"参与村务管理、化解矛盾纠纷，2016年试点村群众满意率95%。2020年7月开始，浙江省台州市仙居县在县乡两级"社会矛盾纠纷调处化解中心"设立"新乡贤助调室"，配合协助社会矛盾纠纷调处化解中心，组织引导"新乡贤"领办化解矛盾纠纷，推进矛盾纠纷化解"不出县"。"新乡贤助调委员会"以大网格为单位，选聘威望高、善调解、懂法律、明乡情的"新乡贤"代表人士，村级"新乡贤"力量以就近分配原则入驻各大"新乡贤助调室"，每个行政村以网格为单位配备一名"新乡贤"助调员，实现"一网一人"。每周由矛盾纠纷调处化解中心和分中心梳理汇总矛盾纠纷，根据轻重缓急和适宜情况分批交办至"新乡贤助调室"，采用"一案一新乡贤组团化解"的工作模式，确保纠纷有人化、矛盾有人解。在横向上，台州市"新乡贤助调室"与现有大统战工作机制、传统人民调解相结合，县委统战部、县委政法委、县信访局、县司法局作为牵头单位，下属矛盾纠纷调处化解中心工作人员与乡镇综治办、"新乡贤"联谊会和"新乡贤"助调员多员联动开展助调，强化基层协同治理的效果；在纵向上，县级"新乡贤助调室"纵向对接"乡镇（街道）新乡贤助调室"，推动县级"新乡贤"助调力量的下沉和乡村两级"新乡贤"助调力量的整合，打造成了"新乡贤"助调的"共同体"，打破了乡村发展"空心化"背景下治理主体单一、力量不足的困境。同时"乡贤助调"答疑释惑、汇集民意、凝聚民心，成为承接地方政府和民众意见的"第三方"，健全了基层民众利益表达机制。"新乡贤"组织可以作为地方政府履行职能的依托与监督力量，促进地方政府职能转变。[①]

[①] 仙居统战：《仙居"新乡贤助调"推进矛盾纠纷化解"不出县"》，《浙江新闻》，2021年4月28日。

上海市嘉定县依托各街镇、各村、社区，建立网格化的"老大人"学雷锋志愿服务站。"老大人"是嘉定农村对长者的尊称，一般是指阅历丰富、热心公益、办事公道的老人，他们是在村、居民中有较高威信的"长者"，多由老党员、老干部、老教师、老医生等组成。"老大人"来源于群众、扎根群众、带动群众，拥有丰富的经历和阅历，又生活在各个村落，有着密切联系群众、服务基层的天然优势。如外冈镇葛隆村在推进美丽乡村建设的过程中，平移建房项目存在涉及户数多、村民沟通难等难题，老干部管素英作为"建房代表"，倾听群众心声、宣传建房政策、引导村民情绪，发挥"老大人"独有的作用，"啃下"了村民房屋平移这块"硬骨头"。"老大人"注重内涵建设，在社区治理促进中心党支部以"三会一课"和"5+7"组织生活会为基本平台，同时定期到其他单位组织学习和考察，带动整个团队每月开展集中学习，不断提高队伍成员的政治理论水平和协调能力，提升和拓展"老大人"的能力和素质，进一步强化担当意识，推动"老大人"更好地服务群众。"老大人"服务团实际上是党建引领的基层协商治理的枢纽式平台，通过与区域化党建、网格化治理联动，在既有基层治理结构上融入新力量，发挥协同作战、合力破难的职能，形成强大的"共同体"模式。按照党组织网格、联勤网格相融合思路，上海市嘉定县组建由"镇级网格、村居网格、微网格+'老大人'"形成的网格体系，不断推动网格间的上下联动、横向互动，做到将党建、社会治理全要素纳入网格化管理体系。老干部通过聊家常、听民意等"民间往来"形式，做到社区网格内民情动态、需求事项等"全了解"，将群众"家门口"的小矛盾解决在楼组，并及时与网格内其他成员共享信息。涉及需要镇职能部门协调处置的事务，一部分依托联勤网格平台进行流转处置，另一部分由"老大人"带到"社区离退休干部之家"，与区镇党代表开展座谈，共同协商解决。依托网格层级设置，上海市嘉定县"老大人"模式形成了以镇级网格领导、村居网格为核心主体，以微网格为重要主体，以"老大人"为引导主体，其他各类主体为有益补充的分工协作、良性互动的党建引领—"新乡贤"

助力的基层治理模式。

在农村工作中，明确"新乡贤"的政治定位，正确发挥其积极作用非常重要。在"新乡贤"参与治理的边界在哪里、与村民自治之间如何互补而不越位等关键性的问题上，必须要坚持党委领导，掌握好大原则、大方向。要让党组织成为农村基层治理的主心骨，带领"新乡贤"与乡亲形成合力，共同为乡村振兴贡献智慧与力量。"新时代乡贤"工作是一项长期工程，在乡贤的引导、制约、规范上，各级党委不能缺位、不能让位。

（三）"新乡贤"营建现代化的乡村经营体系

"新乡贤"是"走出去"的乡村精英，他们大多与乡村有着地缘、人缘和亲缘的天然联系纽带。回乡后"新乡贤"们依靠自己的经验、学识、专长、技艺、财富以及文化修养等各类社会资本反哺桑梓，参与新农村建设和治理，因此，"新乡贤"将拥有的各种社会资本加以优化，发挥自身的资源禀赋优势，在乡村中营造起现代化程度高、市场能力强的乡村经营体系，从而做强村级集体经济。

在推进"乡贤+"工作中，钦州市注重发挥乡贤"经济能人"的优势，依靠乡贤的知识、技能和资金激发乡村振兴活力。在外创办企业、个人资产达2000多万元的陈同享，毅然放弃优越的生活条件，回到家乡钦州市钦北区小董那学村担任党总支书记。他在积极改变村容村貌的同时，利用几年的时间，带领村民成立了种植养殖合作社、交通运输合作社，建起了200多亩的大青枣种植基地。在他的带动下，村里涌现出一批如养鸡大户崔威铭、养牛能人黎焕德等创业致富带头人。叶忠胜是钦州市浦北县泉水镇人，曾在广东省佛山市一企业任总经理，回乡创业后，他积极投身乡村风貌改造，为家乡发展不遗余力。在对家乡风貌改造提升后，他利用当地特有的古茶树资源、原始植被资源、花岗岩奇石资源等，建设配套旅游设施，把茶叶加工和休闲旅游结合起来，带动当地产业发展，并通过"乡贤理事会+合作社+基地+农户"的模式，进行产销一体化服务，增加了群众收入。目前，通过旅游等辐射带动周边地区及贫困家庭从事工艺品编织、农家乐、乡村民宿、土特产销售等配套行业的从业人员达到 1000 人，其中贫困劳动力 350 人，人均年增收入 5000 元以上。[1]

浙江省实施"浙商回归"工程，以项目回迁、资金回流、信息回馈、智力回乡、技术回援、人才回乡等形式反哺家乡，支持乡村建设。浙江省民营经济十分发达，许多经营型"新乡贤"受到政府号召，回乡投资振兴经济，充分发挥自身在经营企业、种植业、养殖业或其他经贸活动方面的优势，营建起规模化的农业合作社，发展乡村旅游和农家乐，把乡村振兴经济基础做扎实，带动当地经济发展，解决村民的就业问题，提高农民的收入水平。上虞区以虞商联谊会及其各大城市 10 个分会为纽带，引导虞商扩大上虞影响、牵线招商引资、参与家乡建设，引进各类回归项目 145 个，到位资金 116.6 亿元。温岭市启动"温贤回归"工程，吸引一批在外乡贤回乡发展新产业、传播新文化，在杭州工作的陈斌回归温岭市石塘镇，挖掘独具海岛特色的渔民石屋建筑的旅游价值，与人合作投资 2000 万元开办石屋民宿，并带动当地渔民开办 150 多家大众民宿。目前温岭新办的 21 家精品民宿的 80% 为温岭"新乡贤"所创办，有效地带动当地渔民创业致富。[2]

"新乡贤"除了为区域发展提供助力，还时常扶贫济困，支持本村公益事业的发展，在村容村貌整治、加强乡村基础设施、养老助学等方面贡献力量。浙江省以"万名乡贤帮千村""千名乡贤帮百村""乡贤回故里"等活动为载体，引导乡贤融入扶贫工作。浙江省台州市引导 19520 名乡贤与 1988 个集体经济薄弱村结对，落实产业开发、基础设施建设、公益事业发展等项目 4200 多个、帮扶资金 114.2 亿元。温岭市以镇街为平台，搭设集体经济薄弱村"一名市

---

[1] 张伟涛、李炜霞：《乡土乡情乡愁 回乡治乡建乡——钦州市"乡贤+"提升乡村治理水平》，《中国社会报》，2021 年 8 月 18 日。

[2] 蒋伟峰、方杰、何斐：《从乡贤回归 走向乡村善治》，《农村工作通讯》，2017 年 12 月 1 日。

级领导+一家企业+X位乡贤"结对、美丽乡村创建村"一村一企一团队"结对服务等多个平台,达成合作项目750个、资金2.5亿元,其中无偿捐资7000万元,安置农村劳动力就业1.3万人。[①] 上虞区由乡贤出资设立的公益基金100余个,涉及教育、卫生、养老、助困等领域,本金总额达9.6亿元,被外界誉为"上虞基金现象"。

山东省邹城市唐村镇在乡贤的主导或参与下,各村群策群议摸清家底,"唤醒"村级闲置土地、传统技艺和历史文化等资源,启动了乡村振兴三年计划。山东省邹城市西颜村整合流转了1500亩土地招引大户开展林果种植;山东省邹城市秦刘村12户闲置宅基地户主与村集体达成协议开发农家乐项目;同市西田村对传统技艺"泥咕咕"进行了传承创新并推向市场;对闲置矿校进行盘活再利用,打造了梦想小镇众创空间,目前入驻创客团队达到110家,带动2000余人就业,获批国家级众创空间。随着这些低效闲置资源的不断激活,给村镇发展带来了新的动能。[②] 该镇自启动乡贤项目以来,各村通过乡贤恳谈会收集整理群众反映的热点问题,梳理民生项目47项。利用乡贤贴近群众心声和了解群众需求的优势,或牵头筹办,或热心筹资,或建言献策,乡贤全程参与其中,让老百姓得到真真正正的实惠。通过借助乡贤人脉,整合社会公益力量,各村打造了爱心驿站,累计募集发放爱心物资价值10万余元。乡贤们牵头办起了公益助学活动,累计助学98人次,发放助学金14余万元。各村持续开展"外出拜乡贤"活动,镇村干部、第一书记通过节日慰问、互通信息、拜访联谊等形式与在外乡贤沟通联络,赢得了在外乡贤对家乡的真心支持。通过这些在外乡贤的牵线或直接投资,唐村招引了一大批企业落户本村,带动了技术回流、人才回归。

[①] 严鹰:《温岭:乡贤治村 乡村大美》,《台州日报》,2021年7月5日。
[②] 李冰:《打造乡贤文化 推进乡村治理》,《济宁晚报》,2018年1月18日。

四、社区服务能力建设

社区服务关系民生、连着民心，不断强化社区为民、便民、安民功能，是落实以人民为中心发展思想、践行党的群众路线、推进基层治理现代化建设的必然要求。党的十八大以来，中央连续出台城乡社区服务体系建设规划和政策措施，持续加大投入力度，初步形成以社区党组织为核心、基层群众性自治组织为主导、社区居民为主体、社区社会组织和驻区单位共同参与的社区服务格局。

在实践成果上，以党群服务中心为基本阵地的城乡社区综合服务设施建设加快推进，城乡社区服务设施建设覆盖面不断拓宽，城乡社区服务供给不断扩大，城乡社区服务人才队伍不断壮大，城乡社区服务信息化建设不断加强，党史学习教育提升为民服务成效。

在制度设计上，为回应人民群众对美好生活的向往，2021年12月27日，民政部牵头编制《"十四五"城乡社区服务体系建设规划》，研究制定关于加强村综合服务能力建设的政策文件，指导各地扎实推进城乡社区服务体系建设。

（一）以数字化、科技化手段助力基层智慧能力建设

充分运用现代科技和信息化手段提升社会治理整体效能，既是科技创新推动社会变革的必然，也是社会治理适应大数据时代信息革命大趋势的应然。实践证明，日益完善的科学技术已成为影响基层治理的关键力量。随着移动互联网与政务服务的结合越来越紧密，政务服务不断向移动端延伸，面对新冠疫情的冲击，"大数据+基层社会治理"的治理手段展现出优越性，乡镇（街道）、村（社区）基本已建成政务服务网点。民政部着力加强社区服务能力建设，从搭平台、聚资源入手，进行信息化支撑、数字化管理、网格化服务，

实现基层治理的精准化、高效化目标：通过"互联网+社区"与新兴科技的应用，对基层社区群众进行精准画像、构建数字化应用场景、整合周边生态数据，推动智慧社区服务建设，满足群众多样化、个性化需求，为群众提供精准化精细化服务；充分应用大数据、区块链等先进技术提升治理效率，有效整合党政机关、公共服务机构等数据资源，构建"一窗办多事、办事不求人"的政务服务新模式，打通了社区服务质量提升的"肠梗阻"，激发了基层社会治理潜能；积极开展社会安全监测预警与控制、城镇公共安全风险防控等应用示范与推广，提高基层政府智能感知、科学预警和精准处置的能力。

浙江省是数字化治理改革与创新的踊跃实践者，2021年浙江省委召开数字化改革大会，浙江省委书记袁家军在会上指出，数字化改革是浙江立足新发展阶段、贯彻新发展理念、构建新发展格局的重大战略举措；要努力通过数字化改革，提高省域治理科学化、精准化、协同化水平，争创社会主义现代化先行省，为全球数字变革提供"浙江方案"。

浙江省慈溪市成立慈溪市社会矛盾纠纷调处化解中心，研发出社会治理一体化平台。该平台依靠数字化手段聚合原有"全平台疑难库""数据驾驶舱"等四大信息化平台，建立健全市、镇（街道）、村居及网格四级联动"一张图"，实现平台数据互联共享。[①]在"数字大脑"的指挥下，慈溪市在社会治理指挥平台搭建纵向到网格、横向全覆盖的基层社会治理数字体系，为1100多名专职网格员配备网格工作手机，以信息上传—审核—分类—流转等全流程在线闭环模式，确保基层社会治理提质增效。慈溪市桥头镇在矛盾调解中心一体化工作系统的基础上，推出了桥头镇乡村数字自治平台"桥头分"，居民遇到矛盾纠纷可以通过"网格融调线上点单"程序，预约调解员以及调解时间、地点，实现矛盾纠纷"随时调、随地调、随手调"；浒山街道鸣山社区依托"赋能社区"数字平台，

---

① 黄意娃：《慈溪：数字赋能激发基层社会治理澎湃动力》，平安宁波网，2021年3月17日。

助力垃圾分类质效双提升，居民垃圾分类正确率超过90%；周巷镇以网格为单位，推广厂房、出租房等不动产数字识别码，一旦发现安全隐患，就通过数字识别码及时联系企业、住户，第一时间降低风险。"互联网+"让慈溪基层社会治理走上"智治"之路，科技赋能激发基层社会治理澎湃动力，推进社会治理精准化、公共服务高效化。

2021年，浙江省杭州市萧山区开始探索建设全国首个"未来派出所"。[①]"未来派出所"的目标是通过数字化改革，既实现精准投放警力，又充分发动基层多元治理主体加入群防群治。智慧公安、数字公安建设的扎实基础，使"未来派出所"能够实现数智管控，通过智能设备的布设，提升对各类违法犯罪行为的事前感知力和控制力，实现全域覆盖、全网共享、全时可用、全程可控，最大程度地避免警力浪费。在钱江世纪城的试点中，钱江世纪城派出所牵头辖区内的69家物业单位、3300多名物业人员组建了物业联合会，对物联会成员定期开展警务培训，使物业力量成为保卫平安的新鲜血液。物联会的出现为基层自治增添新力量，他们参与日常非警务处置，有效降低了金融风险企业案件受理数、物业类矛盾纠纷数和火灾隐患警情数，在缓解事多人少矛盾方面发挥了重要作用。同时物联会人员互通、信息互联，还加快了派出所数字信息的前段采集，快速有效地实现了数字信息的末端处置。融于群众的自治组织不但能高效行动、分流警务，实现基层自治，而且能及时上报安全隐患等线索，发挥了情报引领、精准指挥和舆情导控的作用，使公安力量延伸至社会治理的每一个角落。"未来派出所"通过数字赋能、大数据排查，建立更多类型的重点人口管理模型，不仅能及时处理警情，还能防患于未然。

"未来派出所"能够与既有的基层数字化、网格化治理联动，双向促进，提升基层治理效能。在萧山区，"城市大脑"与"一中心

---

① 陈东升：《"未来派出所"：打造智慧警务长出"眼耳鼻" 深化群防群治扩大"朋友圈"》，《法制日报》，2021年8月30日。

四平台一网格"、110 报警系统全部被打通,在处理重点矛盾纠纷时,重点矛盾纠纷实现实时流转,经过警情梳理,将一些 110 警情实时流转到四个平台,然后由网格员去落地解决矛盾纠纷、上门消除隐患、保障安全。

基层治理中科技创新和制度创新的双轮驱动,促使基层结构由单一行政化向多元扁平化转变。伴随着"互联网"时代的到来,形成了多元化、扁平化的政府层级架构。通过压缩行政管理的层级,让政策在上传下达过程中更加通畅,也让政府角色从管理者向服务者转变;强调政府建设中社会、企业等多元主体参与,极大地改变了单一化、行政化倾向,让贴近公民意愿和利益诉求的多元社会组织成为合作主体,打造共建共治共享的社会治理格局。同时,大数据有助于实现治理精准施策、靶向发力,助推基层治理能力提挡升级。不过在基层治理工作中仍有待进一步加强政务、医疗、教育、交通、治安、环保、市场监管、社区管理等公共职能的协同支撑,构建全方位、全领域的数字化治理系统,拓展基层治理新空间、培育基层治理新动能。

(二)基层公共卫生服务应急管理体系更加健全

从 2020 年到 2021 年,疫情防控存在的问题折射出基层社区公共卫生应急管理体系方面存在的短板和不足。为此,基层治理愈加重视增强基层公共卫生应急管理体系建设。

习近平总书记在湖北省武汉市视察时强调,要着力完善城市治理体系和城乡基层治理体系,树立"全周期管理"意识,为推进新时代基层治理现代化建设提供了根本指引。《关于加强基层治理体系和治理能力现代化建设的意见》围绕"坚持'全周期管理'理念"的工作原则,在认真总结各地新冠疫情基层防控特别是社区防控经验的基础上,对"健全常态化管理和应急管理动态衔接的基层治理机制"作出了明确部署。在乡镇(街道)层面,要求健全基层应急管理组织体系,细化乡镇(街道)应急预案,建立统一指挥的应急管理队伍，吸纳社会力量参加基层应急救援，加强应急物资储备保障。在村（社区）层面，要求合理确定村（社区）规模，发挥村（居）民委员会下设的公共卫生等委员会作用，组织开展卫生防疫知识和应急知识普及，深入开展爱国卫生运动；强调"在应急状态下，由村（社区）'两委'统筹调配本区域各类资源和力量，组织开展应急工作"。在县级以上层面，要求在明确乡镇（街道）、村（社区）综合服务设施功能和面积、推进综合服务设施建设时考虑应急等功能。

2021年全国两会期间，陕西省人大代表刘青光发现，一些物业管理体系相对成熟的小区在应对疫情时，整个公共卫生应急管理工作比较顺畅；反观一些老旧小区，或者物业管理不到位的小区，不能较好地与政府疫情防控工作配合、衔接。他建议，在疫情防控常态化背景下，应该以社区为核心，构建扁平化的公共卫生应急管理队伍。充分发挥小区物业、业主委员的自治能力，组建基层公共卫生应急管理队伍，条块结合、合理编组，与政府形成立体联动式公共卫生应急管理体系，保证政府的各项政策、措施落到实处，增进民众的理解和接受能力，切实提高基层对突发公共卫生事件的应对处置能力。[①]

五、基层治理规范化、法治化进入新高度

全面推进社会治理法治化是推进国家治理体系和治理能力现代化的必然要求，为新发展阶段构建社会治理新格局提供了强有力的法治保障。将基层治理纳入法治化轨道，把法治思维和法治方式融入基层治理全过程、各方面，是实现基层善治的必经之路。用法治

---

① 李卓然：《两会云访谈｜陕西省人大代表刘青光：加强基层公共卫生应急管理体系建设 构建以社区为中心的扁平化应急管理队伍》，西部网，2022年1月21日。

化方式推进基层社会治理，夯实国家治理基石，是将以人民为中心的理念落到实处、确保国家长治久安的重要保障。2021年是基层治理规范化水平达到新高度、法治化进程快速推进的一年，《民法典》生效带来基层社会治理法治化的巨大飞跃，通过各层级党政机关、社会组织和人民群众的长期努力，当前基层社会治理规范化与法治化建设已经取得了较大成就。

中共中央 国务院《关于加强基层治理体系和治理能力现代化建设的意见》于2021年7月印发，该文件指出，推进基层治理法治建设从三个方面入手：其一，提升基层党员、干部法治素养，引导群众积极参与、依法支持和配合基层治理。其二，完善基层公共法律服务体系，加强和规范村（居）法律顾问工作。其三，乡镇（街道）指导村（社区）依法制定村规民约、居民公约，健全备案和履行机制，确保符合法律法规和公序良俗。

（一）基层治理主体的法治素养进一步提升

基层治理是指以区县及其以下的乡镇或街道办事处、农村的村落或城市社区为基本范围，以基层政府及基层政权组织与社会各阶层为治理主体，以社会公共问题为对象，以治理机制为依托的公共活动。进入新时代以来，基层治理愈加重视发挥多元主体协同治理的作用，2021年基层治理的法治化在多元主体上亦有所体现。

城市基层治理在某种意义上也可以叫做"城市社区治理"，它强调社区治理主体的多元化，街道办事处和社区中的党组织、地方政府和街道办事处、居民委员会、非营利组织、业主委员会以及社区成员等都是城市社区治理的多元主体。乡村基层治理的基本格局是"乡村政治"，即乡镇政府成为基层政权组织，依法行政；乡镇以下的村实行村民自治，建立群众性自治组织——村民委员会，对本村事务行使自治权。

政府有了依法行政的意识。政府职权行使中常常遭遇权力和事务不匹配、权力和责任不对等、权力和资源不对称的难题。由于管理事项不断向基层下沉，基层政府工作人员面对的任务日益繁重复杂，有时会因为过分追求结果和完成期限，做出一些违反行政程序的行为。随着习近平法治思想不断得到深入贯彻，社会治理日趋规范化、精细化的当下，各地以系统治理、依法治理、综合治理、源头治理的有机结合为原则，创新"清单式责任分解、常态化责任落实、全过程责任考评机制"的依法治理模式，逐渐形成规范有序、权责明晰的社会治理法治体系。

基层自治组织中的社区工作者善于运用法治方式破解基层社会治理难题。江苏省南京市出台全国首部社会治理地方性法规——《南京市社会治理促进条例》，该条例打通了矛盾纠纷化解程序的运转链条，让网格员处理相关纠纷时有法可依，强化了网格员的法治意识，提升了网格服务能力。[①] 为帮助提升基层自治能力，江北新区法院建立全市首个调解员实训基地，长期承接辖区内各街道调解员等来法院进行为期一个月的学习，采取面对面、一对一、手把手方式，组织系统授课，同时安排基层调解人员嵌入办案小组，从着手调解到诉调对接全流程参与。

普法宣传不断深入基层，城乡社区成员的法治意识大幅度提升。民众具有良好的守法观念是基层社会取得长效治理的必要条件。2021年以来，江西省抚州市以法治宣传为载体，不断探索创新法治惠民新路，建立了较为完备的农村"法律明白人"培养体系。抚州市司法部门在线下常态化开展法律进乡镇、进村组、进社区、进学校、进企业等活动。目前，该市已累计培养"法律明白人"69.84万人，平均每1.2户家庭就有1名"法律明白人"，他们成为乡村法治宣传、矛盾调解的主力军。[②] 该市各地线上线下齐发力，借助新型社交媒体平台，发布典型案例，详细解析其中的是非曲直和法律后果，提升基层群众法治观念和法律素养，形成办事依法、遇事找法、

[①] 林元沁：《南京：以高水平法治促高效能治理》，《新华日报》，2021年12月10日。
[②] 朱剑：《实施农村"法律明白人"培养工程助力法治乡村建设》，《法治日报》，2021年11月4日。

解决问题用法、化解矛盾靠法的良好法治环境。

（二）基层公共法律服务体系日趋完善

公共法律服务是政府公共服务体系的重要组成部分，解决法律服务发展不平衡不充分的矛盾是基层社会治理法治化的重要任务。2019年7月，中共中央办公厅、国务院办公厅印发《关于加快推进公共法律服务体系建设的意见》，指出到2022年，应基本形成覆盖城乡、便捷高效、均等普惠的现代公共法律服务体系。

经过数年的发展，我国已经基本建成以实体、热线和网络三大平台为主体的公共法律服务体系，实现了公共法律服务标准化、精准化、便捷化，最大限度地满足群众法律服务需要。一站式多元纠纷解决机制有了新发展。基层是社会和谐稳定的基础，一站式多元纠纷解决机制旨在充分动员社会自身力量，以诉讼与非诉讼相结合的方式，切实把矛盾解决在萌芽状态、化解在基层。加快推动人民法院调解平台进乡村、进社区、进网格是近几年基层治理规范化、法治化的重要举措。我国各地法院依托3000多家基层法院和10061个人民法庭，推动建立从源头预防、非诉化解、多元解纷基层矛盾纠纷解决链，实现纠纷"终端"与诉讼"前端"无缝对接，让大量纠纷通过前端防控体系止于未发、化于萌芽。2021年2月20日，最高人民法院发布的《中国法院的多元化纠纷解决机制改革报告（2015—2020）》显示，人民法院调解平台上线以来，截至2020年底，3502家法院全部实现与调解平台对接，调解平台应用率达100%；2020年全国各级人民法院新收一审民事案件1313.6万件，与2019年的1385.2万件相比，同比下降5.17%。同时，2019年民事案件诉前调解成功共计145.5万件，2020年该数据为424万件。一站式多元纠纷解决机制和人民法院调解平台日益发挥作用，使得更多的纠纷尚未进入诉讼程序就在诉前得以化解，矛盾纠纷在基层得到有效化解，充分缓和了社会矛盾冲突，促进社会和谐稳定。①

近年来，浙江省积极探索运用数字化手段将司法服务融入基层治理。2021年，浙江省委全面深化改革委员会第十六次会议审议通过了《浙江省全面加强"共享法庭"建设健全"四治"融合城乡基层治理体系的指导意见》。2021年12月底前，该省实现"共享法庭"覆盖全省所有县（市、区）30%以上镇街、30%以上村社、1个以上行业或组织。"共享法庭"是设置在镇街、村社、行业的司法服务站，发微于杭州市临安区的"微法庭"，具有调解指导、网上立案、在线诉讼、普法宣传、基层治理、调解培训6项主要功能，是杭州市基层治理的探索创新。"共享法庭"利用数字化手段，打破传统人民法院参与基层治理在时间和空间上的限制，通过架设一块显示屏、一条数据连接线和一台电脑终端，把司法服务延伸至基层，让一些行动不便、使用智能技术困难的基层群众，就近在"共享法庭"享受高质量司法服务，不增编、不建房，却能实现人人共享司法便利。②

通过在镇街、村社设立"微法庭""共享法庭"，将工作触角延伸到镇街、村社等社会治理的最末端，把调解指导、纠纷化解、线上诉讼、普法宣传、基层治理等服务送到群众家门口，形成涵盖镇街、村社、网格、行业协会的城乡司法服务新格局，为完善"信访打头、调解为主、诉讼断后"的矛盾纠纷多元化解决机制、构建"自治、法治、德治、智治"融合的城乡基层治理体系做了有益探索。

"共享法庭"的建设充分秉持因地制宜的原则，根据地区既有司法资源与常发纠纷特点，创设具有行业、地域特色的"共享法庭"——依托乡镇（街道）矛盾纠纷调处化解中心（综治中心）或人民法庭、派出所及其联勤警务站、司法所等派出机构，设立镇街

---

① 张潇祎：《最高法：人民法院调解平台上线三年来累计调解案件超1360万件》，央广网，2021年2月21日。
② 陈东升、王春：《浙江杭州"共享法庭"分享司法便利》，《法制日报》，2021年12月19日。

"共享法庭";依托村民委员会、居民委员会等基层群众自治组织、村（社区）综治工作站，设立村社"共享法庭";依托金融、保险、邮政等营业网点，妇联、共青团、工会等群团组织以及调解组织、行业协会设立"共享法庭"。浙江省桐庐县旅游业发达，因此由县人民法院与县文化广电旅游体育局、县市场监管局共同指导村委会成立"芦茨红调委会"，其中调解员多为民宿业代表，这是专业法律知识与一线工作优势有机结合的典型案例。

在数字化助力下，"共享法庭"成为一站式诉讼服务、一站式多元解纷、一站式基层治理的最小支点，成为深化诉源治理的"重要前哨"、基层群众参与诉讼的"便捷驿站"、提升基层干部群众法治素养的"云上课堂"、推进基层治理能力现代化的"桥头堡"，推进司法服务更加普惠、均等、精准、可及。

陕西省西安市莲湖区在2020年的法治政府建设项目中被中央依法治国办评为"全国法治政府建设示范区"，能获此殊荣，莲湖区的社区法治"1133"工作模式功不可没。①"1133"工作模式即以新常态下经济发展特点和群众法律服务需求为导向打造的。每个社区选派一名社区法律顾问，开展一次法治日活动，建立社区评估、司法所指导、司法局监督三级监督机制，形成政府购买服务、律师入驻社区、财政民政保障补贴三级保障机制。在社区法治"1133"工作模式下，莲湖区社区群众的法治观念越来越强，办事依法、遇事找法、解决问题用法、化解矛盾靠法在莲湖区已蔚然成风。

社区法治"1133"工作模式的核心是将社区法律顾问工作纳入公共法律服务体系，加强基层治理的末梢治理环节，以办实事、解难题、惠民生为目的，使公共法律服务资源下沉到社区。

法律服务进社区打通了基层法律服务的"最后一公里"。传统的法律服务普遍是被动提供的，法律服务与群众的需求脱节，而在"1133"工作模式下，社区法律顾问除定期主动为民众提供法律咨询、法治宣传等传统法律服务外，还会通过走访了解社情民意，对

————————
① 郑剑峰：《基层法律服务融入社区治理方方面面》，《法制日报》，2021年10月20日。

群众无法自行解决的矛盾纠纷，主动参与化解。社区法律服务人员既是普法宣传员、矛盾纠纷调解员，又是特殊群体指导员和弱势群体引导员。

法律服务进社区不仅为居民提供高效便捷优质的法律服务，还有利于推进社区依法治理。社区法律顾问除了为社区居民提供基础的法律帮助外，还以其专业化的服务深度参与到社区治理工作中，为社区管理事务提供法律意见、为社区调解委员会提供法律咨询，扫清了社区干部处理重大疑难问题的法律盲区，使得社区依法行政水平明显提高。

（三）新型村规民约、社区公约助力新时代基层治理

村规民约、社区公约是由村（居）民共同参与讨论制定，得到全体村（居）民认可的"公约"，它是村（居）民实施村（居）民自治的基本依据，是村（居）民进行自我管理、自我服务、自我教育、自我监督的行为规范，是健全和创新党组织领导下自治、法治、德治相结合的现代基层社会治理机制的重要形式。基于法律授权而制定的自治公约，其意义不仅是用来填补法律空白的，更为重要的是，通过自治公约的"软约束"，使全体村（居）民直接参与到城乡基层治理中。在程序上，村规民约、社区公约在起草前应进行调查研究，确定基层的实际问题和群众普遍关心的问题，广泛征求意见，拟定草案，报送基层党组织和行政机关，经过村民或居民会议表决通过，再进行备案和公布。在内容上，村规民约和社区公约主要围绕基层的社会治安、公序良俗、环境保护、邻里关系等做出原则性规定，以实现传承良好习俗、净化社会风气、增进社会和谐的目的，同时不得与法律、法规和政策相抵触。

在这一村民"自我参与乡村治理"的过程中，村民的行为修养、文明素养、精神风貌、道德情操等综合素养，都会在潜移默化中相互感染、相互影响、共同提升，从而使乡村治理成为大家都关注、全参与的集体自觉行为。也就是说，如果没有村规民约这一全体村

民认可的"公约"，村民对本村乡村治理就没有集体参与的内生动力，认为"管好自家一亩三分地"即可，村集体的事务与自己关系不大。村民有这种想法的时候，就很难参与到乡村治理行动中。而乡村治理主要是由政府推动，缺失全体村民的参与力量，乡村治理的成效不仅缓慢，而且难以持久。采取什么办法能够调动起全体村民参与乡村治理的积极性，并通过这一办法充分激发全体村民关心本村各项事务的内生动力？村规民约经实践证明是切实可行的办法。

法治是现代社会秩序的基本保障，也是现代社会治理的基本准则和手段。在乡村治理中，需要强调依法治理，重视发挥法律的"硬约束"作用。与此同时，也要高度重视发挥村规民约、道德规范等"软约束"效应。比如，乡村各种生活生产小矛盾、小纠纷多发，有效化解这些小矛盾、小纠纷，注重村规民约等非诉讼纠纷解决机制的运用，可以使基层矛盾、纠纷得到及时调处、疏导。移风易俗是乡村治理的一项重要内容，把村规民约的"软约束"功能运用好、发挥好，不仅能有力推进移风易俗，还能够使乡村治理达到事半功倍的效果。

然而，既存的村规民约、社区公约普遍存在内容泛化、执行形式化等问题。2018年，民政部携手多部门联合出台《关于做好村规民约和居民公约工作的指导意见》，指导村规民约、社区公约进行重新修订完善。重新制定的村规民约内容乡土化、语言简练且接地气，易于被群众接受。

四川省昭化区推出"4684"村规民约，推动村民进行自我管理、自我服务、自我教育、自我监督，进一步提升基层治理水平。村规民约的约束力来源于修订过程的投票效力，新的村规民约是村民共同制定出来的，如同村里的"小宪法"一般发挥着约束作用。"4684"村规民约管理模式将村民管理考评与自身利益挂钩，通过"红黑榜""积分榜"等形式，引导群众进行自我管理，旨在通过"红榜"正向激励和"黑榜"反向约束，促进村规民约的遵守和落实，强化村规民约范本、村规民约示范村的典型示范带动作用，助推基层自治取得新发展。①

在居民公约指导社区自治的方案设计上，上海市黄浦区有着成功实践。黄浦区半淞园路街道是位于黄浦中心城区的典型新老混合式居住型社区，既有新建商品房小区，也有大量老式公房和零星旧式里弄，居民群体呈现出需求多样化、思想多元化的特征，对社区基层治理提出了较高的要求。为进一步提升基层治理成效，黄浦区半淞园路街道先后推出《耀江版住户守则》《半淞园住户守则》《半淞园住户守则专项版》（以下共称《住房守则》），通过制定"带牙齿"的社区"软法"，加强居民自我管理，以法治思维和手段破解基层治理难题，激发居民自治的旺盛活力，成为依法治理的典型范例。它切实解决社区居民的实际困难，有效改善了社区治理中容易出现的业主参与度低、业主自治组织发展缓慢、物业管理职责落实难等问题。

半淞园路街道的公约"软法"实践有以下四个特点：第一，坚持党建引领。在《住户守则》的制定和后续应用中，半淞园路街道充分发挥居民区党组织战斗堡垒作用和党员先锋模范作用，由党的工作小组、业委会联合会统筹推动，更好履行组织、宣传、凝聚、服务群众职责，支撑保障《住户守则》有效实施落地。第二，坚持民主协商。《住户守则》的制定是全过程人民民主在基层的有力体现，通过"零距离家园"理事会平台等引导居民有序参与《住户守则》制定的全过程；做到全过程信息公开，通过座谈会、来信来访等传统方式或微信公众号等在线方式做到全过程民主参与；运用"三会"等制度，让居民充分协商，达成最大公约数，形成共同价值追求；在通过小区业主投票表决的民主程序后，《住户守则》具有公约效力；最后，居民可以通过各种方式向居委会、业委会提出意见和建议，做到全过程民主监督。第三，坚持问题导向。《住户守则》的发展历经首创、更新、升级，始终秉持着问题导向、需求导向和效

---

① 杨黎明：《昭化区：创新推出"4684"村规民约 助推基层治理高质量发展》，四川新闻网，2021年10月9日。

果导向，从《耀江版住户守则》到《半淞园住户守则》，再到《半淞园住户守则专项版》，内容逐渐精准化、聚焦化，更加有效治理居民住户迫切急需解决的"顽疾"。第四，坚持法治思维。《住户守则》所有条款都是以国家最新颁布的法律为依据，聚焦近年来社区治理的新需求、新热点和新规定，将"践约而行、依约而治"的法治思维和法治方式融入社区治理，将复杂的法律问题落实到社区生活的细处。无论内容、形式还是程序，都体现了居民自治的契约化精神，也体现了法治规范化的特征。[①]

一方面，黄浦区半淞园路街道《住户守则》的全面实施，体现了习近平总书记关于"人民城市人民建、人民城市为人民"和"让社区成为居民最放心、最安心的港湾"的指示精神。上海市黄浦区半淞园路街道的小小守则，融入了法治化思维，融合了居民自治意识，体现了全过程人民民主理念，倡导了文明居住新风尚。它的执行落地，更是有效整合了社区共治资源，推动形成党组织领导的下共建共治共享基层治理新格局。另一方面，《住户守则》的成功实践，意味着城市基层治理从基于情感的关系治理走向了基于共识的"情理法"治理，此过程中至关重要的一步是对规则治理的重视。想实质性发挥村规民约、居民公约的作用，还需加强自治公约与信用惩戒、监督执纪、行政执法、司法裁判等现行制度和法律、法规衔接，在居民"自力救济"（自我实施）的基础上，进一步加强"公力救济"（第三方实施）。[②]

[①] 张海燕：《法律"公约化" 软法"带牙齿"——〈住户守则〉破解基层治理难题》，《法制上海》，2022年9月8日。

[②] 侯劲松：《沪上新型居民公约〈住户守则〉助力现代社区治理》，《民主与法制报》，2021年5月14日。

第七章　现代社会治理创新发展

党的十八大以来，以习近平同志为核心的党中央大力推进社会治理领域改革创新，我国社会治理现代化取得历史性成就。社会治理理念不断创新发展，开拓了传统社会管理向现代社会治理转变的新境界，并确定了共建共治共享的社会治理制度；社会治理体系不断健全，逐步形成党委领导、政府负责、民主协商、社会协同、公众参与、法治保障、科技支撑的社会治理体系；社会治理能力大幅提升，制度优势转化为治理效能明显增强。[①]

2021年是第十四个五年规划的开局之年，也是我国全面建成小康社会，顺利实现第一个百年奋斗目标的历史时刻。党的十九届五中全会提出，全面建成小康社会，实现第一个百年奋斗目标后，我们要乘势而上开启全面建设社会主义现代化国家新征程、向第二个百年奋斗目标进军，这标志着我国进入了一个新发展阶段。[②] 在新发展阶段，我们的任务是全面建设社会主义现代化国家，"我国现代化是人口规模巨大的现代化，是全体人民共同富裕的现代化，是物质文明和精神文明相协调的现代化，是人与自然和谐共生的现代化，是走和平发展道路的现代化"。[③]中国式现代化为我们深入开展社会治理现代化研究提供了新的理论范式，社会治理是国家治理的基石，

[①] 魏礼群：《全面建成小康社会与推进社会治理现代化》，《前线》，2021年第3期，第31—32页。

[②] 逄锦聚：《准确把握新发展阶段，开启现代化建设新征程》，《光明日报》2021年3月5日。

[③] 习近平：《把握新发展阶段，贯彻新发展理念，构建新发展格局》，《求是》，2021年第9期。

社会治理现代化是国家治理体系和治理能力现代化的重要组成部分，必须在中国式现代化这一总体战略指导下推进。进入新发展阶段，我们面临着国内全面深化改革和国际风险因素叠加的双重挑战，只有不断夯实社会治理这个根基，持续提升社会治理水平，打造共建共治共享的社会治理格局，才能在新发展阶段不断推进国家治理现代化。

一、不断完善公共服务体系

（一）贫困治理的新任务、新课题

2021年2月，习近平总书记在全国脱贫攻坚总结表彰大会上庄严宣告："我国脱贫攻坚战取得了全面胜利，现行标准下9899万农村贫困人口全部脱贫，832个贫困县全部摘帽，12.8万个贫困村全部出列，区域性整体贫困得到解决，完成了消除绝对贫困的艰巨任务。"[①] 自此，我国的贫困治理进入了一个新的时期，贫困治理的重点从全面脱贫攻坚转向巩固脱贫成果、防止返贫，从消灭绝对贫困向解决相对贫困、多维贫困转变。

1. 将巩固拓展脱贫攻坚成果与乡村振兴有效衔接

2020年12月出台的《中共中央 国务院关于实现巩固拓展脱贫攻坚成果同乡村振兴有效衔接的意见》，明确了在脱贫攻坚目标任务完成后，要将巩固拓展脱贫攻坚成果放在突出位置。摆脱贫困的县，从脱贫之日起设立5年过渡期，在过渡期内要保持主要帮扶政策总

---

① 《全国脱贫攻坚总结表彰大会隆重举行 习近平向全国脱贫攻坚楷模荣誉称号获得者等颁奖并发表重要讲话》，中国政府网，2021年2月25日，https://www.gov.cn/xinwen/2021-02/25/content_5588866.htm#1。

体稳定。对现有帮扶政策逐项分类优化调整，合理把握调整节奏、力度、时限，逐步实现由集中资源支持脱贫攻坚转向巩固拓展脱贫攻坚成果和全面推进乡村振兴。[①]2021 年 2 月，国务院扶贫开发小组办公室正式更名为国家乡村振兴局，这既是我国脱贫攻坚战取得全面胜利的一个标志，也是全面实施乡村振兴，奔向新生活、新征程的起点。

2. 建立防止返贫监测和帮扶机制

对脱贫不稳定户、边缘易致贫户，以及因疫情或其他原因收入骤减或支出骤增户进行识别并加强监测，做到早发现、早干预、早帮扶，精准分析帮扶对象返贫致贫的原因，针对性地采取产业、就业、综合保障等帮扶措施，确保不发生规模性返贫和新的致贫。部分地区探索利用数字技术建立"线上+线下"动态监测系统，整合扶贫、卫健、社保等部门的资源，建立数据定期收集分析研判制度。建立一支由村干部、村民代表、帮扶负责人等组成的防止返贫监测员队伍，定期入户监测，及时掌握信息，有效防止返贫。如江西省赣州市建立健全"一月一排查、一季一报告"监测机制，对易返贫致贫人口实行动态监测、分类帮扶，全市共识别"三类人员"9916户、38887 人，全部落实帮扶措施。[②]

3. 支持脱贫地区特色产业发展壮大，促进脱贫人口稳定就业

加强就业产业帮扶，是稳固脱贫成果的重要途径。2021 年 5 月 4 日，人社部、国家发展改革委、财政部、农业农村部、国家乡村振兴局联合发布了《关于切实加强就业帮扶巩固拓展脱贫攻坚成果助力乡村振兴的指导意见》，要求各地按照"平稳过渡、扩面提质、

[①] 《中共中央 国务院关于实现巩固拓展脱贫攻坚成果同乡村振兴有效衔接的意见》，中国政府网，2020 年 12 月 16 日，http://www.gov.cn/zhengce/2021-03/22/content_5594969.htm。

[②] 吴鹏泉：《革命老区赣州多举措巩固脱贫成果 防止发生规模性返贫》，中国新闻网，2021 年 10 月 12 日，https://www.chinanews.com.cn/gn/2021/10-12/9584378.shtml。

拓展延伸、协同联动"的原则，推进就业扶贫与就业帮扶，巩固拓展脱贫攻坚成果，助力乡村振兴各项政策衔接，保持脱贫人口就业规模总体稳定。[1]贵州省普定县化处镇水井村以村集体公司统筹全村的产业发展，以"支部＋公司＋基地＋农户"的模式，开发出1000亩莲藕，打好莲藕经济牌，建了荷叶茶、绿茶综合生产车间与藕粉生产车间，发展乡村旅游，拓展了莲藕产业链，增加了村民就业岗位。多渠道拓宽村民增收途径，通过四年多的努力，全村的销售收入突破400多万，人均收入从2014年的3000多元增长到2020年底的1万多元。[2]如水井村这样积极开发贫困地区特色产业，使贫困地区拥有稳定的增收途径，才是巩固脱贫成果的长效机制。

4. 持续改善脱贫地区基础设施条件，提升公共服务水平

基础设施体现了一个地区的硬件水平，"要致富、先修路"，这句俗话道出了基础设施在地区振兴中的重要作用。目前，贫困地区的基础设施建设仍然滞后，是制约贫困地区经济发展、影响贫困生产生活的难点与痛点，也是巩固脱贫成果的重中之重。要通过高速公路、客货共线铁路、水利、电力、机场、通信网络等区域性和跨区域重大基础设施的建设，不断提升贫困地区基础设施水平，从而激发生产活力，夯实乡村振兴的基石。

公共服务则体现出一个地区的软件水平，长期以来，农村教育、医疗卫生、养老、社会保障等公共服务建设滞后，成为城乡发展不平衡、农业农村发展不充分的一个突出问题，尤其是在贫困地区，较低的公共服务水平阻碍了地区经济发展，甚至可能造成贫困的代际传递。部分贫困地区探索将"扶贫"与"扶志""扶智"相结合，通过促进教育公共服务均等化的方式，阻断贫困代际传播，从根本

---

[1] 《人力资源社会保障部 国家发展改革委 财政部 农业农村部 国家乡村振兴局发布〈关于切实加强就业帮扶巩固拓展脱贫攻坚成果助力乡村振兴的指导意见〉》，中国政府网，2021年5月4日，http://www.gov.cn/gongbao/content/2021/content_5616174.htm。

[2] 《王泽勇：巩固脱贫攻坚成果 加强监测防止返贫》，国务院新闻办网站，2021年6月8日，http://www.scio.gov.cn/ztk/dtzt/44689/45856/45859/Document/1705987/1705987.htm。

上巩固扶贫成果。比如四川省射洪市提出了"志智双扶"的口号,在教育体系中实行市长、镇长、村长、校长、家长共同负责的"五长责任制",实行"一对一帮扶""送教上门""精准资助""特殊关爱""扶贫公函""入学台账""动态监测"等措施,保证适龄学生不辍学。同时,投入近1.3亿元资金改善学校硬件环境,免费培训中小学骨干教师8000余人,推动城乡、校际教育资源优质均衡,通过公共服务均等化助力脱贫成果的巩固。[1]

(二) 医疗卫生服务体系

1. 疫情防控:从"常态化防控探索"到"全链条精准防控的动态清零"

武汉保卫战胜利后,我国的疫情防控进入到"外防输入、内防反弹"的常态化防控探索阶段。随着德尔塔变异毒株的出现,病毒传播更加快速,抗疫成本也相应提升。如何以更高水平、更小成本、更短时间控制住疫情,使疫情对经济社会发展、人民生产生活影响越来越小?经研判,我国及时调整新冠疫情防控政策,自2021年8月开始,进入全链条精准防控的"动态清零"阶段。这一阶段疫情防控的重要目标是在防控举措的迅速和精细化上下功夫,以最低的社会成本,在最短的时间内控制住疫情,这需要在"防"的水平上继续提高,也对我国从上至下的整个医疗体系都提出了更高的要求。

全链条精准防控主要通过四个环节实现:一是围绕"外防输入"施行精准远端防控和入境后的闭环管理。二是建立常态化精准防控和局部疫情应急处置相结合的工作机制。发生局部疫情时,省市县一盘棋协同作战,区域联防联控,采取封闭管理、社区封控、大规模核酸检测、暂停中高风险区域内人群聚集性活动等措施控制疫情。三是采取分区、分级的精准管理,根据疫情发生情况区分高、中、

---

[1] 《四川射洪:"智志双扶"阻断贫困代际传递》,国家发展改革委网站,2021年8月13日,https://www.ndrc.gov.cn/fggz/fgzy/xmtjd/202108/t20210813_1293557.html。

低风险区，并进一步划分封控区、管控区和防范区。四是强化核酸检测，针对高风险岗位人群做到"应检尽检"，加强对易感人群的防护。

2. 构建多层次、重治理、强服务的全民医疗保障体系

2021年9月29日，国务院办公厅印发《"十四五"全民医疗保障规划》（以下简称《规划》），强调要加快建立覆盖全民、城乡统筹、权责清晰、保障适度、可持续的多层次医疗保障体系。这是医疗保障领域第一个五年规划，也是"十四五"时期医疗保障发展的总体蓝图。[1]

《规划》从6个角度确定了未来五年医保改革的方向。第一，满足群众多层次的医保需求。通过实施基本医保、大病医保、医疗救助三重制度保障，辅以补充医疗保险、商业健康保险等，满足群众不同层次的需求。第二，提高医保基金使用效率。继续调整医保药品目录，让新药、好药更有可及性。组织药品集中带量采购，到"十四五"末，每个省份通过国家和省级的集中带量采购药品品种数量达到500个以上，高值医用耗材品种达5个大类以上。[2]第三，进一步规范医保基金使用。《医疗保障基金使用监督管理条例》于2021年5月1日起正式实施，该条例确保打击欺诈骗保、加强基金监管的各项实践和改革措施真正落地，使各级医保部门在基金监管过程中有法可依、有章可循。第四，提供更加便捷的医保公共服务。2021年9月，国家医保局开始推进门诊慢特病相关治疗费用跨省直接结算试点工作，下一步，将加强跨省异地就医直接结算制度和机制建设，优化跨省结算管理服务。第五，设定"1+3"目标体系，推动"三医"联动改革。一个总目标是个人卫生支出占卫生总费用

---

[1] 《国务院办公厅印发〈"十四五"全民医疗保障规划〉》，中国政府网，2021年9月29日，http://www.gov.cn/zhengce/content/2021-09/29/content_5639967.htm。

[2] 《国家医保局详解〈"十四五"全民医疗保障规划〉：多层次 重治理 强服务》，中国政府网，2021年9月30日，http://www.gov.cn/zhengce/content/2021-09/30/content_5640421.htm。

的比例下降到27%；三个目标分别是：职工基本医疗保险政策范围内住院费用基金支付比例和城乡居民基本医疗保险政策范围内住院费用基金支付比例保持稳定，重点救助对象符合规定的住院医疗费用救助比例达到70%。[①]第六，加快医保信息化建设。全面建成全国统一的医疗保障信息平台，建立救助患者医疗费用信息共享机制，完善"互联网+医疗健康"医保管理服务，提升医疗保障大数据综合治理能力。

3. 推广"三明经验"，推动分级诊疗和医疗联合体建设

早在2015年，国务院就提出要以强基层为重点完善分级诊疗服务体系，但推行至今，由于分级诊疗服务体系配套政策尚不完善，优质医疗资源分布不平衡，基层医疗服务能力较弱，一些地方患者依然更愿意去大医院，导致基层医疗资源闲置。2016年，福建省三明市作为首批分级诊疗试点城市和医联体建设试点城市，统筹推进医疗、医保、医药"三医"联动改革，成效显著。2021年2月，国务院医改领导小组认定三明市为全国深化医药卫生体制改革经验推广基地；同年10月，国家卫健委印发了《关于推广三明市分级诊疗和医疗联合体建设经验的通知》，要求各地以组建紧密型医联体为载体，推进医保支付方式改革，着力构建分级诊疗格局，推动"三明经验"走向全国，带动医改不断向纵深推进。

"三明经验"包括：（1）强调政府保障责任，对符合区域卫生规划的公立医院的基本建设、大型设备购置、重点学科发展、公共卫生服务由政府负责；（2）构建"基层首诊、双向转诊、急慢分治、上下联动"的分级诊疗格局；（3）完善补偿机制，实行医保基金"总额付费、超支不补、结余留用"制度；（4）推动医联体内部医学人才、医疗资源、疾病病种"三下沉"；（5）按照"规划发展、分区包段、防治结合、行业监督"的原则，网格化布局组建紧密型

[①]《超13.6亿人参保！"十四五"全民医疗保障规划权威解读来了》，环球网，2021年12月11日，https://china.huanqiu.com/article/45wHkl1cML3。

城市医疗集团和县域医共体，促进医疗资源统筹管理、集约使用，提高区域整体医疗服务水平；（6）注重发挥中医药作用，做强县级中医服务网络，实现基层中医馆全覆盖。①

4. 药品集中带量采购工作常态化制度化

2021年1月，《国务院办公厅印发关于推动药品集中带量采购工作常态化制度化开展的意见》，要求完善以市场为主导的药品价格形成机制，发挥医保基金战略性购买作用，健全政府组织、联盟采购、平台操作的工作机制，引导药品价格回归合理水平。此次药品集采常态化措施覆盖范围广、运行机制规范，驱动中国医药行业加快创新转型。一是明确覆盖范围。重点将医保药品目录内用量大、采购金额高的药品纳入采购范围，逐步覆盖各类药品，明确所有公立医疗机构均应参加药品集中带量采购。二是完善采购规则。坚持"招采合一、量价挂钩"的基本原则，合理确定采购量，完善竞争规则，优化中选规则。三是强化保障措施。加强质量保障，做好供应配送；改进结算方式，在医保基金总额预算基础上，建立药品集中带量采购预付机制。四是健全运行机制。推进构建区域性、全国性联盟采购机制。②

自2021年2月起，第四、五、六批集采陆续启动，中选产品平均降价52%，其中注射剂平均降价56%，胰岛素平均降价48%。除了药品集采之外，高值耗材带量采购也持续推进。2021年9月，国家组织人工关节集中带量采购在天津市开标，此次中选的人工关节产品价格从平均3万元降到1万元以内。③在集采常态化背景下，我

---

① 《国家卫生健康委办公厅关于推广三明市分级诊疗和医疗联合体建设经验的通知》，中国政府网，2021年10月29日，http://www.gov.cn/zhengce/zhengceku/2021-11/22/content_5652558.htm。

② 《明确覆盖范围 完善采购规则 常态化制度化开展药品集采工作》，中国政府网，2021年1月29日，http://www.gov.cn/xinwen/2021-01/29/content_5583598.htm。

③ 张敏：《"灵魂砍价"一再上演 集采倒逼中国医药行业增添"原创"成色》，《证券日报》，2021年12月29日。

国不仅打通了招标、采购、使用、支付、回款等药品流通环节的堵点，降低了交易成本，也促使仿制药、高值耗材价格水分被挤出，鼓励药企投入到具有临床价值的创新药物开发中去，促进了我国医药行业生态的改善和药品研发的良性循环。

（三）就业服务体系

2021年，国内外新冠疫情影响复杂多变，"外防输入、内防反弹"压力较大，就业形势比较严峻，面对诸多不确定性和风险挑战。人力资源社会保障部把稳就业、保就业作为重大政治责任，突出重点，精准施策。2021年全国城镇新增就业1269万人，超额完成全年目标，12月份全国城镇调查失业率为5.1%，低于疫情前同期水平，就业局势总体稳定，好于预期。[1]

1. 国家战略

2021年是"十四五"规划开局之年，是在经历严重疫情后我国经济重回发展正轨的关键之年。2021年8月，国务院制定并实施《"十四五"就业促进规划》，明确了"十四五"时期促进就业工作的指导思想、基本原则、主要目标、重点任务和保障措施，强调要坚持经济发展就业导向，不断扩大就业容量；强化创业带动作用，放大就业倍增效应；完善重点群体就业支持体系，增强就业保障能力；提升劳动者技能素质，缓解结构性就业矛盾，推进人力资源市场体系建设，健全公共就业服务体系，优化劳动者就业环境，提升劳动者收入和权益保障水平，妥善应对潜在影响，防范化解规模性失业风险。[2] 2021年10月，国务院办公厅印发《关于进一步支持大

---

[1] 《2021年人力资源和社会保障工作主要进展情况及下一步工作安排》，人社部网站，2022年2月23日，http://www.mohrss.gov.cn/xxgk2020/fdzdgknr/zcjd/xwfbh/lxxwfbh/202202/t20220224_436710.html。

[2] 《国务院关于印发"十四五"就业促进规划的通知》，中国政府网，2021年8月27日，http://www.gov.cn/zhengce/zhengceku/2021-08/27/content_5633714.htm。

学生创新创业的指导意见》，提出要深化高校创新创业教育改革，将创新创业教育贯穿人才培养全过程，建立以创新创业为导向的新型人才培养模式。

2. 将大众创业、万众创新引向深入

自2014年，国务院提出大众创业、万众创新作为经济增长新引擎以来，各级政府相继出台了创新文件，并提出政策措施指导性意见，掀起了大众创业、万众创新的热潮，但在基层执行过程中，却出现不少问题。一是地方政府对创新创业的扶持力度不够大。小微企业融资困难，抵御风险能力弱；二是对创新创业的配套支持还比较欠缺。虽然基层政府争相打造"创新创业孵化基地"，但多数沦为"面子工程"，由于缺乏招商引资和项目培育的配套政策，创新创业的实际孵化成功率较低。三是对创业人才的培育力度不够大。虽然基层政府推出了一系列人才培育政策，但短期培训多，长期培育少，且多停留在技术层面，对创业人才的全方位、有特色、体系化的培育较为欠缺，实效性较差。

2021年6月，国务院召开常务会议部署"十四五"时期纵深推进大众创业、万众创新举措，要求坚持创业带动就业，营造更优双创发展生态，强化创新创业政策激励，更大激发市场活力促发展、扩就业、惠民生。

首先，要坚持创业带动就业，促进中小微企业吸纳就业的能力。推进大众创业、万众创新是扩大就业，实现富民之道的举措。要善于发掘有创新点的创业契机，拓展就业空间，以服务业、新兴产业加快发展扩大就业容量。2011年，李圆方通过市场调研发现郑州的母婴市场需求量大，因而成立了河南雪绒花母婴护理公司，并率先在河南开创了母婴服务的专业化培训道路，完成了母婴服务培训课程设置、师资培养、教材编写等，并设计出一套全新的管理服务系统。经过10年的发展，公司由单一的母婴月嫂家政服务，扩展到家政服务、职业培训、月子会所、产后康复等一套母婴综合体服务产业链，先后成立了 13 家分公司和子公司，拥有管理层员工 470 人，家政服务人员 2 万余人。①

其次，营造更优双创发展生态，深化"放管服"改革，促进大中小企业融通创新，建设集研发、孵化、投资等于一体的创新创业培育中心。如成都市开展青年创新创业就业筑梦工程，在创业环境方面，提出并建设青年之家三级服务终端体系，设立市级及以上科技企业孵化器及众创空间 251 余家；在创业服务方面，为创业企业和团队提供创业空间、创业培训、法律咨询、知识产权、投融资、资源对接等一体化服务；在创业金融支持方面，设立了超过 88 亿元的债权融资风险补偿资金池，累计发放超过 100 亿元"科创贷"，累计支持科技企业 5000 余家，并通过"人才贷""成果贷""研发贷"等创新金融产品为青年人才提供全方位的金融支撑。②

最后，强化创业创新政策激励，不仅强调"创"，还要关注"培"，为创业者提供创业资源和智力支持。比如大连市针对各类创业人员创业现状和实际需求，打造"创培"品牌，为创业者提供创业资源和智力支持，开展"大手拉小手，创业伴你行"服务活动，组织大连市创业导师走进区（市）县、先导区创业孵化平台，面对面、手把手地帮助创业者解决各类问题，针对高校毕业生群体举办"精品创业经理人实训班"，以在社交 APP 建群提问、专业机构专题咨询和电话咨询等形式开展线上创业指导服务活动，提升创业者素质能力。③

3. 灵活就业

目前我国个人经营、非全日制以及新就业形态等灵活就业规模

---

① 丁艳、王胜昔：《青春在创新创业中闪光——记 2021 年全国大众创业万众创新活动》，《光明日报》，2021 年 10 月 27 日。
② 王垚：《给机会、搭平台、助安居、帮融入……成都这样为青年送助攻》，腾讯网，2021 年 4 月 21 日，https://new.qq.com/rain/a/20210421A022T500。
③ 中国青年创业就业基金会、泽平宏观：《中国青年创业发展报告（2021）》，2021 年 11 月，第 26 页。

已达到2亿人①，但新就业形态劳动者在法律和社会保障上还存在一些问题，一是劳动者的劳动关系不明确，劳动权益保障缺失。通过平台经济就业的劳动者用工方式特殊，往往采用众包模式，打破传统的劳动用工关系，不具备现行法律法规规定的劳动关系特征，用工主体责任难以界定，无法纳入现行失业保险、工伤保险范畴，为劳动者的权益保障带来隐患；二是与就业形态相关的劳动监管薄弱，针对新业态就业者的配套服务缺失。关于新业态就业的用工方式、工时制度、职业技能培训、职业道德教育、劳动纠纷处理等，尚无可资借鉴的法律规范，缺乏引导行业健康发展的规范性文件。

2021年5月12日，李克强主持召开国务院常务会议，决定将部分减负稳岗扩就业政策期限延长到2021年底。确定进一步支持灵活就业措施，一是研究制定灵活就业人员参加城乡居民基本养老保险的兜底措施，推动放开灵活就业人员在就业地参加社保的户籍限制。二是开展平台灵活就业人员职业伤害保障试点，合理界定平台企业责任，探索用工企业购买商业保险、保险公司适当让利、政府加大支持的机制。三是抓紧清理和取消不符合上位法或不合理的收费罚款规定，为灵活就业创造好的环境。② 2021年7月，人社部等8部门共同印发《关于维护新就业形态劳动者劳动保障权益的指导意见》，要求支持和规范发展新就业形态，切实维护新就业形态劳动者劳动保障权益，促进平台经济规范健康持续发展。全国各省市也积极制定关于新业态用工的地方性政策，主要包括新业态就业者的福利保障和提升新业态就业环境等。北京市率先提出对困难的灵活用工劳动者进行暂缓缴纳保险金的政策指引，上海市将战略发力点着重于提升灵活用工劳动者的专业能力、改善就业环境等方面，有些区域如甘肃、浙江等地则提出鼓励高校毕业生从事灵活用工行业及非全

---

① 《目前我国灵活就业规模达2亿人》，中国政府网，2021年5月20日，http：//www.gov.cn/xinwen/2021-05/20/content_5609599.htm。
② 《李克强主持召开国务院常务会议 决定将部分减负稳岗扩就业政策期限延长到今年底 确定进一步支持灵活就业的措施等》，中国政府网，2021年5月12日，http：//www.gov.cn/premier/2021-05/12/content_5606028.htm。

日制工作等。

(四) 养老服务体系

2021年5月公布的第七次全国人口普查数据显示,我国60岁及以上人口达到2.64亿,比重为18.7%,与2010年第六次人口普查数据相比,60岁以上人口比重上升5.44%。[①]为了有效应对我国人口老龄化,加强新时代老龄工作,从国家战略到地方方案,一系列的探索都旨在提升老年人的获得感、幸福感、安全感。

1. 国家战略

近年来,国家制定了一系列关于老龄工作的国家战略。2017年,党的十九大首次提出"积极应对人口老龄化",2019年11月,中共中央、国务院印发了《国家积极应对人口老龄化中长期规划》,2021年3月,《"十四五"规划和2035年远景目标纲要》首次提出"实施积极应对人口老龄化国家战略",2021年11月,《中共中央 国务院关于加强新时代老龄工作的意见》颁布并实施,从健全养老服务体系、完善老年人健康支撑体系、促进老年人社会参与、着力构建老年友好型社会、积极培育银发经济、强化老龄工作保障等多个方面提出了指导意见。[②]这些规划共同构成了实施积极应对人口老龄化国家战略、实现老龄事业和产业高质量发展的顶层设计。

2. 健全基本养老服务体系

2021年11月颁布的《中共中央 国务院关于加强新时代老龄工作的意见》在健全养老服务体系上要求创新居家社区养老服务模式,

[①]《第七次全国人口普查公告》,中国政府网,2021年5月11日,http://www.gov.cn/guoqing/2021-05/13/content_5606149.htm。
[②]《中共中央 国务院关于加强新时代老龄工作的意见》,中国政府网,2021年11月18日,http://www.gov.cn/gongbao/content/2021/content_5659511.htm。

进一步规范发展机构养老，并首次在中央层面部署建立基本养老服务清单制度，对健康、失能、经济困难等不同老年人群体，分类提供养老保障、生活照料、康复照护、社会救助等适宜服务，并明确了服务对象、服务内容、服务标准和支出责任。[1]民政部和财政部从2017年将养老服务清单制度纳入了居家和社区养老服务改革试点范围，《国家基本公共服务标准（2021年版）》在"老有所养"栏下设立了"养老助老服务"项目，相关地区也出台了地方性法规和政策，确定了基本养老服务的以下三条原则：第一，基本养老服务是管基本，要聚焦服务老年人的失能照护和生命安全等基本需要，做到尽力而为、量力而行。第二，基本养老服务虽然是面向全体老年人，但是也要优先保障特殊困难老年人的需要。第三，基本养老服务由政府主导提供，非基本养老服务由市场调节，形成以家庭为基础，市场、社会、政府各司其能的新型养老模式。[2]

3. 构建老年友好型社会

近年来，在适老化改造方面，国家层面采取了一系列措施，2020年，民政部、住建部、全国老龄工作委员会办公室等9部委联合印发《关于加快实施老年人居家适老化改造工程的指导意见》，提出采取政府补贴等方式，对特殊困难老年人家庭实施居家适老化改造。各地纷纷探索适老化改造战略如何落地的方案，上海市从2020年7月起，全面推进环境适老化改造，根据上海市民政局的统一部署，环境适老化改造工程坚持"政府主导、社会参与、市场运作"，采取"政府补贴一点、企业让利一点、家庭自负一点"的资金分担机制，根据适老性、普遍性和多样性的原则，聚焦老年人安全、健康等需求，开展老年人居家环境适老化改造，运营方提供了七大日

---

[1]《中共中央 国务院关于加强新时代老龄工作的意见》，中国政府网，2021年11月18日，http：//www.gov.cn/gongbao/content/2021/content_5659511.htm。

[2]《如何建立基本养老服务清单制度、关爱服务农村空巢老人？民政部养老服务司负责人答记者问》，民政部网站，2021年12月10日，https：//www.mca.gov.cn/h152/n166/c45013/content.html。

常生活场景的 60 余项、200 多种产品供老年人选择。①

除了硬件上的适老化改造,各地各部门积极探索如何满足老年人个性化、多层次、升级化的服务消费需求。工信部开展互联网应用的适老化改造,已对 173 家网站和手机应用完成改造,解决了老年人看不懂、学不会、用不好的问题。下一步,将出台更多更好的政策,持续推进老年用品和服务创新,更好地满足老年人多元化、多层次的需求。中国人口福利基金会、高德打车联合启动"助老暖心出行计划",高德地图、支付宝、微信小程序均上线"一键叫车"功能;中国人口福利基金会、高德地图共同计划建设 1 万座"助老打车暖心车站",线下实现一键扫码叫车。②贵州省发布的《贵州省便利老年人办事服务工作实施方案》明确,通过设置必要的线下办事渠道和优化"互联网 + 政务服务"应用,"双管齐下"优化政务服务,进一步推动解决老年人在运用智能技术方面遇到的困难,为老年人提供更加便利的服务。③

4. 银发经济

我国目前银发经济尚处于起步阶段,一方面随着经济的发展、人民生活水平的提高,老年人的消费结构、消费需求、消费方式都更趋多元化;另一方面,我国针对老年群体的高质量产品和高效能服务供给不足,相关企业产品开发和创新能力较弱,尚未形成完善的老龄消费市场。针对这种供需不平衡的问题,国家发展改革委表示,将积极培育银发经济,要进一步制定老年用品和服务目录、质量标准,加大老年产品的研发制造,为老年人定制医疗、保健、护理、旅游、休闲产品等,打造一批创新力强、品质优良、标准规范、

---

① 蔡小兵:《幸福养老从"屋里厢"开始! 松江推进居家环境适老化改造,"量身定制"变养老为"享老"》,上观新闻,2021 年 9 月 8 日,https://www.jfdaily.com/sgh/detail?id=532263。
② 齐志明:《贴合需求的暖心事越来越多》,《人民日报》,2021 年 12 月 8 日。
③ 《六大举措帮助老年人跨越"数字鸿沟"》,光明网,2021 年 4 月 21 日,https://m.gmw.cn/baijia/2021-04/21/1302244332.html。

具有全国影响力的"为老服务优质品牌",引导老龄产业集群发展。[1]

(五) 碳达峰、碳中和:实现经济社会发展的绿色转型

2021年3月,习近平总书记主持召开中央财经委员会第九次会议时指出,实现碳达峰、碳中和是一场广泛而深刻的经济社会系统性变革,要把碳达峰、碳中和纳入生态文明建设整体布局。我国是全球最大的发展中国家和碳排放大国,为了推动我国经济社会全面绿色转型,要加强碳达峰、碳中和顶层设计和战略布局。一方面,要立足国情,坚持供给侧结构性改革,通过减排降耗,倒逼传统产业转方式、调结构,实现新旧动能转换;另一方面,要以新发展理念为引领,建设绿色生态低碳的现代化产业体系。[2] 2021年10月,《中共中央 国务院关于完整准确全面贯彻新发展理念做好碳达峰碳中和工作的意见》及《2030年前碳达峰行动方案》相继发布,确定了我国碳达峰、碳中和工作的时间表、路线图和施工图。

碳达峰、碳中和目标的设立,大力发展清洁能源和可再生能源,倒逼高能耗产业转型的决策部署,彰显了党中央重塑我国新发展格局的战略部署,但在处理好碳减排与经济发展之间的关系时,也会遇到很多挑战。一是现有产业结构、能源消费仍以高碳为主。根据中国碳核算数据库的估算,我国当前年碳排放约100亿吨,占全球总排量的25%,工业碳排放占比达68%。[3]传统钢铁、建材等高耗能产业去产能任务艰巨,清洁能源发展尚需加力。我国从碳达峰到碳中和的目标期限仅为30年,远低于欧美发达国家50—70年的时长。二是我国目前仍是一个发展中国家,实现减碳目标就必须要摆脱高能耗、高污染、高碳排的产业结构,这是一个长期而又艰巨的过程,

---

[1] 《聚焦老年人现实需要 健全基本养老服务体系》,中国政府网,2021年12月10日,http://www.gov.cn/xinwen/2021-12/10/content_5659708.htm。

[2] 黄承梁:《把碳达峰碳中和作为生态文明建设的历史性任务》,光明网,2021年3月25日,https://m.gmw.cn/baijia/2021-03/25/34714789.html。

[3] 中国碳核算数据库网站,https://www.ceads.net.cn/。

而未来15年是我国基本实现现代化的关键阶段，经济发展的能源增长需求与减排降碳压力并存。

首先，要实现短期经济发展与中长期气候目标的协同增效。短期内积极开展重点行业深度脱碳行动，如严控"两高"行业新增产能，拓展和提升数字技术在节能减碳中的作用，加大对低碳基础设施的投资等；长期来看，则需要在发展模式和思维方式上进行根本转变，这对经济结构转型、技术创新、资金投入、消费方式转变、制度框架、政策体系等都提出了更高的要求。①

其次，用市场手段平衡经济发展和环境保护之间的关系。2021年2月1日，《碳排放权交易管理办法（试行）》开始实施，其确定了市场导向、循序渐进、公平公开和诚信守信的原则，对碳排放配额分配和清缴，碳排放权登记、交易、结算，温室气体排放报告与核查等活动都提出了管理规定。其核心是一个过渡制度，将企业级目标、国家管控和产业政策等要素与市场机制结合起来。②

最后，要合理规划，杜绝运动式减排。2021年第四季度，江苏、湖南、浙江、广东、云南等10余个省份采取了不同程度的限电措施，化纤、水泥、纺织、印刷、冶金、石化、光伏等多个高能耗产业出现停工停产现象，个别省份甚至还将限电范围扩大到居民和非实施有序用电措施企业。③根据有关部门公告，部分地区是因为能耗没有达到年初设定目标，在"能耗双控"政策制约下采取拉闸限电。"双碳"目标必须依靠改变企业能耗模式，树立绿色环保的发展理念来实现，而不是简单粗暴的拉闸限电。出现运动式减排现象说明目前减排和经济增长还处在一个冲突的关系，如何让"双碳"目标成为促进经济增长和高质量发展的驱动力，是一个值得思考的问题。一方面我们需要制定长期的规划，从发展理念、发展内容、发

---

① 牛秋鹏：《以实现碳达峰碳中和目标助推经济高质量发展》，《中国环境报》，2021年9月9日。
② Valerie J. Karplus：《中国碳排放权交易制度：历史、现状与展望》，哈佛气候协议项目报告，2021年6月。
③ 王轶辰：《运动式"减碳"不可持续》，《经济日报》，2021年10月8日。

展方式上完成全面的转型，从产业、技术、市场等多个方面入手，调整原有的高能耗发展模式；另一方面也要加强激励机制的构建，引导产业自主转型。

二、加强城乡突发公共卫生事件应急管理体系建设

2019年末暴发的新冠疫情是中华人民共和国成立以来我国遭遇的传播速度最快、感染范围最广、防控难度最大的一次重大突发公共卫生事件。[1]进入2021年，疫情防控经历了从突发疫情应急围堵阶段到常态化防控探索阶段，再到全链条精准防控的"动态清零"阶段的转变。这对社会治理的精度和效度都是极大的考验，如何快速应对零星暴发的小规模疫情、捍卫人民生命安全和身体健康也成为衡量地方政府应急能力和治理能力的一把标尺。

（一）突发公共卫生事件应急管理的政策法规与机制

学界普遍认为2003年的"非典"是我国突发公共卫生事件的坐标性事件，是促使国家着力构建现代化公共卫生应急管理体系的重要推力。[2]自非典疫情开始，中国着手建设以"一案三制"[3]为核心的现代应急管理体系。[4] 2003年5月，为了有效预防、及时控制和消除突发公共卫生事件的危害，保障公众身体健康与生命安全，维护

---

[1] 《习近平在统筹推进新冠肺炎疫情防控和经济社会发展工作部署会议上的讲话》，《人民日报》，2020年2月24日。
[2] 王红伟：《我国突发公共卫生事件应急管理体系建设研究》，《卫生经济研究》，2021年第9期，第41—42页。
[3] "一案三制"的"一案"是指突发事件应急预案，"三制"是指应急管理的体制、机制和法制。
[4] 龚维斌：《应急管理的中国模式——基于结构、过程与功能的视角》，《社会学研究》，2020年第4期，第2页。

正常的社会秩序，国务院制定并实施《突发公共卫生事件应急条例》，该条例于 2011 年 1 月进行修订，成为指导预防处置突发公共卫生事件的重要遵循。党的十八大以来，我国高度重视应急管理体系建设和应急管理能力提升，党的十九届四中全会要求"健全公共安全体制机制"，构建"统一指挥、专兼常备、反应灵敏、上下联动的应急管理体制，优化国家应急管理能力体系建设"。[①]目前，突发公共卫生事件应急管理机制初步完成了五个功能系统的建设，即决策指挥系统、信息管理系统、应急处置系统、物资保障系统和专家咨询系统。应急管理机制包括十一项内容，即指挥决策、组织协调、监测预警报告、应急响应、信息发布与通报、应急保障、社会动员、国家与地区间的交流与合作、恢复重建、调查督导评估、责任追究与奖励机制。[②]

（二）新冠疫情与突发公共卫生事件应急管理机制的薄弱环节

此次新冠疫情传播速度快，覆盖范围广，防控难度大，对我国公共卫生应急管理体系提出考验，也显现出我国公共卫生防疫体系在"应急预警机制、治理架构建设、应急法制保障建设、疫情防控救治体系建设、应急物资保障体系建设"等环节存在不同程度的短板与漏洞。[③]

一是法律法规落实不够。虽然我国的《传染病防治法》《突发事件应对法》《突发公共卫生事件应急条例》等法律法规为应对突发公共卫生事件制定了详细的应急机制和工作规程，但在实际操作

[①] 《中共中央关于坚持和完善中国特色社会主义制度　推进国家治理体系和治理能力现代化若干重大问题的决定》，新华网，2019 年 11 月 5 日，http://www.xinhuanet.com/politics/2019-11/05/c_1125195786.htm。

[②] 张晓玲：《新中国成立以来我国突发公共卫生事件应急管理的发展历程》，《中国应急管理科学》，2020 年第 10 期，第 45 页。

[③] 张洪：《健全城市公共卫生应急管理体系的思考》，《特区实践与理论》，2020 年第 3 期，第 38 页。

中，不少地方依法应急意识缺乏，对现有法律法规执法不严，应急培训与演练还比较欠缺，导致法律法规的执行流于表面。

二是应急预警机制不健全，信息公开流程不明晰。当突发公共卫生事件暴发时，对于事件的风险认知基于医院、医疗机构和基层社区提供的分散的数据和信息，现有应急机制中，一方面对突发事件的监测敏度不够，另一方面对相关信息的搜集、比较、分析和评估的专业性不够，导致风险研判严重滞后。虽然我国在非典后已建成"纵向到底、横向到边"的公共卫生事件"网络直报"系统，但由于各部门职责划分不清、流程不明，导致信息上报和公开遇到阻力。以武汉新冠疫情为例，2019年11月中下旬到12月初即发生，但到2020年1月才正式公开发布，武汉医院新冠疫情未能通过最快可"2小时直达"的网络直报系统报告出来，暴露出了预警系统的短板和不足。

三是部门间管理职能划分不清晰、不协调，跨域应急管理体制机制存在盲点。中央和地方、地方不同层级间的卫生应急管理职责边界不清，地方政府自主性不够，应对被动，"上"与"下"的关系不明晰，"管理"与"专业"的关系需要理顺；[1]且相关部门之间缺乏有效的信息沟通，多部门合作的应急协调机制尚未建立，信息、资源不能共享严重影响了应急决策的效率。[2]

（三）城市突发公共卫生事件应急管理机制

城市是现代经济发展过程中最重要的空间载体，通过对资源、技术、劳动力和资本的集聚，在完善社会分工、提高生产率、促进经济增长上发挥了重大作用。但正是这种"集聚"的过程为应对突发公共卫生事件带来了困难。第一，我国城市规模正趋向大型化方

---

[1] 李雪峰：《健全国家突发公共卫生事件应急管理体系的对策研究》，《行政管理改革》，2020年第4期，第17页。

[2] 刘鹏程等：《我国突发公共卫生事件应急处置关键问题确认》，《中国卫生政策研究》，2014年第7期，第42页。

向发展。2019 年，中国城区常住人口超过 500 万的特大城市与超大城市有 14 个。大城市中人口密度大、流动性强，人与人之间的接触多，一旦暴发重大公共卫生事件，受波及人数会随着时间的推移呈指数级增长。第二，公共卫生事件管控与救治环节多依赖政府主导的运动式治理，没有建立起长效机制。①运动式治理虽然能在短时间内集合大量的资源投入到疾病防治中去，但由于没有建立起长效机制，导致决策不科学、信息不匹配、措施不主动、行动不迅速等问题。第三，信息传播渠道多，决策难度大。危机爆发后，应急决策要求决策者在短时间内迅速做出判断和抉择。在决策过程中，既有专家基于专业性承担咨询"顾问"的角色，也有公众基于自身利益和诉求通过多种渠道发出的声音，②公众参与决策有时会陷入能力困境、效率困境和机会困境，③兼顾决策的科学性和民主性，需要建立规范的机制化运行。第四，城市规划弹性适应能力较低。城市群间与重大突发事件相关的人口集聚区域应急救治"非常态"设施和场所预留空间较少、建设缺少预判准备、规划系统性较差。④

综上，要应对城市突发公共卫生事件，就需要建立起统一指挥、分工明确、信息共享、协同联动的应急管理机制。2020 年全国两会期间，习近平参加湖北代表团审议时，用"事关国家安全和发展""事关社会政治大局稳定"这两个"事关"点明防范化解重大疫情和突发公共卫生风险的重要性。各个城市建立地方一级的突发公共卫生事件应急机制是对国家层面应急机制的补充和巩固，是编织全国性突发公共卫生事件应急机制网络的重要环节。

以武汉市为例，2020 年 6 月，武汉市政府常务会审议通过《中

---

① 曹清峰：《中国城市公共卫生应急管理体系建设研究》，《现代经济探讨》，2020 年第 6 期，第 89 页。
② 张春艳：《风险社会中的城市公共安全应急机制：挑战与变革》，《长白学刊》，2013 年第 6 期，第 78 页。
③ 王庆华、张海柱：《决策科学化与公众参与：冲突与调和——知识视角的公共决策观念反思与重构》，《吉林大学社会科学学报》，2013 年第 3 期，第 93—94 页。
④ 陆杰华、厉丽：《城市群重大突发公共卫生事件应急管理体系建设探究》，《城市观察》，2021 年第 2 期，第 142 页。

共武汉市委 武汉市人民政府关于加强公共卫生应急管理体系建设的实施意见》（代拟稿）（以下简称《实施意见》）。《实施意见》包括应急管理、疾病预防控制和重大疫情救治三大体系，主要有完善七项机制、强化四项建设和补齐四项短板等十五项重点任务；并提出到2022年底，基本完成公共卫生应急体系的系统重塑；到2025年，努力建成国家公共卫生应急管理体系武汉中心。

《实施意见》通过一年多来，武汉市在以下四个方面推进公共卫生应急管理体系的建设。（1）构建完备的应急预警体系。建成武汉市公共卫生应急指挥系统，与国家、省、市45个系统实现数据互通，汇集913家武汉市各级各类医疗机构、23家市直单位涉疫数据，实现数据"同城同管"和"人物地"全覆盖，日均排查各类风险9000余条。（2）全面重塑疾病预防控制体系。推动建立以市疾控中心为龙头、区疾控中心为枢纽、医疗机构公共卫生科为网底的紧密型疾病防控三级网络。（3）提升基层医疗机构公共卫生服务能力。建成中心城区15分钟基本医疗卫生服务圈、农村地区30分钟基本医疗卫生服务圈。全市1569个家庭医生团队全部加入社区防控网格，对辖区疫情防控实施分片服务管理。（4）提升紧急医学救援能力。全市共建成急救站85家，共配备院前医疗救护车606辆。在60家医院部署院内急救一体化平台终端，初步实现了急救中心、救护车、医院三方急救信息的互联互通。[①]

（四）农村突发公共卫生事件应急管理机制

2021年1月，河北省暴发新冠疫情，据统计，疫情在农村地区蔓延迅速，感染者85.5%都来自农村。小果庄村最早发现病例，随后病毒通过婚宴、满月酒、赶集、聚餐等聚集性活动传播到相邻的刘家佐村、东桥寨村、北桥寨村、南桥寨村。由于农村居民防疫意

[①] 王错凝：《加强公共卫生应急管理体系建设 武汉努力打造国家公共卫生安全标杆城市》，《长江日报》，2021年7月26日。

识较弱，不能做到"早发现、早报告、早隔离、早治疗"，等发现病毒在农村传播时，已经开始了二代或三代传播。类似的情况也出现在黑龙江省。黑龙江省绥化市望奎县确诊病例和无症状感染者多集中在农村地区，疫情呈现出一地集中传播、跨地区传播的态势。从农村疫情防控产生的问题中可以发现，在面对突发公共卫生事件时，农村面对着多重治理困境。

第一，乡土社会组织管理的局限性、信息获取的有限性、地形地貌的复杂性、文化环境的封闭性、公共服务的匮乏等决定了农村应对突发公共卫生事件的特殊性和复杂性。[1]以新冠疫情为例，一方面，由于缺乏有效的宣传和引导，农村居民对疫情缺乏科学的认识，不能很好地做到居家隔离观察、不聚集、勤洗手、戴口罩等防控措施，导致疫情暴发迅速、覆盖范围广；另一方面，由于城乡医疗资源配置不均衡，农村医疗资源短缺比较严重，包括医务人员紧缺、医疗基础设施缺乏和防疫物资严重短缺，导致疫情发生后的救治面临困境。

第二，一直以来，农村社会治理都是政府一元主体，政府出于可控性的考量，借助垄断权力承担起几乎所有的公共危机治理任务，漠视和排斥企业、社会组织、公众等其他治理主体，导致公共危机治理对政府的路径依赖。[2]而政府习惯于用传统的"人治"理念来治理"现代性"危机，极易引发政府公共危机管理上的"进退失据"。[3]比如在疫情防控中，为了尽可能降低疫情扩散风险，多地出现为了限制外出务工人员返乡过年，在执行返乡政策时"层层加码"甚至"一刀切"的现象，引发民众不满。

第三，国家为了规范基层政府的权力运作，乡镇政府原有的独

---

[1] 曹舒、米乐平：《农村应对突发公共卫生事件的多重困境与优化治理——基于典型案例的分析》，《中国农村观察》，2020年第3期，第3页。

[2] 张玉磊：《跨界公共危机与中国公共危机治理模式转型：基于整体性治理的视角》，《华东理工大学学报（社会科学版）》，2016年第5期，第62页。

[3] 金太军：《政府公共危机管理失灵：内在机理与消解路径——基于风险社会视域》，《学术月刊》，2011年第9期，第7页。

立财权、事权被取消，逐渐形成了"自上而下"的"科层制"，①但基层政府规范化、程式化的治理方式在实际治理中，难以与非规则化的乡土社会相适应，反而催生出更多的规避行为和策略行为。②这种行政管理模式使得乡镇政府作为农村应对各类危机事件的主体执行力强而自主性不足，在危机治理中非常依赖上级政府的指示和指导，县、乡、村三级指挥体系不健全、防护意识淡薄、配合意识不足等都导致面对突发公共卫生事件时应急机制执行不顺。

农村突发公共卫生事件应急管理体系建设可以从四方面入手：一是建立健全的指挥体系，建立统一领导和总体协调的应急管理机构，落实责任制，建立县、乡、村三级指挥体系和分片包干机制，加强交通场站、医疗机构、药店、农村社区等各类场所监测哨点的信息报告。二是要落实公共卫生资源向农村流动，因地制宜建立起县、乡、村三级公共卫生应急物资储备制度，加强应急管理人才和基层医务工作人员的培养，多渠道培养专业结构和层次合理的卫生技术人才。三是要发挥群团组织、社会组织的作用，实现政府治理、社会调节和居民自治的良性互动。政府作为农村突发公共卫生事件应急管理的主导力量，做好统筹协调、完善应急处置、提供应急服务以及依法问责等工作；培育农村社会组织依法有效承接政府在突发事件中部分社会职能，补齐短板；提高公民在危机管理中的参与，发挥村干部、农村党员、民兵等模范带头作用，加强基层自治组织在农村突发公共卫生事件中的自主性。③四是建立与农村基层群众顺畅的沟通渠道，采用"网格化"的基层治理模式，实现信息收集、信息传递、预警、宣传、沟通、帮扶等多项功能，畅通突发公共事件应急管理的"最后一公里"。

---

① 李祖佩：《乡村治理领域中的"内卷化"问题省思》，《中国农村观察》，2017年第6期，第122页。

② 田先红：《治理基层中国：桥镇信访博弈的叙事，1995—2009》，社会科学文献出版社2012年版。

③ 曹舒、米乐平：《农村应对突发公共卫生事件的多重困境与优化治理——基于典型案例的分析》，《中国农村观察》，2020年第3期，第10页。

在江苏省响水县张集中心社区港湾村，网格员成为抗击疫情的重要一环，他们的工作包括：（1）当好宣传员，提高群众防范意识，做好疫情知识宣传，通过走访、张贴疫情防控宣传材料等方式劝导群众非必要不出门、少出门，做到喜事延办、丧事简办，不聚集、不聚餐；通过村"大喇叭"宣传防疫知识，将每日最新疫情动态汇编成语音信息，用"小喇叭"开展移动宣传，将疫情动态及时传递给群众，提高群众自我防控意识。（2）当好信息员，充分发挥基层网格化社会治理优势，强化疫情防控网格管理机制，积极调动区网格员、村干部、党员志愿者等各方力量，采取入户走访、电话询问等方式摸排在外人员信息，对辖区外出返乡的人员做好信息采集等相关工作。（3）做好守门员，对外市外省进村人员进行登记建档，为以后的信息采集提供追根溯源的依据；与辖区乡村医生加强沟通，对有发烧等症状的病人，安排到相关定点医院进行排查，并加强信息报告。[①]网格员成为疫情防控的最后一道防线。

总的来说，在迈向乡村治理现代化的新征程上，农村公共卫生突发事件应急机制的建立有利于维护农村社会稳定，助力乡村全面振兴。因此，在理念上要完成从"管理"到"治理"的转变，在参与主体上要完成从"一元主体"到"多元主体"的转变，在手段上要完成从"垂直管理"到"协商治理"的转变，并在机构、体系、法律、物质资源、人力资源上对应急机制的建立提供配合与保障。

三、新时代"枫桥经验"助力社会治理共同体建设

（一）"枫桥经验"的发展脉络及实践经验

1963年，中共中央决定在全国农村开展社会主义教育运动，浙

---

① 汪正清：《张集疫情防控不漏一户不落一人》，《响水日报》，2021年2月3日。

江省绍兴市诸暨县枫桥镇的干部群众创造出发动和依靠群众、就地化解矛盾，坚持矛盾不上交的"枫桥经验"。2003 年，时任浙江省委书记的习近平同志提出要充分珍惜"枫桥经验"，大力推广"枫桥经验"，不断创新"枫桥经验"。2013 年 10 月，习近平总书记强调："各级党委和政府要充分认识'枫桥经验'的重大意义，发扬优良作风，适应时代要求，创新群众工作方法，善于运用法治思维和法治方式解决涉及群众切身利益的矛盾和问题，把'枫桥经验'坚持好、发展好，把党的群众路线坚持好、贯彻好。"①

"枫桥经验"随着时代变化不断丰富发展，成为城乡发展战略中基层治理现代化的样板。2019 年以来，"枫桥经验"陆续被写入《中国共产党农村基层组织工作条例》和《为人民谋福利：新中国人权事业发展 70 年》白皮书，特别是首次以中共中央全会审议通过的形式写入党的十九届六中全会《决议》，代表着"枫桥经验"已经成为坚持和完善中国特色社会主义制度，推进国家治理体系和治理能力现代化的有机组成部分。2021 年 2 月，习近平总书记在中央全面深化改革委员会第十八次会议上强调，"法治建设既要抓末端、治已病，更要抓前端、治未病。要坚持和发展新时代'枫桥经验'，加强矛盾纠纷源头预防、前端化解、关口把控"。② 2021 年 7 月印发的《中共中央 国务院关于加强基层治理体系和治理能力现代化建设的意见》中再次强调要"坚持和发展新时代'枫桥经验'，创新社会治理方式"。③ 在"发动群众、依靠群众，将矛盾与纠纷消除在萌芽阶段，确保社会稳定有序发展，实现共建共治共享的社会治理新格局"的"枫桥经验"的指导下，各地开展了多项有益探索，全力打造新时代"枫桥经验"的样板。

辽宁省积极探索建立新时代"枫桥经验"的样板，将 1.6 万余

---

① 白峰：《"枫桥经验"是群众路线教育的活教材》，《人民日报》，2013 年 10 月 12 日。
② 《习近平主持召开中央全面深化改革委员会第十八次会议并发表重要讲话》，中国政府网，2021 年 2 月 19 日，http://www.gov.cn/xinwen/2021-02/19/content_5587802.htm。
③ 《中共中央 国务院关于加强基层治理体系和治理能力现代化建设的意见》，中国政府网，2021 年 7 月 11 日，http://www.gov.cn/xinwen/2021-07/11/content_5624201.htm。

个"村（居）民评理说事点"打造成基层社会治理的法治平台，通过"开门说事""评理调事""便民答事"的工作方法，畅通群众诉求表达渠道，积极化解各类矛盾纠纷。据统计，全省化解矛盾纠纷19万余件，开展线上评理说事1万余件。①

广东省深圳市龙岗区全面推进新时代"枫桥式"基层单位创建工作，拥有多家高新技术企业的赛兔科技园招募了一支有着矛盾纠纷调解热情、具备调解能力的调解志愿者队伍，组成了"甘坑社区平安联合会"，并以此为桥梁和纽带，不断夯实根基、凝心聚力、群防群治，初步实现园区"大事不出社、小事不出企、矛盾不上交、就地能解决"的社会治理新格局。2021年度，志愿者队伍先后发现、整改火灾隐患及消防违法行为12个，查调处劳资纠纷隐患3件，制止违法犯罪行为3次。全力为园区提供和谐稳定的社会环境。②

青海省海西州都兰县公安局始终以"矛盾不上交、平安不出事、服务不缺位"为目标，探索推进多元化矛盾纠纷排查化解机制，最大限度地把问题解决在基层，全力维护辖区和谐稳定。通过建立调解室的方式，辖区民警积极妥善化解各类矛盾纠纷，针对情况复杂、调解难度较大的矛盾纠纷，辖区民警第一时间会同县司法部门、社区等相关职能单位对矛盾纠纷当事人进行调解，为构建和谐社会、维护辖区的一方稳定起到了积极的作用。③

（二）新时代"枫桥经验"的重要内涵

"枫桥经验"本质上是一种多元主体的社会共治模式，以防范化

---

① 《新时代"枫桥经验"辽宁样板这样打造》，人民网，2021年11月23日，http://www.lnpeople.com.cn/n2/2021/1123/c378315-35018268.html。
② 《"枫桥式园区"创建的赛兔科技园探索》，新浪网，2021年12月19日，http://www.k.sina.com.cn/article_1893278624_70d923a002000y41a.html。
③ 《［我为群众办实事］大力弘扬"枫桥经验" 源头预防化解矛盾》，澎湃新闻客户端，2021年9月16日，https://www.m.thepaper.cn/baijiahao_14533611。

解社会矛盾为突破口，提升社会稳定性，从而形成理想的发展格局。通过上述案例，我们可以总结出新时代"枫桥经验"的重要内涵。

首先，新时代"枫桥经验"的目的是以人民为中心，预防与化解风险与矛盾，提升社会稳定性。"以人民为中心"是"枫桥经验"的本质特征。随着我国社会主要矛盾的深刻变化，人民群众对社会治理、平安建设、法治建设的需求也发生了许多新的变化，相应地，治理的主体、治理的方式也在发生转变，但坚持以人民为中心，一切为了群众、一切依靠群众，始终是"枫桥经验"不变的初心。[①]"以人民为中心"的立场要求社会治理主体必须把实现好、维护好、发展好最广大人民根本利益作为根本目的，解决人民群众急难愁盼的问题，对于容易引发人民群众矛盾纠纷的社会治安、公共安全、环境整治、生活困难、公共服务供给不足或分配不均等问题，坚持"源头预防、前端化解、关口把控"的工作方针，着力化解风险与矛盾，提升社会稳定性。

其次，新时代"枫桥经验"的参与机制是"一个领导、多元共治"，通过发动群众、依靠群众，形成共建共治共享的社会治理格局。"一个领导"指的是坚持党对基层治理的领导，有利于更好、更全面地发挥中国共产党的政治优势和组织优势。"多元共治"指的是以群众自治组织为主体，吸纳社会组织、企业、个人等多元主体广泛参与。"枫桥经验"鼓励自主治理，增设各类民间调解队伍，实现"哪里有矛盾，哪里就有调解组织"，借助社会自治力量以降低政府治理成本。[②]在这种共治模式下，政府权力不再处于强势的中心地位，群众主体的自治和广泛的社会参与能将基层事务的决策权、管理权、监督权交给群众，形成共建共治共享的基层治理新格局。

最后，新时代"枫桥经验"的手段是以法治为准绳，通过协商等方式化解矛盾，提升社会行为的规范。我国社会的现代化进程冲

---

① 张文显：《新时代"枫桥经验"的核心要义》，《社会治理》，2021年第9期，第6页。
② 曾哲、周泽中：《多元主体联动合作的社会共治——以"枫桥经验"之基层治理实践为切入点》，《求实》，2018年第5期，第45页。

击了传统的乡土社会秩序，尤其是改革开放40多年来，法治建设成为国家在乡村社会治理合法化重建的过程和国家权力作为一种强大外生力量（公共权威）逐渐取代乡土精英社会治理功能的过程。①然而，现代法治在基层治理的实际运作过程中，出现了很多法律规避现象。"枫桥经验"是基于乡土与熟人社会提出的，在强调法治为准绳的基础上，可以采用调解、协商、说理等柔性机制，综合运用法律、行政、政策等手段，预防化解各种民间纠纷、行政纠纷、经济纠纷、群体纠纷等，实现"小事不出村、大事不出镇、矛盾不上交、就地解决"。

（三）"枫桥经验"在新时代的深化空间

"枫桥经验"在推广与创新的过程中，还需要注意以下四个问题。第一，如何将"枫桥经验"融入法治建设轨道，切实提升源头治理的问题。习近平总书记在就如何坚持和发展"枫桥经验"的指示中强调："要善于运用法治思维和法治方式解决涉及群众切身利益的矛盾和问题。"由此可见，"枫桥经验"的创新与运用必须在法治框架内。而在现实中，一方面，由于基层政府跳不出"刚性维稳"的窠臼，错误把维稳作为社会管理的目标，甚至为一时摆平而偏离法治轨道；②另一方面，基层群众组织成员素质参差不齐，法治素养不均衡，在化解矛盾时，不能完全做到以法律为准绳，若用"和稀泥"的方式搁置矛盾而不是解决矛盾，则反而会激化矛盾，引发社会冲突。第二，如何平衡多元主体的问题。在社会治理过程中，时刻充斥着主体博弈、利益均衡等复杂因子。③传统的社会管理是一种

---

① 郭星华、任建通：《基层纠纷社会治理的探索——从"枫桥经验"引发的思考》，《山东社会科学》，2015年第1期，第66页。
② 卢芳霞：《从"社会管理"走向"社会治理"——浙江"枫桥经验"十年回顾与展望》，《中共浙江省委党校学报》，2015年第6期，第66页。
③ 曾哲、周泽中：《多元主体联动合作的社会共治——以"枫桥经验"之基层治理实践为切入点》，《求实》，2018年第5期，第48页。

自上而下的单向管理，政府习惯于对社会公共事务"包揽一切"，会造成顾此失彼，导致很多事情管不到位；而如果政府完全放权，仅凭单一分散化、无组织化的公众参与，也无法有效地维系和运行共治目标。现代化的社会治理除了强调政府管理之外还强调社会组织、公民等多元主体协商参与，实现对社会事务的合作管理，在这一过程中，如何实现多元主体的协作与共治，是现代化社会治理的关键所在。第三，在解决基层矛盾时，如何平衡各级规范制度的问题。社会治理强调多种规范相协并重。除了国家机关的成文法律规范外，基层的村规民约、社区公约、行业章程等社会规范的保障作用凸显，国家规范与社会规范相互补充。[1]但在基层实际操作中，国家规范的层级复杂、涉及范围广、制定主体多，造成乡村治理的规则混乱，导致基层村民多以约定俗成的村规民约作为协调矛盾的准绳，一些村规民约缺乏规范或不符合时代发展的要求，甚至与国家政策法规相悖，易引发矛盾与冲突。第四，如何有效甄别矛盾纠纷的性质、确定该采取何种手段进行化解的问题。"枫桥经验"的目的是化解风险与矛盾，维护基层社会的稳定，但通常风险会具有突发性、复杂性、跨域性等特点，这就对风险的预判和甄别提出了很高的要求。什么样的风险需要治理主体介入，什么样的风险可以通过调解来化解，什么样的风险需要提交司法系统，这些都需要有明确的甄别流程。如果事事都采取一种"大事化小、小事化了"的态度，可能会造成风险误判，不仅影响原生风险的防治效果，甚至还会引发次生风险。

进入新时代，"枫桥经验"在理念、原则、手段等方面都有进一步深化的空间。为了在法治轨道上切实提升治理效能，可从以下三个方面入手。

第一，"枫桥经验"的治理方式现代化空间。"枫桥经验"诞生的初衷是解决社会矛盾，维护社会稳定，侧重于打造一个良好的社

---

[1] 王斌通：《新时代"枫桥经验"与矛盾纠纷源头治理的法治化》，《行政管理改革》，2021年第12期，第71页。

会治安环境，总体而言属于社会管理的范畴。党的十八届三中全会通过的《中共中央关于全面深化改革若干重大问题的决定》中首次提出"社会治理"概念，代替了原来的"社会管理"。习近平总书记指出："治理和管理一字之差，体现的是系统治理、依法治理、源头治理、综合施策。"社会治理的目的是实现利益均衡、政治参与和社会公正等，营造最大限度实现公共利益的社会环境。[①]倡导社会治理自治、法治、德治"三治融合"，提高社会治理社会化、法治化、智能化、专业化"四化同步"，这些方式方法是传统社会管理向现代社会治理转变的重要途径，也是新时代"枫桥经验"的发展方向。

第二，"枫桥经验"的法治化空间。要充分领会并实践习近平总书记关于"运用法治思维和法治方式解决涉及群众切身利益的矛盾和问题"的思想，形成全社会学法、懂法、守法、崇法的氛围，坚持依法决策、依法行政、依法管理、依法办事，防止因超越法定权限，违反法定程序而引发的社会矛盾。化解矛盾时，在程序、实体等方面做到全面合法，充分保障当事人的权益。尤其是要提高调解员的法律素养和纠纷化解能力，要知法、懂法、善于用法，加强调解工作的规范化水平。

第三，"枫桥经验"的数字化空间。随着时代的发展，"枫桥经验"的实现手段和实现内容都应与时俱进。数字化时代中的大数据、智能化信息手段为基层治理提供了新的技术手段，要充分利用好数字时代的高效性、便利性、智能性的优势，实现"线上"与"线下"的融合，健全"传统"与"现代"的接轨，形成相互配合、协调融贯的组织体系，实现各部门信息互联互通，资源整合共享，工作协调联动。[②]当然，数字化、信息化只是解决矛盾的一种技术手段，最终落脚点还是要依靠群众。

---

① 卢芳霞：《从"社会管理"走向"社会治理"——浙江"枫桥经验"十年回顾与展望》，《中共浙江省委党校学报》，2015年第6期，第66页。
② 王昊魁等：《55年，"枫桥经验"的变与不变》，《光明日报》，2018年11月16日。

四、"五社联动"助推基层治理体系与能力现代化

党的十九大报告指出:"我国社会主要矛盾已经转化为人民日益增长的美好生活需要和不平衡不充分的发展之间的矛盾。"当前,我国依然存在着城乡发展不平衡、农村发展不充分的问题。在巩固拓展脱贫攻坚成果,全面实施乡村振兴战略的背景下,农村社会治理在增强农村经济活力、提升公共服务水平、加快农村发展进程上发挥出越来越重要的作用。农村社会治理开始突破原有政府管理一切的模式,开始探索政府主导、社会多元主体协商共治的路径,特别是引入社会力量参与治理,拓宽治理参与渠道、优化资源配置、提升公共服务质量。

2021年7月,中共中央 国务院印发了《关于加强基层治理体系和治理能力现代化建设的意见》。该意见指出,要发展公益慈善事业,完善社会力量参与基层治理激励政策,创新社区与社会组织、社会工作者、社区志愿者、社会慈善资源的联动机制。[①]各地开始探索"五社联动"助推基层治理体系和治理能力现代化的路径,并初见成效。

(一)作为现代基层治理行动框架的"五社联动"模式

"五社联动"指的是社区、社会组织、社会工作者、社区志愿者、社会慈善资源这五个要素的联动。"五社联动"是从"三社联动"基础上衍生而来的新概念。"三社联动"通过社区、社会组织和社会工作者在社区治理中的协同联动,逐渐形成政府与社会之间

---

① 《中共中央 国务院关于加强基层治理体系和治理能力现代化建设的意见》,中国政府网,2021年7月11日,http://www.gov.cn/xinwen/2021-07/11/content_5624201.htm。

互联、互动、互补的社会治理新格局。[①]随着各地社区治理探索的不断深入，社区志愿者和社会慈善资源这两个要素被纳入到社会治理主体中，形成了新的"五社联动"模式。"五社联动"是以提升基层治理能力、建设"共建共治共享"的社会治理共同体为目标，坚持党建引领，社区居委会（村委会）发挥组织作用，以社区为平台、以社会组织为载体、以社会工作者为支撑、以社区志愿者为辅助、以社会慈善资源为补充的现代基层治理行动框架。[②]

"五社联动"这种基层治理行动框架通过基层四个主体性要素和一个资源型要素的有效联动，解决社区问题、提供居民服务、强化居民联结，实现社区善治。通过实践，"五社联动"发展出三种实践模式：一是社会组织卷联型模式。社工—社区联合以社区组织为启动要素，依托社区社会组织开展社区志愿服务，发展志愿者、建立志愿者队伍，同时撬动社会慈善资源接续卷入，前后相继形成"五社联动"的实践模式。二是社区志愿者卷联型模式。在前期志愿服务基础好的前提下，社工—社区联合行动，建立稳定的、组织化的社区志愿服务组织以及有效的志愿服务激励机制，扩展建立各类娱乐型、趣缘型、学习型、服务型组织，链接在地企事业单位开发慈善资源，助力社区治理。三是社会慈善资源卷联型模式。社区在前期慈善资源开发及应用基础较好的情况下，社工—社区联合行动，设计社区治理和服务项目，筹措或引导资源投入，发动社区社会组织和志愿者参与社区治理及社区服务。调查显示，"五社联动"在推动多方治理体系建立、构建良好社区秩序及充分满足社区居民服务需求方面都有显著促进作用。[③]

---

① 叶南客、陈金城：《我国"三社联动"的模式选择与策略研究》，《南京社会科学》，2010年第12期，第76页。
② 湖北省民政厅课题组：《"五社联动"助推基层治理体系和治理能力现代化》，《中国民政》，2021年第17期。
③ 湖北省民政厅课题组：《"五社联动"助推基层治理体系和治理能力现代化》，《中国民政》，2021年第17期。

（二）"五社联动"的实践样板

湖北省枣阳市吴店镇西赵湖村辖14个村民小组，728户，2850人，留守儿童41人，留守妇女100余人，留守老人30余人。作为湖北省首批"美丽乡村"建设试点村，西赵湖村的村庄规划、房屋改造、道路硬化等硬件建设工作逐步展开，但在软件建设上始终未能打开局面，"美丽乡村"建设的合力尚未形成。湖北省枣阳市民政局探索将"五社联动"与"美丽乡村"建设相融合，使社区、社会组织、社会工作者、社区志愿者、社会慈善资源五要素联动起来，提升"美丽乡村"建设实效。西赵湖村"五社联动"的具体措施包括两方面。

第一，培育"五社"要素。（1）提升社区平台作用。项目团队驻村与村委会联合办公，积极融入乡村生活，社会工作者参加村"两委"工作会议、主题党日活动，把社区治理和"美丽乡村"建设作为项目重点工作推进，与村"两委"共同研究和制定服务方案，为村"两委"班子赋能，提升团队合作意识。（2）培育本土社工力量。项目团队依托吴店镇社工站探索了"专业社工+本土社工"结对成长的师徒模式，由资深社工带领本土社工共同开展一线服务，让本土社工在观摩资深社工开展专业服务的过程中快速成长。（3）发掘志愿者服务力量。一方面，发掘乡村治理的骨干资源，将村民小组组长、广场舞队长纳入重点培养对象，带领他们"走出去"，学习先进地区的志愿服务经验。另一方面，引导村民骨干组织端午节关爱留守老人、暑期公益学堂、困难群体探访关爱等一系列志愿服务活动，提升村民参与志愿服务的意识和能力。（4）链接整合慈善资源。吴店镇社工站为西赵湖村链接整合了村乡贤、基金会、行业协会、医院、学校、爱心企业等社会资源，在就业创收、留守儿童兴趣拓展、农业技术培训、抗灾扶贫等方面为村民提供切实的帮助。①

第二，促进"五社"联动。（1）通过文化引领促进"五社联动"。树立"尊老爱幼、家庭和谐、邻里互助"的正面文化典型，评选西赵湖村十大"最美家庭"、十大"孝星"、十大抗疫先进个人及团队等多个荣誉，鼓励更多的村民参与到志愿服务中，共建友好社区。（2）通过人文关怀促进"五社联动"。招募女性村民成立彩虹艺术团，为留守老人群体提供文艺演出和探访关爱服务；培养部分留守儿童成为"环境小督察"，积极带动家人和邻里清洁居家环境，增强孩子们的环保意识和对村庄的归属感。（3）通过防疫抗疫促进"五社联动"。项目团队整合心理咨询师、社会工作者、志愿者等资源，孵化培育关爱特困群体乡村防疫抗疫志愿者队，开展经济资助、心理援助、关爱支持、社会融入等服务，促进村民的自我发展和互助，激活社区内生动力。②

（三）"五社联动"模式的内在逻辑与推进难点

在传统的乡村管理模式中，政府权力下沉，导致乡村自治空间缩小，村民组织化程度不高，参与乡村治理的积极性也较弱，这又反过来进一步强化了政府一元管理的地位。因此，将多元社会力量引入社区治理中，发挥多元主体的协同效应，形成共建共治共享的良性循环是非常有必要的。在"五社联动"的模式下，社区是基层社会治理的核心力量，在回应村民需求、化解村民矛盾、处理社区公共事务方面扮演着不可或缺的角色，为参与社区治理的各个主体提供资源交互与信息共享的平台；社会组织是服务载体，能够在社

---

① 《社工站建设一年·案例！"五社联动"让枣阳美丽乡村建设活起来》，民政部网站，2021年12月15日，https：//www.mzzt.mca.gov.cn/article/zt_2020sgjs/zhbd/202201/20220100039133.shtml。

② 《社工站建设一年·案例！"五社联动"让枣阳美丽乡村建设活起来》，民政部网站，2021年12月15日，https：//www.mzzt.mca.gov.cn/article/zt_2020sgjs/zhbd/202201/20220100039133.shtml。

区公共服务、扩大村民有序参与、培育社区文化、实现社区和谐共治等方面发挥作用；社会工作者是服务支撑，能使各方力量在有序调控下形成良好的服务合理，提升项目有效性；社区志愿者是服务助力，在完善社区公共服务的同时还能夯实社区治理的群众基础；社会慈善资源是服务保障，积极链接各方资源实现共享，为社区治理和社区服务提供新型的、多方的、主动的"造血式"供给。[1]"五社联动"在基层治理中能有效激活各个要素，推动多方治理体系建立，构建良好社区秩序，满足基层群众服务需求，实现"共建共治共享"，展现中国特色基层治理制度优势。"五社联动"既是推进国家治理体系和治理能力现代化的内在要求，也对夯实党的执政基础，维护国家安全、社会安全、人民安宁具有重要的意义。但目前"五社联动"处于初步探索期，还有一些问题尚待解决。

第一，规范性社会组织融入农村治理体系难度较大。现有参与乡村振兴的各类社会力量类型单一、发展规模有限、专业化程度低，在乡村治理中长期处于"被动式"参与的初级阶段，主动性和协同意识较弱。从政府的角度来看，一方面希望社会组织可以对政府开展的社会治理拾遗补缺，另一方面又对社会组织持不信任态度，在经费、任务分配上会有意弱化；[2]从村民的角度来看，习惯于寻求传统的社会非正式组织来满足自己生产、生活需要及精神需求，包括宗（家）族组织、宗教组织、农民自发的维权组织以及新型合作经济组织等，这些组织缺乏规范性引导，对农村治理产生消极影响。[3]因此，要将正规的社会组织、社工、社会慈善资源引入乡村治理比较困难，而一旦不能摆正政府、社会组织和村民之间的关系，在引入社会力量参与治理过程中甚至会产生权力寻租空间。

---

[1] 田舒、迪丽孜巴·图尔荪：《社区治理"五社联动"：内涵、机制与困境》，《湖南行政学院学报》，2022年第4期，第103—104页。

[2] 章晓乐、任嘉威：《治理共同视域下社会组织参与农村社会治理的困境和出路》，《南京社会科学》，2021年第10期，第65页。

[3] 李庆召、马华：《价值与限度：农民再组织化与村级治理组织体系再造——基于广东省梅州市F村基层治理改革的思考》，《社会主义研究》，2017年第2期，第113页。

第二，低组织化的村民对农村治理的参与感弱。传统时代的乡村治理主要依靠宗族、宗教、乡约等组织。①通过同源的文化、意识和情感，村民会对自己生活的村庄产生认同感和归属感，对乡村公共事务的参与度较高。进入 20 世纪 80—90 年代，随着市场经济的发展和城市化进程，以"一家一户"为一个生产单位的小农经济形态使乡村社会结构越发松散，导致村民的生活方式呈现"原子化"与"碎片化"状态，乡村中"自顾自"现象比较严重，组织观念淡化，乡村利益共同体和公共性被蚕食。②"五社联动"需要五大主体充分互动，而这五大主体都服务于社区居民（村民），《中共中央 国务院关于实施乡村振兴战略的意见》提出，乡村振兴的重要环节就是要"坚持农民的主体地位""切实发挥农民在乡村振兴中的主体作用，调动亿万农民的积极性、主动性、创造性"。③因此，致力于完善乡村治理的"五社联动"模式也必须建立在村民充分参与之上。

第三，五个主体间的权责界定和联动状态较难实现。"五社联动"要求五个主体并重、充分互动，但由于我国各地发展水平不一，基层治理能力也有差别，在实践过程中会出现权责不明晰、工作难协调的局面。比如有的试点地区在推进"五社联动"过程中过于依赖政府的主导作用，其他主体缺乏主动性;④有的试点地区未厘清各个主体之间的关系，导致各主体在工作中配合度不高，且多以项目制的形式参与乡村治理，未能形成长效机制。

第四，乡村社区社会组织发展缓慢，社会慈善资源难募集。目前我国对社会组织的管理还比较严格，成立社会组织的审批过程较

---

① 吕德文：《乡村治理 70 年：国家治理现代化的视角》，《南京农业大学学报（社会科学版）》，2019 年第 4 期，第 17 页。

② 于健慧：《农民（村民）参与乡村治理的主体意识：基于利益相关者角度的分析》，《理论探讨》，2021 年第 4 期，第 94 页。

③ 《中共中央 国务院关于实施乡村振兴战略的意见》，中国政府网，2018 年 2 月 4 日，http：//www.gov.cn/zhengce/2018-02/04/content_5263807.htm。

④ 陈红军、朱宇轩：《"五社联动"在社区治理中的运行及改进策略》，《经济研究导刊》，2022 年第 35 期，第 149 页。

为繁复，社区对社会组织的规范管理方面也较为欠缺，导致社会组织的发展跟不上乡村振兴的推进速度。特别是社会慈善资源非常匮乏，主要依靠政府介绍企业进行临时性、短期性的慈善捐助，缺乏募集慈善资源的长效性、稳定性路径，也缺乏管理和分配物资的规范制度。

第五，乡村社区治理人才和社区志愿者匮乏。一是专业社区工作者匮乏。由于农村基础设施薄弱、公共服务不均衡，乡村工作薪资待遇低、工作繁琐压力大，农村基层服务人才形成了净流出的局面。参与乡村社区治理的社会工作者多是通过政府购买服务进入的项目制人员，如为村民提供法律援助、为留守儿童开展学习或文体活动、为乡村社区提供文化服务等人员。项目制社会工作者缺乏长期服务的机制，只能解决某些社区问题而不能为乡村治理提供长期服务。二是农村社区志愿者匮乏。村民对于乡村公共事务的参与度较低，共同体意识较弱，未形成主动参与志愿服务的良好风气。一些地区的留守儿童、留守老人较多，参与志愿服务的人力有限。

（四）"五社联动"的推广路径

第一，地方政府要根据本地现有实际情况，制定相关政策，大力培育规范化的农村社会组织，吸纳和培养社区工作者、志愿者。根据中共中央办公厅 国务院办公厅于2016年印发的《关于改革社会组织管理制度促进社会组织健康有序发展的意见》，各级政府要对在城乡社区开展为民服务、养老照护、公益慈善、促进和谐、文体娱乐和农村生产技术服务等活动的社区社会组织，采取降低准入门槛的办法，支持鼓励发展；并为社区社会组织提供组织运作、活动场地、活动经费、人才队伍等方面的支持，采取政府购买服务、设立项目资金、补贴活动经费等措施,加大对社区社会组织的扶持力度。①在乡村振兴的背景下,各地政府要因地制宜,促进社会资源配置不断向农村社区倾斜,建立起制度化、长效化机制以培育与孵化农村社会组织,并以社会组织为载体,吸纳和培养社会工作人才。把社会组织人才工作纳入国家人才工作体系,执行与相关行业相同的职业资格、注册考核、职称评定政策,对加入到乡村振兴一线的社工人才,给予相关补贴、纳入有关表彰奖励推荐范围。

第二,明晰角色定位,明确各主体的权责边界。发挥村民在社区治理中的主体作用,培养村民的主人翁意识;社区在"五社联动"中发挥场域和平台作用;社会工作者在"五社联动"中担当专业角色,为村民提供专业化服务;社区社会组织在"五社联动"中担当承接角色,作为公共服务的提供方和社区服务的承接方;社区志愿者在"五社联动"中担当互动角色;社区公益慈善资源在"五社联动"中发挥辅助作用,补充由政府服务购买项目资金投入不足的情况,实现资源的有效链接。②

第三,通过项目化运作方式入手,逐渐建立起"五社联动"的长效机制。项目化运作具有更强的针对性和灵活性,对于社区中存在的各类问题能充分调动不同主体的力量和资源予以解决,如定期组织货品义卖、专家义诊、科普宣传等。③通过项目制运作可以逐步培养社区社会组织、组建专业化的社会工作团队、获取稳定的社会慈善资源,也能通过项目的合作促进五个主体充分联动,在社区治理中发挥出最佳作用,从而建立起"五社联动"的长效机制。

第四,完善"五社联动"参与乡村振兴的评估机制。农村社会

---

① 《中共中央办公厅 国务院办公厅印发〈关于改革社会组织管理制度促进社会组织健康有序发展的意见〉》,中国政府网,2016 年 8 月 21 日,http://www.gov.cn/zhengce/2016 - 08/21/content_5101125.htm。
② 向德平、罗珍珍:《"五社联动"的运行机制和发展路径》,《中国民政》,2021 年第 17 期,第 42 页。
③ 陈红军、朱宇轩:《"五社联动"在社区治理中的运行及改进策略》,《经济研究导刊》,2022 年第 35 期,第 150 页。

治理评估体系的完善和严格执行，对于农村社会治理的稳定性和可持续性具有重要的导向作用，参与农村社会治理的多元主体积极参与治理评估可以改变以政府为中心主导的单一模式，对治理制度、治理过程、治理成效进行全过程、全系统、全环节的评估。[①]在"五社联动"模式中，可建立起制度化、专业化、社会化的评估流程，引入第三方监督机构，鼓励支持新闻媒体、公众对相关主体的监督，建立"五社联动"工作年度报告制度，规范公开内容、机制和方式，提高透明度。

---

① 章晓乐、任嘉威：《治理视域下社会组织参与农村社会治理的困境和出路》，《南京社会科学》，2021年第10期，第63页。

第八章　中国政治发展的国际反响

　　新冠疫情在 2021 年仍然是全球关注的焦点。疫苗的研发和分配成为国际社会的主要议题。虽然一些主要国家已经开始大规模接种疫苗，但疫情仍在全球范围内蔓延。同时，2021 年，全球面临着严重的气候变化问题，包括更频繁的自然灾害和温室气体排放的增加。一些国家已经采取措施，如减少化石燃料的使用和推广可再生能源，以减缓气候变化的影响。但是，应对气候变化等全球性议题亟须各国摒弃异议，开展通力合作。

　　就全球政治而言，2021 年是充满挑战和变化之年。作为世界超级大国的美国，其国内迎来了百年未有的政治冲击。2021 年 1 月 6 日，一些支持前总统特朗普的民众冲入国会大厦，引发严重的暴乱事件并导致五人死亡。然而，中美关系并未随着美国拜登政府的上台而发生实质性的改变，仍然持续紧张。中美两国之间在经济和地缘政治上的矛盾和争端持续影响着全球政治和经济。同时，2021 年英国完成法定程序，正式脱离欧盟，对欧盟和全球的政治经济产生了巨大的影响。

　　2021 年全球经济相较 2020 年有了较大的改善，但依然受到新冠疫情的影响。大规模的失业和大量企业破产倒闭，导致各国之间的贸易保护主义有所抬头。很多国家都采取了不同程度的限制出口和限制出入境的政策措施，严重影响了全球贸易和供应链。同时，新冠疫情也促进了数字化转型和在线办公、电子商务和数字支付等新技术的发展。人工智能、区块链、云计算、5G 等新兴技术不断涌现，对全人类经济社会发展产生了深远的影响。

面对后疫情时代充满挑战的世界，中国坚持以习近平新时代中国特色社会主义思想为指导，在中国的道路上继续发展，应对挑战，克服困难，努力实现中华民族伟大复兴的中国梦。对于中国共产党和中国政治发展而言，2021年是具有历史特殊性的一年。正如习近平总书记在2021年元旦贺词中所言，"百年征程波澜壮阔，百年初心历久弥坚"。走过百年的中国共产党首先在全党、全国范围展开党史学习教育，以求"永葆初心、牢记使命，乘风破浪、扬帆远航"。在此基础上，中国共产党举行了一系列活动，庆祝了其百年诞辰。中共十九届六中全会通过党的第三份历史决议——《中共中央关于党的百年奋斗重大成就和历史经验的决议》（以下简称《决议》），进一步确立习近平同志党中央的核心、全党的核心地位，确立习近平新时代中国特色社会主义思想的指导地位，并强调坚持和加强党的全面领导。2021年是中国面对新冠疫情和经济下行压力的一年。2021年3月全国两会审议通过了《中华人民共和国国民经济和社会发展第十四个五年规划和2035年远景目标纲要》（以下简称《"十四五"规划和2035年远景目标纲要》），为中国未来社会经济发展奠定了方向，明确了目标。在经济层面，中国尽管仍然面临着一些结构性问题和贸易摩擦的压力，但依然保持强劲的增长态势。同时，中国政府通过采取严格的防控措施，大规模的疫苗接种和限制出入境等措施，有效控制了新冠疫情的大面积蔓延。这为2021年中国政治经济发展提供了有力的保障。中国在科技创新方面也取得了显著进展，特别是在航空航天、人工智能、5G和物联网等领域。在中美关系持续紧张的背景下，中国坚持走自己的道路，继续推动共建"一带一路"倡议，加强与欧盟、亚洲和非洲等地区和国家的合作关系。

简而言之，2021年中国迈入了新的发展阶段。外部环境压力和国内发展的动力并存，对中国政治发展乃至全球格局都产生了深远的影响。

一、中国国际影响力持续提升

2021年，中国国际影响力继续提升，在多个领域扮演着重要角色。首先在经济领域，2021年中国GDP实际增长8.4%，成为全球唯一实现正增长的主要经济体。作为世界第二大经济体，中国拥有庞大的市场和强大的制造能力。中国日益成为全球供应链上的重要枢纽国家。中国经济的持续增长对全球经济的发展产生了积极的影响，并且中国积极参与了全球经济治理，为国际贸易和投资创造了良好的环境。同时，中国新冠疫情防控模式日益受到他国的肯定和效仿。[①] 同时，中国本着"建设性的、开放的、全球性的"方针，积极参与全球治理和国际合作，倡导多边主义和自由贸易，维护全球和平与稳定。2021年中国积极参与了多个重要的国际会议和活动，包括二十国集团峰会、亚太经合组织峰会、联合国大会等，展示了中国在全球事务中的积极作用和领导力。中国积极推进共建"一带一路"倡议、在上海合作组织、金砖国家国际合作机制中发挥建设性作用。这些国家间倡议和合作机制为全球经济发展和国际合作提供了新的动力和机会，并受到了越来越多的国家欢迎和支持，展示了中国共产党的强大领导力和中国在国际事务中的重要地位和作用。

第一，中国国家软实力提升显著。国际民意调查机构发现，2021年中国在俄罗斯、中东和北非在内的阿拉伯国家以及泛非洲地区的软实力得到显著增强。当地民众对中国的好感度提升迅速。俄罗斯民意调查机构"勒瓦达中心"数据显示，近半受访俄罗斯民众认为中国是俄罗斯最亲密的盟友国家。而在2014年同项调查中，只

---

① EIU, *Democracy Index 2021: The China challenge*, https://www.eiu.com/n/campaigns/democracy-index-2021/.

有20%的受访民众认为中国是俄罗斯的盟友。同时，总部设在加纳的泛非民意调查网络"Afrobarometer"在2019—2021年对34个非洲国家公民进行的问卷调查显示，63%的人对中国表示赞同和认可。卡塔尔政策研究机构阿拉伯中心、密歇根大学和阿拉伯圈研究所共同运营的"阿拉伯晴雨表"在中东北非阿拉伯国家的调查显示，2021年该地区民众对中国政府的好感度增加到了53%。[①] 国际分析家认为受益于大量的石油进口和美国在该地区糟糕的政策表现，中国大幅提升了在该地区的软实力。

海外舆论认为，总体而言，2021年中国在抗击新冠疫情方面展现出了强大的应对能力和领导力。中国采取了积极、及时、有力的措施，成功控制住了疫情，同时向世界分享了抗疫经验和医疗物资，为全球抗疫提供了中国方案和中国经验。在经济方面，中国在2020年实现了经济逆势增长，并在2021年继续保持增长态势，成为全球经济发展的重要支柱，展现出中国经济模式的韧性和适应性。在科技创新方面，中国也日益展现其雄厚的实力和全球影响力。中国科技巨头企业如华为、字节跳动、阿里巴巴等凭借其领先的技术和创新的模式在全球范围内有着巨大的影响力。这些企业让中国在5G、人工智能等新兴技术领域处于领先地位，成为全球最大的科技投资国之一。此外，中国积极推动共建"一带一路"倡议，参与应对气候变化等国际议题，为世界和平与发展作出贡献。在外交影响力方面，澳大利亚洛伊研究所从外交网络、多边力量以及公认的外交政策领导力、抱负和效果等维度考察发现，中国已经超越美国，世界排名第一。《纽约时报》《金融时报》《华盛顿邮报》等海外媒体刊文指出，共建"一带一路"倡议、汉语教学、春节文化推广以及航空航天、新能源、5G、人工智能等技术领域的的进展和应用有效地提升了中国国家软实力。《经济学人》《卫报》则刊文表示，中国通过提供疫苗和援助等方式积极参与全球抗疫，以自身高效的防疫模

---

① ［韩］金智云：《全球反华情绪的形成和原因》，《成均中国观察（季刊）》，2022年，第66—71页。

式影响着世界大部分国家。

第二,2021年共建"一带一路"倡议新发展进一步提升中国国际影响力。共建"一带一路"倡议是习近平主席于2013年提出,投资近70个国家和国际组织,其范围涵盖中国历史上丝绸之路和海上丝绸之路行经的中国大陆、中亚、北亚和西亚、印度洋沿岸、地中海沿岸、南美洲、大西洋地区的国家。共建"一带一路"倡议坚持共商共建共享的原则,努力实现沿线区域基础设施更加完善,更加安全高效,以形成更高水准的陆海空交流网路。中国共产党还将共建"一带一路"倡议写进了《中国共产党党章》和《中华人民共和国宪法》。

新冠疫情暴发以来,共建"一带一路"建设的推动也难以避免地受到影响,包含工程人员的移动受限、基础设施建设原材料供应受阻,以及"一带一路"沿线国家的防疫政策。中国外交部国际经济司司长王小龙坦承,从疫情全球大暴发以来大约有20%的共建"一带一路"工程项目受到疫情的严重冲击,而30%—40%的项目则受到一定程度的影响。尽管如此,共建"一带一路"倡议在继续推动全球化和贸易自由化方面仍然取得了新发展。2021年共建"一带一路"倡议继续推进了一系列重要的基础设施建设项目,包括港口、公路、铁路和能源等领域的投资和合作。据中国商务部公布,2021年1月至7月,中国企业在"一带一路"沿线对56国的非金融类直接投资为112.9亿美元,同比增长9.9%,主要投资于越南、老挝、泰国、新加坡、印度尼西亚、马来西亚、孟加拉国、沙特阿拉伯、哈萨克斯坦等国家;对外承包工程方面,中国企业在"一带一路"沿线的60个国家新签对外承包工程项目合同2936份,新签合同额4169.4亿元人民币,同比下降11.7%(折合644.2亿美元,同比下降4.1%),占同期我国对外承包工程新签合同额的52.3%;完成营业额2929.3亿元人民币,同比增长3.1%(折合452.6亿美元,同比增长11.9%),占同期总额的57.6%。截至2022年3月,已有146个国家或地区支持共建"一带一路"倡议,当中139个国家已与中国签署谅解备忘录。① 国际社会认为，中国与"一带一路"沿线国家之间双赢合作关系是共建"一带一路"倡议得以持续推进和发展的关键要素。事实上，"一带一路"沿线国家除少数欧盟国家外，多数为发展中国家，其国内经济社会发展亟需基础设施的大量投入和更新。对这些发展中国家而言，国家治理的优先课题是促进经济和民生发展，快速提升人民生活水平。中国强大的基础设施建设能力和投融资支援正好契合了多数沿线发展中国家的需求。正因如此，尽管受到以美国为首的欧美发达国家诸多非议和歪曲指责，比如所谓的债务陷阱，中国共建"一带一路"倡议依然得到多数国家的欢迎。一些国际观察家认为，随着中国在"一带一路"沿线国家的持续深耕，共建"一带一路"倡议已经对推动全球经济的稳定和可持续发展产生了重要影响，其加强了沿线国家之间的社会人文交流，增强了国家间的政治互信。同时，该倡议也为中国提供了更多机会，提高了中国在国际事务中的话语权和影响力。还有些欧美学者认为共建"一带一路"倡议的国际影响力需要进一步观察和评估。他们认为，共建"一带一路"倡议具有巨大发展潜力，但也存在一些风险和挑战。他们呼吁加强沿线国家之间的合作和对话，以确保共建"一带一路"倡议能够取得更加平衡和可持续的发展。

第三，2021年数字"一带一路"的发展受到国际舆论广泛关注。数字"一带一路"是中国政府提出的一项数字经济合作计划，旨在推动互联网、物联网、人工智能等数字技术在"一带一路"沿线国家的发展和应用，促进数字经济的共同繁荣。具体来说，数字"一带一路"包括建设数字"丝绸之路"和数字"海上丝绸之路"。其中，数字"丝绸之路"的重点是建设数字基础设施、数字经济合作区、数字创新中心等，以推进数字贸易和数字经济发展；数字"海上丝绸之路"则着眼于建设跨境电子商务平台、数字海关、数字物流等，以促进跨境贸易和物流便利化。2021年在数字"一带一

---

① *What is One Belt One Road? A Surplus Recycling Mechanism Approach*, Social Science Research Network（SSRN）.

路"框架下，中国与沿线国家和地区在数字领域的合作不断深化。中国与东盟国家已经签署了《中国—东盟数字经济合作倡议》，计划在数字金融、数字贸易、数字创新等领域加强合作。中国与巴基斯坦的合作将帮助巴基斯坦建设数字经济产业园区和数字中心，促进数字经济发展。在与中东欧国家的合作中，中国将加强数字基础设施建设，提升数字互联互通水平。在数字经济时代，数字"一带一路"将充分展现中国在数字经济建设方面的能力和影响力。

二、全球瞩目的中国共产党建党百年

1921年7月，在上海由50多名党员、13名代表建立的中国共产党在今天已成为拥有9800万名以上党员的世界最大执政党，并在2021年迎来了建党100周年的历史性时刻。一个政党从革命政党到执政党延续一百年并依然保持充沛生命力是史无前例的。国际社会认为，中国共产党领导下的中国取得了巨大的发展成就，特别是在经济领域。许多人认为，中国的经济成功是中国共产党领导下实行改革开放政策的结果。此外，国际社会也赞赏中国共产党在减贫、环境保护、反腐败等方面所做出的努力。

首先，海外学者和媒体普遍认为，中国共产党建党百年以来带领中国人民实现了国家独立和国家发展的双重任务，成就斐然。正因如此，中国民众对中国共产党的支持度始终保持高位。肯尼亚国际问题专家卡文斯·阿德希尔接受《参考消息》记者采访时表示，中国共产党始终把人民放在政策审议和实施的核心位置，这是中国实现全面建成小康社会目标的必胜法宝，中国的包容性发展之路惠及世界人民。[①] 俄罗斯联邦共产党中央委员会主席根纳季·久加诺夫在俄罗斯《真理报》刊文指出，自中国改革开放以来，中国共产党

---

① http://www.cankaoxiaoxi.com/china/20210715/2448447.shtml.

在发展经济、提高人民福祉方面已然取得了惊人成就。在中国共产党成立100周年之际，中国共产党更是在扶贫斗争中赢得了卓越胜利，坚定地领导国家建成小康社会，走向中华民族伟大复兴和社会主义未来。美国前驻华大使芮效俭则认为，中国共产党在带领中国人民逐步实现民族复兴的过程中也完成了政党属性的转变。中国共产党从具有显著阶级属性的工农政党转向了现在代表全体中国人民的"人民党"。建党百年以来，尤其是改革开放以来，"三个代表"理论首先实现了共产党代表性的第一次扩容；科学发展观与和谐社会理论则标志着中国共产党在新时代对阶级斗争路线的扬弃。习近平新时代中国特色社会主义思想则切实完成了中国共产党"人民党"的演化，为中国共产党实现全面领导奠定了扎实的理论基础。芮效俭认为，维持中国共产党执政的核心目标是实现经济发展。和苏联不同的是，苏联经济发展主要是用于支撑军事发展，中国则是以改善人民生活为根本目的而进行经济生产。① 这也是中国共产党能长久执政的根本要义。

其次，新时代中国共产党面对社会民意多元化及百年未有之大变局的挑战，坚持走中国特色社会主义发展道路。日本早稻田大学现代中国研究所所长青山瑠妙、韩国成均馆大学中国研究所所长李熙玉、美国约翰·霍普金斯大学荣誉教授戴维·兰普顿、中国台湾政治大学东亚研究所所长王信贤等人普遍认为中国的政治经济社会发展模式不同于西方。改革开放以来中国经济实力不断增强，国际地位显著提高。国际社会预期中国将走上"西方意义上的民主改革之路"。但是中国政治发展并未如预期那样走向欧美式的民主政治之路。从习近平主席执政开始，中国政治发展的显著特点是不断强化党的领导。从党的十八大开始，中国共产党的领导作用日益加强。在这些海外中国研究学者看来，中国坚持党的全面领导是通过政府

---

① 《美国学者看中共5代领导人各有各的调》，https：//webcache.googleusercontent.com/search?q=cache：2kjoFvuWtgkJ：https：//project.cna.com.tw/20210601-China/202106233001&cd=1&hl=zh-CN&ct=clnk。

力量和市场力量协同发力，凝聚和集成由国家战略科技力量、社会资源共同攻克重大科技难题的组织模式和运行机制，其特征是充分发挥中国制度优势。这是中国共产党应对新时代挑战的主动出击和战略安排。

同时，坚持党的全面领导是中国历史发展和社会现实的必然选择。从党员数量的发展来看，9800 多万党员为中国共产党执政奠定了雄厚的组织基础。从民众的支持来看，中国政治体制的向心力远大于离心力。在海外学者们看来，改革开放之后中国已经形成了一个"多元化的社会与多元化的意见"的国家。在一个社会民意多元化的社会，中国政府的任何政策都会有赞成和反对的意见。但是民众在反腐败和改善民生福祉问题上的诉求与中国共产党相关政策高度契合决定了中国共产党领导地位坚如磐石。从中国政治历史来看，中国历代对大一统国家的历史偏好使得中国民众对中国式的一党治国的政治体制和国家治理模式接受度较高。新加坡前驻联合国大使、新加坡国立大学亚洲研究所前院长马凯硕，美国哥伦比亚大学教授杰弗里·萨克斯等国际研究者指出，中国民众对政治发展的主要诉求和评判标准是国家治理的实际效率，即民众能否实现安居乐业、生活水平能否得到稳步提升，而非基于西方价值观的自由民主政治。

再次，国际社会热议中国共产党十九届六中全会和《决议》。他们认为，这是中国共产党未来继续前进的重要动力和指南。这份《决议》总结了中国共产党过去百年来的历史，强调了党的各个时期所取得的重大成就和经验教训，并提出了未来发展的方向和任务。一些国际媒体和观察家认为，这份历史决议体现了中国共产党的意识形态和控制力，强调了党的绝对领导地位。韩国学者杨甲镛认为，《决议》强调"两个确立"和"两个维护"的本质是坚持中国共产党的领导。"两个确立"是指"确立习近平同志党中央的核心、全党的核心地位，确立习近平新时代中国特色社会主义思想的指导地位"，"两个维护"则是指"坚决维护习近平党中央的核心、全党的核心地位，坚决维护党中央权威和集中统一领导"。"两个确立"和

"两个维护"在强调党的领导这一层面上一脉相通。①

同时，国际学者普遍认为，这份《决议》体现了中国共产党在中国历史上的重要地位和对世界政治、经济的影响力。许多国际学者认为，中国共产党通过实施一系列的政策和措施，在经济、社会、文化、科技等各个领域都取得了巨大的进步和成就。中国共产党取得成功的秘诀在于"坚持人民至上"。埃及共产党总书记萨拉赫表示，中国共产党与中国人民保持了血肉联系，在实现中华民族伟大复兴的历史进程中坚持以人民为中心的发展思想，并因此得到了中国人民的拥护。②

最后，海外中国研究者还关注了建党百年背景下，2021年中国共产党在组织建设、作风建设、思想建设、纪律建设等方面的具体措施和安排。在组织建设方面，中共中央颁布了《党政领导干部选拔任用工作条例》，强化了选拔任用干部的标准和程序，落实了领导干部"三个区分开来"的要求。党的思想建设深入推进。中共中央印发了《中国共产党思想政治工作条例》，明确了思想政治工作的重要性和各级党组织的责任，推进了党员教育管理制度改革。党的纪律检查工作取得新进展。中共中央纪委国家监委公布了第二批"不敢腐""不能腐""不想腐"的50项制度，加强了党员干部的纪律意识和自我约束能力。同时，党的组织生活和民主集中制建设得到制度性强化。中共中央颁布了《中国共产党党组织基本制度（试行）》，完善了党组织制度和民主集中制建设，提高了党的组织生活质量和民主程度。党的基层组织建设稳步推进。中共中央印发了《关于加强基层党组织建设的意见》，明确了加强基层组织建设的目标、任务和措施，促进了基层党组织建设的全面提升。海外观测者普遍认为，中国共产党通过上述具体政策措施加强了党内治理，从而进一步增强了中国共产党的组织能力和凝聚力。

---

① ［韩］杨甲镛：《2021年中国政治评价和2022年展望》，《成均中国观察（季刊）》，2022年，第34—41页。

② 《读懂中共百年成就 借鉴宝贵历史经验——多国人士谈中共十九届六中全会的重要深远意义》，http://cn.chinadiplomacy.org.cn/2021-12/30/content_77960498.shtml。

三、中国国家治理面面观

2021年是中国全面建设社会主义现代化国家的开局之年，也是中国共产党建党100周年。在这一年，中国政府继续推进全面深化改革，坚定不移地推动高质量发展和建设富强民主文明和谐美丽的社会主义现代化强国建设。在国家治理方面，中国继续推进国家治理现代化进程，包括改革国家机构、推进数字化转型、推进法治化进程等，为国家的可持续发展打下坚实的基础。国际社会对中国式治理理念、治理效率以及治理方式等高度关注。

首先，国际社会高度赞扬中国共产党和中国政府在推进共同富裕、人民共建共享发展方面的努力和成绩。共同富裕是中国共产党提出的一个目标，旨在通过促进经济发展和减少贫困，实现全国人民的共同富裕。《"十四五"规划和2035年远景目标纲要》中明确将共同富裕表述为中国共产党治国理政的目标之一，并确立了基本实现共同富裕的时间路线图，立刻引发了国际社会的热烈讨论。海外观察家认为，国际社会应该就共同富裕问题达成这样一个共识，即共同富裕是中国国家治理的目标，是中国特色社会主义道路的核心。共同富裕是人民至上理念以及发展为了人民的集中体现。

在国际社会看来，共同富裕是习近平新时代中国特色社会主义思想的"核心关键词"。共同富裕从本质而言不仅仅是经济问题，而且是关系中国共产党执政基础的重大政治问题。事实上对中国而言，关于共同富裕的话题早已不是什么新鲜事。共同富裕是中国传统儒家民本主义"共富"理念的现代表述，更是内嵌于社会主义核心价值观的基本目标。一些国外学者指出，共同富裕是体现共产党力主的"均富"思想和社会主义平等有机结合的最佳标语。① 他们回顾了中国共产党历史发现，早在建国初期毛泽东就提出了共同富裕的概念。此后邓小平等历代领导人都有谈及共同富裕。一些海外观察家认为，习近平代表中国共产党在"十四五"国家发展规划中对共同富裕赋予了新的涵义和政治意义。他们指出习近平总书记谈及的共同富裕与此前中国共产党论述有关共同富裕的最大不同是明确指出共同富裕是"社会主义的本质要求，是人民群众的共同期盼"，中国共产党推动经济社会发展，"归根到底是要实现全体人民共同富裕"。习近平的共同富裕"不是一部分人和一部分地区的富裕，而是全体人民的富裕"，这明显有别于邓小平1992年写入党章的"鼓励一部分地区和一部分人先富起来，逐步消灭贫穷，达到共同富裕"的主张。国际观察人士认为，习近平在后疫情时代重新定义共同富裕的意义，首先是为了解决迫在眉睫的改革开放以来日益严重的贫富差距和城乡差距。此外，部分海外学者认为共同富裕在加强中国共产党执政合法性，促进中国特色社会主义在话语、道德、物质和制度上相对于西方所谓的自由资本主义制度的优势，提升"中国模式"的国际影响力等方面具有重要的政治意义。②

同时，为在2035年基本实现共同富裕的目标，2021年中国政府采取了一系列政策措施来推动经济发展和社会进步。这些政策措施包括：扩大内需和消费，加快消费升级和数字化转型，鼓励人们更多地参与经济发展；加大对教育、医疗、养老等民生领域的投入，提高基本公共服务水平；推进城乡区域协调发展，加强农村基础设施建设和农业现代化；加强就业和收入分配政策，缩小城乡、地区和行业之间的差距；推进全面深化改革和开放，打造更加公平、透明和可预期的市场环境。许多国际组织和海外中国观察家认为，中国在推进共同富裕方面取得了显著成就。在他们看来，上述政策措

---

① [韩]李弘揆：《共同富裕的含义及其政治性前景》，《成均中国观察（季刊）》，2021年，第71—75页。

② https://www.bbc.com/zhongwen/simp/world-63332234.

施的实施，使得中国经济在 2021 年得以稳步增长。据中国国家统计局数据显示，2021 年中国 GDP 总量达到 101.6 万亿元人民币，同比增长 8.4%。与此同时，中国的居民收入也在不断增长。2021 年，中国城镇居民人均可支配收入为 4.9 万元人民币，农村居民人均可支配收入为 2.9 万元人民币，分别同比增长 9.0% 和 11.8%。除了经济增长和居民收入增加之外，中国政府还在努力解决一些社会问题，例如贫困、环境污染等。据中国政府公布的数据显示，2021 年，中国贫困人口减少了 1100 万人，贫困发生率下降到 0.4% 以下。此外，中国还在积极推进绿色低碳发展，采取一系列措施减少环境污染和资源浪费。中国的基础设施建设也得到了国际社会的积极评价，如高速公路、高铁、数字化基础设施等。法国参议院副议长、法国共产党全国委员会主席皮埃尔·洛朗，泰国暹罗智库主席洪风、意大利国际关系学者法比奥·马西莫·帕兰迪，巴基斯坦可持续发展政策研究所中国研究中心主任沙基勒·拉迈，比利时赛百思中欧商务咨询公司首席执行官弗雷德里克·巴尔丹，埃及共产党总书记阿德利和比利时财经杂志《走进比利时》总编辑弗朗索瓦·曼森等都认为中国在基础设施建设和人民生活水平改善等方面取得了长足进步，在环境保护与生态治理方面也取得了可喜成绩。在他们看来，中国政府务实高效，社会和谐稳定，乡村振兴战略的全面实施等都将有效推动中国社会的平衡发展。[①] 同时，国际媒体认为，共同富裕的附加效应是推动了中国社会慈善捐赠事业的快速发展。国际舆论认为，阿里巴巴、腾讯等中国著名大型民营企业先后宣布成立千亿元规模的"共同富裕"基金，字节跳动、拼多多、京东等互联网企业也都纷纷宣布相应的目标和计划。这是中国民营企业家积极响应共同富裕政策的号召，踊跃做慈善捐赠，积极承担企业社会责任的表现。

综上所述，国际社会对中国共同富裕的实践存在不同的观点和

---

① 《国际社会积极评价中国在高质量发展中促进共同富裕》，《人民日报》，2021 年 9 月 28 日。

评价。他们普遍肯定了中国共产党和中国在推进共同富裕方面取得的成就，但也对中国在实现共同富裕方面存在的一些问题和挑战提出了自己的看法。

其次，国际舆论关注中国气候治理行动。自批准《巴黎协定》以来，中国已采取措施减少煤炭在一次能源结构中的份额，提高能源和碳强度，以及增加可再生能源在电力部门的份额，从而减少其二氧化碳排放量。此外，中国显著提高了部分地区的森林覆盖率，以创造新的碳汇能力（吸收二氧化碳的能力）。在此基础上，为实现双碳目标，习近平还向世界承诺中国将增加非化石燃料的份额，到2030年，一次能源消费比重下降25%左右，碳排放强度（单位GDP二氧化碳排放量）下降65%以上。同时，中国将进一步提升国家森林蓄积量，到2030年国家森林蓄积量比2005年的水平增加60亿立方米，从而提高国家的碳储存能力。国际机构和观察家高度赞扬中国国家主席习近平在多个国际场合阐述中国应对全球气候变化的目标、措施和时间路线图。在海外观察人士看来，中国气候治理目标和行动计划提高了中国作为全球气候治理领导者的地位和声望。[1]

2021年中国落实气候治理的具体行动包括制定了气候友好型政策和法规来管理煤炭产量和消费，推动可再生能源、清洁能源汽车的发展，以及加强对碳排放集中的交通和林业部门的管理。中国还引入了金融工具来管理排放，包括大规模排放交易系统（ETS）和绿色债券市场的构建和启动。虽然截至目前这些政策的实施仍然存在一些问题，中国能源结构仍然以煤炭位主导，但是在"气候行动追踪"（Climate Action Tracker）等国际组织看来，中国在节能减排，推进绿色发展以应对全球气候变化方面取得了很大的成功。中国通过《二氧化碳达峰和碳中和工作指南》和《2030年前二氧化碳达峰行动计划》以及《"十四五"规划和2035年远景目标纲要》，以国家发展战略的形式向世界展示了中国节能减排的国家意

---

[1] Elizabeth Economy, *China's Climate Strategy*, China Leadership Monitor, Summer 2021 Issue 68.

志和行动力。①

国际机构和观察者指出，结合中国最新政策以及技术趋势，2021 年中国非化石能源份额以及太阳能和风能装机容量的增长将超过国家官方的国家自主贡献目标②。中国是太阳能发电、风力涡轮机和电动汽车等绿色技术开发和生产的领导者。中国制造了全球 2/3 的太阳能光伏设备、1/3 的风力涡轮机和 3/4 的电动汽车锂电池。中国双碳目标和绿色发展将在未来获得巨大成功。正如新加坡前驻联合国大使、新加坡国立大学亚洲研究所前院长马凯硕在线上出席新加坡主办的"习近平和中国在不断变化的世界中的角色"论坛活动时所言，相较于美国，中国在应对全球气候变化方面切实履行大国责任、身体力行。俄罗斯联邦驻博洛尼亚领事馆名誉经济顾问德莫斯特内斯·弗洛罗斯指出，能源转型在某种程度上而言是由美国等西方发达国家所操纵的"碳政治"议题。③ 西方国家从工业革命开始大量排放温室气体，导致大气污染，严重损害生态环境。从累计的数据看，碳排放量排名第一、第二的都是美欧国家，而不是备受指责的中国和印度。美欧国家，尤其是美国没有权利一面以环境目标为借口，要求世界其他地区追求零排放的目标，对中国、印度等诸多发展中国家的碳排放横加指责，另一面自身却一意孤行退出全球气候治理机制，拒绝承担减排义务。

此外，国际社会高度评价中国在 2021 年格拉斯哥气候大会上的表现。2021 年格拉斯哥气候大会（COP26）是一次《联合国气候变化框架公约》下的国际气候变化谈判，原定于 2020 年 11 月在英国格拉斯哥举行，由于新冠疫情的影响而推迟至 2021 年 11 月 1—12 日。此次会议旨在为全球应对气候变化制订具体行动计划，促进各

---

① https://climateactiontracker.org/countries/china/2022-05-19/.
② 根据联合国定义，"国家自主贡献"（NDC）是一个旨在减少排放、适应气候影响的气候行动计划。《巴黎协定》各缔约国都必须设定国家自主贡献方案，每五年更新一次。https://www.un.org/zh/climatechange/all-about-ndcs.
③ 宋朝龙：《晚期金融资本帝国的现代性危机于社会主义对全球现代性的重塑——第三届世界马克思主义大会外国学者对当下全球变局的观察评析》，《国外社会科学》，2021 年第 5 期。

国间的气候合作、加强全球应对气候变化的行动、加快实现《巴黎协定》中的目标，特别是全球温室气体减排和适应气候变化。《纽约时报》认为，中国在气候变化问题上的表态向全球发出了一个信号，表明中国愿意在国际合作框架下加强气候行动，并向其他发展中国家提供支持。《卫报》《金融时报》、英国广播公司（BBC）等世界知名媒体都表示，中国的"双碳承诺"是一个"重要的里程碑"，这表明中国正在采取措施减少温室气体排放，这是全球减排努力中的一个重要步骤。中国正在向世界展示其在应对气候变化方面的愿景、决心和责任感。总之，外国媒体对中国在2021年格拉斯哥气候大会上的行动和承诺比较积极，认为中国的表态向全球发出了积极的信号，并有助于推动全球应对气候变化的合作。同时，中国推动碳达峰、碳中和的行动已开始产生积极影响。超过3/4的海外企业认为中国的绿色转型进一步增强了中国市场对他们的吸引力，它们对中国"双碳"目标带来的机遇也充满期待。

再次，外媒高度关注中国人民币国际化发展问题。第一，国际社会认为人民币国际化将进一步提高中国政府的经济实力和国际竞争力。人民币的国际化将促进更多的国际贸易和投资，这将使中国共产党和中国政府更加受到国际社会的重视和尊重。根据中国人民银行《2022年人民币国际化报告》，2021年以来，人民币跨境收付金额在上年高基数的基础上延续增长态势。2021年，银行人民币跨境收付金额合计为36.6万亿元，同比增长29.0%，收付金额创历史新高。人民币跨境收支总体平衡，全年累计净流入4044.7亿元。据日本经济新闻报道称，根据银行之间的国际结算网络"环球银行金融电信协会"（SWIFT）的调查数据显示，作为全球投资和贸易中的资金结算货币，2021年12月人民币的排名超过日元升至世界第4位，仅次于美元（40.51%）、欧元（36.65%）和英镑（5.89%）。海外学者指出，虽然当前人民币国际化并不能撼动美元在国际货币格局中的主导地位，但是随着人民币在国际市场上的流通增加，其必然将加强中国政府的金融和货币政策的全球影响力，使中国政府在国际金融市场上更有话语权。同时，人民币国际化也可以减少中国对美元的依赖，在中美关系持续紧张的背景下降低中国在美元霸权下的风险和影响，进一步提高中国的国际金融地位。他们指出，2021年国际货币基金组织（IMF）发布的官方外汇储备货币构成（COFER）数据显示，人民币在主要储备货币中排名已经上升到第五位。同时，国际货币基金组织进一步上调了人民币在特别提款权（SDR）中的权重比例，反映出国际社会和国际金融市场对人民币国际流通程度的认可。

第二，国际社会认为人民币国际化将对中国政府的国内经济和金融改革产生影响。随着人民币国际化程度的提升，中国政府将面临更多的国际市场波动和外部压力。因此，中国政府必然会加大对国内市场的调控，以避免经济不稳定和外部干扰。海外学者认为，人民币国际化需要中国政府妥善处理国内金融市场、资本账户管制、货币政策、外汇储备等方面的问题，这会进一步推动中国政府进行国内改革。2021年中国政府在区块链数字货币试点、金融市场开放等方面已然做出了诸多改革尝试。中国央行数字货币试点取得阶段性进展，多个城市开始试点数字人民币红包和支付场景。同时，多项金融市场开放政策出台，例如允许外资机构独资经营基金管理公司等。一些海外观察人士则认为当前中国金融市场透明度仍然不足，外国投资者对于中国市场的认知和了解不足，这在一定程度上限制人民币在国际市场上的使用。

第三，国际社会高度关注中国数字人民币的发展。海外观察人士认为，数字人民币的推出有望将人民币的地位提升到一个新的高度。随着中国政府不断放开政策，数字人民币有望进入跨境交易领域，这将使得人民币真正成为全球贸易货币，并将降低成本和提升效率。当前中国数字移动支付主要依托于支付宝和微信等第三方支付机构平台。然而，第三方支付机构的繁荣背后却存在诸多隐患，影响金融稳定与安全。数字人民币则是人民银行发行的数字形式的法定货币，由指定运营机构参与运营，以广义账户体系为基础，支持银行账户松耦合功能，与实物人民币等价，具有价值特征和法偿性。海外媒体认为，中国政府已经采取大胆行动，重塑政府支持的货币运作方式，推出了自己的数字货币，它不同于现金和数字存款的性质。根据国际清算银行（Bank for International Settlements）的数据，已有60多个国家试验了国家数字货币。然而在海外分析家看来，没有哪个大国比中国走得更远，美国在货币数字化方面行动缓慢。他们认为数字化人民币的发行将加速中国经济的数字化转型，标志着中国确立数字货币领域的领先地位，并有可能让数字人民币成为未来国际支付和结算的标准。此外，数字人民币将对美元国际货币地位产生冲击。国际金融专家指出，当中国汇率制度随着数字人民币的全面使用而改为自由汇率制度的那一刻起，亚洲主要国家的货币将不会再出现于美元联动的现象，与人民币同步的倾向将会更加明显，美元霸权将会走向消亡。[1] 一些经济学家表示，人民币数字化是中国成为世界性大市场的基础条件之一，标志着中国对全球经济框架的更深介入。中国的数字货币将使人民币作为全球货币更容易与美元竞争，因为它可以在国际上以较少的障碍实现流动。传统国际间转账需要几天时间完成，而数字货币支付系统的及时性和安全性将极大程度地减少国际间支付的障碍。[2]

第四，欧美学者对人民币国际化的评价存在较大分歧。一些美国学者从西方中心主义的立场出发，将中国人民币国际化视为对美元金融秩序的挑战和威胁。他们认为人民币国际化是中国在经济和金融领域崛起的标志，使中国在全球金融体系中的地位得到提升。中国人民币的崛起对美国构成了一定的威胁，应该采取措施来遏制中国的影响力和扩张性。另一些美国学者则认为，人民币国际化有利于中美贸易和经济合作，能够提高双方的贸易便利性和互惠性。人民币国际化可以增强中国的市场力量，同时也有助于美国企业在中国市场上的发展。还有一些美国学者对人民币国际化的前景持怀疑态度，认为中国金融市场的不透明和监管不力等问题可能影响人

---

[1] Kenneth Rogoff, *The Dollar's Fragile Hegemony*, Project Syndicate, March 30, 2021.
[2] Prasad, Eswar, *China's Digital Currency Will rise but Not Rule*, Project Syndicate, August 25, 2020.

民币的国际化进程。人民币国际化的影响力和影响范围不应被夸大。因为美元依然是全球主要的储备货币,而人民币国际化的进程还需要时间和努力。相较于美国学者,欧洲学者普遍对中国人民币国际化的进展表示欢迎。他们认为,人民币国际化是中国政治和经济崛起的标志,也是中国走向全球的一种表现。人民币国际化有助于推动全球化和多极化。人民币国际化增加了国际货币体系的多样性和竞争性,加强了中国与欧洲的经济联系。

最后,国际高度关注中国"一国两制"制度的新发展。"一国两制"是中国特色社会主义的一个伟大创举。"一国两制",意指"一个国家,两种制度",是中国共产党为了实现中国统一而提出的基本国策。"一国两制"是邓小平在20世纪80年代为实现国家统一目标所提出的中华人民共和国宪法原则。"一国两制"有多重含义。它是中国政府处理香港、澳门事务的基本方针,也是中央对香港、澳门一系列方针政策的总称;是中央治理香港、澳门两个特别行政区的基本制度,也是解决台湾问题、实现祖国和平统一的重要制度。从制度层面上讲,"一国两制"作为中国共产党的理论制度创新,与其他任何新生事物一样,也需要在实践中接受检验,并不断加以完善。2021年"一国两制"政策在香港得到了新的发展。香港特区政府于2021年3月提出一项涉及香港选举制度改革的方案,旨在确保"爱国者治港"原则的落实。《关于完善香港特别行政区选举制度的决定》在全国人民代表大会通过后,于2021年4月香港特别行政区立法会内部启动程序审议。国际舆论认为,该方案改革的核心是增加爱国者的比例,以确保香港的立法机构和行政机构能够更好地执行"一国两制"政策。同时,2021年7月1日,香港实施了《维护国家安全法》,这是中央政府针对香港发生的一系列严重暴力事件和外部势力干预香港事务的举措之一。该法律旨在维护香港的安全和稳定,并保护中国国家的主权、安全和发展利益。海外媒体认为上述两项法律制度的实施,一方面意味着中国加强了对香港特别行政区的"垂直控制",另一方面则是对"一国两制"内容上的增扩。

2021年1月10日,中国发布《法治中国建设规划(2020—2025

年)》，其中再次提到探索"一国两制"台湾方案，推进"祖国和平统一"进程。该规划是中国新时代推进全面依法治国的纲领性文件。该规划指出，要运用法治方式捍卫一个中国原则、坚决反对"台独"，坚定维护国家主权、安全、发展利益。在此基础上，积极探索"一国两制"台湾方案，推进祖国和平统一进程，推动两岸就和平发展达成制度性安排，完善促进两岸交流合作、深化两岸融合发展、保障台湾地区同胞福祉的制度安排和政策措施，支持两岸法学法律界交流交往。海外学者认为，该规划文件对台内容的主轴在于探索"一国两制"台湾方案，在"一国两制"制度框架内，通过立法依法设定台湾的特殊地位。这表明当前中国方面对于适用台湾地区的"一国两制"最终模式仍未出台，或刻意保持弹性模糊。这也意味着中国"一国两制"未来还有创新变革的理论空间。中国共产党对"一国两制"始终保持着理论创新的能力。同时，鉴于中美关系和台海局势的发展，"一国两制"未来也必须保持调适的空间和政策执行的弹性。此外，在海外学者看来，两岸问题上，相对于统一和独立这两个极点而言，当前更为重要的是寻找两岸某种和平共存形态的共识。台海问题未来的主流趋势是加强双方的广泛交流。中国共产党有关"一国两制"台湾方案构想的核心本质是以中国大陆自身的发展实力来吸纳和融合台湾社会经济发展，最终走向和平统一。因此，中国只要没有放弃"一国两制"，就不会对台湾地区诉诸大规模武力攻击。[①]

[①] ［韩］文兴镐：《韩国型中国研究回顾与探索》，《成均中国观察（季刊）》，2022年，第16—23页。

图书在版编目（CIP）数据

中国政治发展进程.2022年/上海社会科学院政治与公共管理研究所著.—北京：时事出版社，2024.2
　ISBN 978-7-5195-0557-8

Ⅰ.①中… Ⅱ.①上… Ⅲ.①政治制度—研究—中国—2022 Ⅳ.①D621

中国国家版本馆CIP数据核字（2023）第204685号

出 版 发 行：时事出版社
地　　　　址：北京市海淀区彰化路138号西荣阁B座G2层
邮　　　　编：100097
发 行 热 线：（010）88869831　88869832
传　　　　真：（010）88869875
电 子 邮 箱：shishichubanshe@sina.com
印　　　　刷：北京良义印刷科技有限公司

开本：787×1092　1/16　印张：18.5　字数：265千字
2024年2月第1版　2024年2月第1次印刷
定价：110.00元
（如有印装质量问题，请与本社发行部联系调换）